A razão indignada

Américo Freire e Jorge Ferreira (Orgs.)

A razão indignada
Leonel Brizola em dois tempos
(1961-1964 e 1979-2004)

2ª edição

CIVILIZAÇÃO BRASILEIRA

Rio de Janeiro
2025

Copyright © dos organizadores: Américo Freire e Jorge Ferreira, 2016

Capa: COPA (Steffania Paola e Rodrigo Moreira)

Diagramação: Babilonia Cultura Editorial

CIP-BRASIL. CATALOGAÇÃO NA FONTE
SINDICATO NACIONAL DOS EDITORES DE LIVROS, RJ

F935r Freire, Américo
A razão indignada: Leonel Brizola em dois tempos (1961-1964 e 1979-2004) /
2ª ed. Américo Freire, Jorge Ferreira; organização Américo Freire, Jorge Ferreira. – 2ª ed.
Rio de Janeiro: Civilização Brasileira, 2025.
350 p.: il.; 23 cm.

ISBN 978-85-20-01274-1

1. Brizola, Leonel, 1922-2004. 2. Políticos – Brasil – Biografia. 3. Brasil – Política e governo. I. Freire, Américo. II. Ferreira, Jorge. III. Título.

15-22738

CDD: 923.2
CDU: 929:32(81)

Todos os direitos reservados. É proibido reproduzir, armazenar ou transmitir partes deste livro, através de quaisquer meios, sem prévia autorização por escrito.

Texto revisado segundo o novo Acordo Ortográfico da Língua Portuguesa.

Direitos desta edição adquiridos pela
EDITORA CIVILIZAÇÃO BRASILEIRA
Um selo da
EDITORA JOSÉ OLYMPIO LTDA.
Rua Argentina, 171 – Rio de Janeiro, RJ – 20921-380 – Tel.: (21) 2585-2000

EDITORA AFILIADA

Seja um leitor preferencial Record.
Cadastre-se e receba informações sobre nossos lançamentos e nossas promoções.

Atendimento e venda direta ao leitor:
sac@record.com.br

Impresso no Brasil
2025

Sumário

Prefácio   7
João Trajano Sento-Sé

Apresentação   17
Américo Freire e Jorge Ferreira

PARTE I
Leonel Brizola e o tempo do nacionalismo-revolucionário
(1961-1964)

1. Nacionalismo, democracia e reformas: As ideias políticas
   de Leonel Brizola (1961-1964)   23
   Jorge Ferreira

2. "O Povo nas ruas": Brizola chama à organização dos
   Comandos Nacionalistas. A propósito da militância   53
   Carla Brandalise e Marluza Marques Harres

3. Leonel Brizola e os nacional-revolucionários: Grupo dos Onze
   em Duque de Caxias, Rio de Janeiro (1963-1964)   87
   Tânia dos Santos Tavares

4. A Frente de Mobilização Popular em Una – Bahia (1963-1965)   121
   Soanne Cristino Almeida dos Santos

5. As duas faces de Jano: As esquerdas trabalhistas de
   San Tiago Dantas e Brizola   155
   Gabriel da Fonseca Onofre

PARTE II
Leonel Brizola e o tempo do trabalhismo democrático (1979-2004)

6. O fio da História: Leonel Brizola e a renovação da tradição trabalhista no Brasil contemporâneo (1980-1990)   181
   Américo Freire

7. As esquerdas revolucionárias, Leonel Brizola e a refundação do trabalhismo   207
   Michelle Reis de Macedo

8. A segurança pública nos governos de Leonel Brizola no Rio de Janeiro (1983-1995)   239
   Bruno Marques Silva

9. Das Brizoletas aos Brizolões: A educação pública nos governos de Leonel Brizola   273
   Libânia Xavier

10. Brizola e o trabalhismo   299
    Angela de Castro Gomes

    Anexo   311
    Sobre os autores   347

Prefácio

Brizola e a história por um fio

*João Trajano Sento-Sé**

Pode-se dizer, em linhas gerais, que a política nas democracias modernas opera em duas dimensões autônomas, ainda que potencialmente conectadas entre si. A primeira, predominante, diz respeito ao mundo das instituições, da adequação e aplicação das regras formais e impessoais, da rotina dos procedimentos e dos mecanismos de regulação focados na produção de regularidade e previsibilidade dos processos decisórios. Esse é o mundo preferido dos politólogos e dos engenheiros institucionais, empenhados em aperfeiçoar os sistemas e azeitar suas engrenagens, tendo em vista sua eficiência e estabilidade. Não é exagero apontar que o moderno mundo da política foi quase totalmente reduzido aos mecanismos e desafios impostos por tal dimensão.

Há, no entanto, outra face da política. Ela é mais obscura, menos recorrente e, em certo aspecto, diametralmente oposta à primeira. Trata-se de uma dimensão da política associada não à estabilidade, mas à agitação; não interessada na regularidade, mas na exceção; as forças nela atuantes são pouco afeitas aos mecanismos de produção de regras e mais inclinadas a subverter aquelas existentes. Uma dimensão da política, enfim, em que homens e seus sentimentos, fantasias,

---

*Professor do Programa de Pós-Graduação em Ciências Sociais da UERJ.

projetos de futuro e versões do passado prevalecem sobre procedimentos e regras, colocando em xeque toda e qualquer ambição de previsibilidade e mesmo o desejo de obtê-la. Tal dimensão não esteve sempre dissociada dos interesses de quem se dedica a pensar a política, mas seus encantos despertaram mais atenção entre livres-pensadores, etnólogos, historiadores.

Essas duas dimensões da política moderna de que tratamos não são propriamente excludentes, mas estão longe de ser complementares. De certo modo, quando coexistem, uma procura aniquilar a outra. Instituídas como tipos ideais, elas foram recortadas como modos diferenciados de adesão à dominação que Weber batizou, inspirado nas seitas do século XVI, de carisma; e, com base na ascensão da racionalidade instrumental, de burocracia. Erigidas como modelos, a dominação racional-legal (burocrática) e a carismática não se manifestam empiricamente em sua totalidade. Em seus movimentos de anulação recíproca, instituem campos de tensão, e convencionou-se associá-las ao ordenamento e à agitação.

Deve-se ter em mente, contudo, que a definição weberiana é apenas a diferenciação mais célebre e conhecida produzida pela literatura sociológica para um fenômeno que a desafia e intriga desde, no mínimo, o advento das massas e sua entrada no mundo da política. Está patente na letra de seus principais intérpretes (pensamos aqui em Gustave Le Bon, Gabriel Tarde e José Ortega y Gasset, por exemplo) que as massas trazem consigo, a partir de seu *début* na política moderna, a vertigem da desordem e da entropia. Apresentam, também, a celebração de seus líderes.

Cada uma dessas dimensões da política traz consigo suas simbologias, seus avatares e também suas *personas*. Os aspectos relevantes de cada uma delas, para o bem e para o mal, são personificados por atores concretos, sejam eles coletivos ou individuais. Tais atores atualizam e presentificam algo que os ultrapassa, ultrapassando, eles próprios, suas circunstâncias históricas e conjunturais. Há poucos casos em que ambas as dimensões habitam o mesmo personagem, entendido ele mesmo como campo de tensionamento e agonismo. Na história republicana brasileira, Leonel Brizola está entre os mais emblemáticos.

PREFÁCIO

Certamente haverá outros casos de que se possa lançar mão. Para a experiência republicana brasileira, contudo, o líder trabalhista terá poucas figuras capazes de lhe ombrear como uma espécie de encarnação de um tensionamento que o ultrapassa. Passados alguns anos de seu falecimento, podemos dizer que Brizola transitou nas duas esferas da política com desenvoltura rara. Interpelou, pondo em questão, instituições, etiquetas e marcos institucionais com a verve dos grandes oradores. Conclamou as massas a desafiar o *statu quo* da dominação. Ao mesmo tempo, o fez inscrevendo-se numa tradição que "vinha de longe", postulando a liderança de um partido político organizado e focado na chegada ao poder pela via das disputas eleitorais. Mais do que isso, galgou ele próprio as esferas do poder cumprindo de forma competente as exigências próprias às liturgias das democracias representativas.

A Brizola muitos adjetivos couberam. Alguns deles exaltaram seus feitos, sua performance e sua sabedoria prática. Outros tantos foram esgrimidos para desmoralizá-lo ou desqualificar aquelas mesmas virtudes por que era exaltado. Para o primeiro conjunto, foi tratado como um herói carismático, um ator elevado a cargos e posições graças ao poder de mobilizar paixões com uma retórica inflamada e pungente. O adjetivo-síntese do segundo caso foi a marca de populista, qualidade pejorativa com pretensões sociológicas, através da qual não só ele, mas muitas outras lideranças foram desqualificadas (e mal compreendidas) na curta história das democracias latino-americanas.

Note-se que muitos dos qualificativos referidos a Brizola sugeririam uma sobrevida breve no campo da vida pública. Basta lembrarmos as definições clássicas sobre a figura do líder popular no contexto das políticas de massa. Não foi assim no seu caso. Traindo todas as previsões sociológicas, diagnósticos clínicos e vaticínios antropológicos, Brizola atuou com destaque não somente pelo curto período em que dura uma sublevação, mas pelo inacreditável período de meio século. Curto tempo para a história, estes cinquenta anos (na verdade, quase sessenta) são especiais para a América Latina, em geral, e para o Brasil, em particular. Ele atravessa, por exemplo, todo o período da Guerra Fria, que, experimentada de um satélite tão próximo a uma das partes, teve contornos dramáticos muito específicos.

Brizola entra para a política exatamente no momento em que o Brasil começava a passar por sua primeira e dificílima experiência de democracia de massas. Sua iniciação se dá exatamente no seio daquele que deveria vir a ser reconhecido como primeiro partido político de massas na história republicana brasileira, o PTB. Mais importante: na seção mais combativa e importante do primeiro partido de massas brasileiro. Atuando no Rio Grande do Sul, seu estado natal e reduto de alguns dos mais relevantes e encarniçados conflitos regionais de nossa história, Brizola teve uma ascensão meteórica. Do ponto de vista da carreira de um político profissional, fez um percurso de manual: começou no legislativo distrital, daí à Câmara Federal, até chegar aos cargos executivos mais importantes da região, como prefeito de Porto Alegre e governador do estado. Não é o caso de reconstituir aqui essa trajetória. O leitor poderá constatar por si próprio que os historiadores sabem contar bem essa história. Eles deixam evidente, inclusive, a capacidade original de Brizola transitar no interior do partido político que mais produziu lideranças populares em sua curta existência.

É importante enfatizar que em seus passos iniciais temos um operador dos meandros da política representativa e partidária ascendendo passo a passo como um tribuno afeito a falar a grandes públicos. Mais importante: um orador capaz de despertar o interesse e a atenção dos grandes públicos, em geral tão agitados e ruidosos.

Incorporando-se à política local gaúcha nos anos 1950, Brizola adotou um discurso anti-imperialista afinado à lógica terceiro-mundista e de não alinhamento, muito difundida em diversos centros, ainda que bastante marginalizada tanto por forças conservadoras quanto de esquerda. Seja de forma intuitiva ou sistematicamente informada (o que ainda não nos parece claro), o fato é que o discurso brizolista, em seus primeiros passos políticos, nada deve àqueles veiculados pelos principais líderes das lutas de libertação colonial e de afirmação da soberania na África, na Ásia, no Oriente Médio e na própria América Latina. Categorias como autodeterminação, libertação nacional e anti-imperialismo fazem parte do léxico das esquerdas com que Brizola se identificava, enfatizando seu componente popular ao mesmo tempo que se afastava da linhagem marxista-leninista, orientadora da maior parte dos partidos comunistas de então.

Esse aspecto da trajetória de Brizola é muito importante. A seu modo e com os maneirismos próprios de um homem da fronteira sul, ele veiculou um discurso de libertação popular e de afirmação nacional em patamares semelhantes àqueles que foram divulgados em outros cantos do mundo colonial. Esse foi seu passaporte para ser, a um só tempo, regional, nacional (e nacionalista) e cosmopolita como poucas lideranças na história lograram ser. Não é à toa que, a despeito das rusgas políticas da época e das conhecidas distâncias políticas, há muito na trajetória inicial de Brizola que se reacende ao voltarmos às páginas de Guerreiro Ramos, Celso Furtado ou Vieira Pinto, do mesmo período.

Jovem, Brizola transita do regionalismo gaúcho para o *soi dissant* cosmopolitismo do Rio de Janeiro (então estado da Guanabara) com uma facilidade surpreendente. Fosse dos trópicos nos anos 1960, talvez Hegel registrasse ter visto o espírito do Terceiro Mundo flanando pelas areias de Copacabana. Não estaria sendo menos preciso do que o foi em sua versão prussiana. O inesperado encontro entre a tradição guerreira do sul com a insubordinação de rua dos espaços urbanos, traço histórico da antiga capital federal, é encarnado não somente na retórica de resistência ao golpe, na conclamação às reformas de base a qualquer custo ou na animação que leva à criação dos Grupos dos Onze. O homem do Partido Trabalhista Brasileiro se torna, simultaneamente, o agitador das ruas, o líder das multidões.

Havia tudo para que as chamadas "forças populares" interferissem nos rumos convencionais da história, tomassem as rédeas a sua vida e imprimissem uma nova direção a seu destino. Elas o fariam nas votações tanto quanto nas manifestações e mobilizações populares. Não importa o quão precisa era tal descrição do ponto de vista sociológico. Realização humana, caberia de qualquer modo aos homens imprimirem sua marca à história, e tal possibilidade acaba interrompida artificial e abruptamente. A história fora violada.

Essa percepção construída dolorosamente nos quinze anos de exílio é o suporte para a experiência urdida nos dez anos seguintes, que cobrem o período que vai do momento da anistia, em 1979, à primeira eleição presidencial, em 1989. Nesses dez anos, a oratória nacionalista visa a se atualizar, antigas bandeiras são repaginadas e novas questões são incorporadas ao ideário trabalhista de Brizola. O foco parece o mesmo: enfrentar as forças de dominação que obstruem a consagração democrática e a autodeterminação dos povos. Por tal abordagem, a política é um meio, jamais um fim em si mesma.

Há muito de tradicional na política de Brizola desde suas origens. Ele parece recuperar a dimensão da fantasmagoria privada do personagem para o qual representar significava fazer presente, tornar visível o aspecto simbólico que justifica o exercício de seu poder. A rigor, ele moderniza a figura do rei antigo em suas aparições públicas, uma vez que elas prescindem de sua presença física. Em resumo, há algo em Brizola e na recepção de sua figura que nos faz lembrar os personagens descritos por Marc Bloch e Ernst Kantorowicz, entre tantos outros. Basta-lhe a voz, transmitida em ondas curtas pelo rádio, para impor sua autoridade. Foi assim, em 1961. Sua ausência em abril de 1964 foi trágica, alegam depoimentos de contemporâneos. Líder carismático, ele, ao mesmo tempo, insiste na filiação ao trabalhismo, entendido como uma tradição política que remonta a Bento Gonçalves e às lutas de fronteira, no século XIX. Sem prejuízo de tais perfis, jamais abriu mão de liderar o partido que criou (PDT), assim como muito cedo disputou a liderança do antigo PTB.

Em 1990, meses depois do indefectível Fukuyama declarar, performaticamente, o fim da história, e ele próprio ver seu projeto de retomá-la logrado graças à ascensão prematura daquele que deveria sucedê-lo, Brizola obtinha seu último grande feito na política eleitoral. Após a estrondosa vitória nas eleições para o governo do Rio de Janeiro, ele iniciou seu lento declínio na política eleitoral. Permaneceu, contudo, de forma intransigente, atuante marcando posições e atraindo atenções. Entrou para a história sem ter que deixar a vida pública e assim ficará. Teve voz ativa, ainda que destoante, na maior prova de fogo por que passou a Nova República, durante a crise que resultou no impeachment de Fernando Collor. Viveu o suficiente para testemunhar, e celebrar discretamente, a primeira real alternância de poder na política republicana brasileira, quando Lula (aquele que deveria sucedê-lo) é alçado à Presidência da República. Quando falece, no emblemático ano de 2004, cinquentenário do documento que tanto reverenciou, completara não um, mas vários ciclos.

É possível afirmar que vigora no Brasil atual uma sólida e estabelecida democracia representativa de corte liberal, objeto de desejo de amplos setores políticos brasileiros desde a segunda metade do século XX. Indiscutível o protagonismo, por vezes heroico, outras vezes desastrado, de Leonel Brizola ao longo de todo esse percurso. Ele aparece em quase todas as fotos. Lá está ele na resistência ao golpe de 1961; no comício da Central do Brasil, em 1964; na coletânea de exilados ilustres (figuras quase míticas para os jovens que começaram a se interessar por política no pós-golpe) desembarcando em solo nacional, em 1979; no comício das Diretas Já, em 1984; nas eleições presidenciais de 1989, 1994, 1998 e 2002. Para alguns de seus contemporâneos, a impressão é de que está presente também nas fotos em que não aparece, tamanha sua disposição de ocupar lugar nos debates públicos mais relevantes nessa longa metade de século XX. Reconstituir sua trajetória equivale, em grande parte, a estudar a recente história política brasileira que vai da primeira experiência de democracia de massas, seu fracasso, até sua aparentemente mais bem-sucedida versão.

É divertido imaginar como Brizola se posicionaria nos episódios mais relevantes após sua morte. Como encararia a transformação do PT de guardião da lisura política em objeto de denúncias e investigação policial? Quais seriam suas impressões sobre a Era Lula, da qual acompanhou apenas uma pequena parte? Como se posicionaria no contexto das jornadas de junho de 2013 ou diante do declínio petista sob os governos Dilma Rousseff? Imaginá-lo nesses cenários, contudo, é puro exercício de ficção. Já não há tantos debates em torno dos problemas que o mobilizaram. Mesmo sua verve parece, hoje, não ser cultivável nos campos do confronto político. Talvez tenha se tornado moeda de segundo valor.

Do ponto de vista historiográfico, contudo, são variadas as perguntas e as linhas de investigação. Há campo para ser explorado e, com certeza, eles abrirão novas frentes de análise sobre a história da política e da democracia no Brasil. O presente livro é prova concreta disso. A julgar pelas páginas que se seguem, um plano de trabalho já está lançado e, boa notícia, tudo indica que está em ótimas mãos. Na primeira parte do livro, somos iniciados nos dilemas implicados desde a filiação de Brizola ao PTB, em 1945, até o golpe de 1964. O plano geral do discurso brizolista apresentado por Jorge Ferreira é seguido pela experiência de um líder nacionalista que milita nas ruas, via Frente de Mobilização Popular, dando vida aos Comandos Nacionalistas, ou Grupos de Onze Companheiros, apresentada por Carla Brandalise e Marluza Harres. Para aqueles que talvez se sintam tentados a persistir no caráter circunscrito do Grupo dos Onze [também grafado como Grupo de Onze, Grupo dos 11, Grupo de 11 e G11], cai bem a leitura dos capítulos de autoria de Tânia Tavares e de Soanne dos Santos. Neles evidencia-se o parentesco entre o historiador e o detetive que vai encontrar os resquícios do brizolismo em Duque de Caxias ou na longínqua Una, na Bahia. A primeira parte do livro, e da trajetória de Brizola, é concluída pelo tensionamento entre o trabalhismo ilustrado, personificado em San Tiago Dantas e o irredentismo brizolista, duas faces de um mesmo e desastroso desenlace.

Na segunda parte deste livro, o novo trabalhismo emerge. Ele traz os negros, as populações indígenas, as mulheres e os favelados com a mesma pujança com que abordara o povo e os explorados da terra. Atualização da retórica do combate, um novo brizolismo aparece para afirmar o resgate de seu antecessor. Síntese sem negação. As disputas intermináveis com as outras esquerdas são recuperadas nos artigos de Américo Freire e Michelle Macedo, enquanto dois dos maiores programas que inscrevem os governos Brizola na história social do Rio de Janeiro são resgatados por Bruno Marques, no que se refere à segurança pública, e por Libânia Xavier, tratando do programa dos Cieps. Nesses dois casos, cabe destacar que tais programas, marcados em grande medida pelo seu fracasso, seguem pairando nos debates travados em suas respectivas áreas.

PREFÁCIO

Finalmente, o funeral de Brizola parece reiterar, seguindo a interpretação de Angela de Castro Gomes, a analogia de Brizola com os dois corpos do rei, de que trata Ernst Kantorowicz, feita anteriormente. Sua leitura talvez seja o melhor indicativo de que provavelmente Brizola foi daquelas lideranças que não podem batizar uma era. Ele foi protagonista da história da invenção da democracia de massas no Brasil, mas foi, simultaneamente, um homem de muitas eras. Talvez por isso em tantos momentos sua oratória tenha soado anacrônica, ultrapassada ou datada, o que lhe valeu não poucos adjetivos sarcásticos. Flertando com rupturas, sublevações e revoluções, cuidou de lembrar que era ele quem trazia o fio da história. Guardou um segredo: a história de cujo fio era portador só se revela no plural das diferentes temporalidades. Elas se cruzam, reaparecem quando pareciam sepultadas, conferem significados às coisas do mesmo modo que desfazem antigas conexões de sentido. Assim, como afirmado linhas atrás, talvez o estilo e a verve de Brizola tenham se tornado, hoje, moeda de segundo valor. Mas, por outro lado, talvez não. O desencantamento da política pode não passar de uma falsa impressão conjuntural.

Líderes políticos costumam imprimir sua marca na história por meio de realizações. É curioso pensar que Brizola pode ter sido um tipo singular de figura pública para quem a entrada na história está fortemente associada também a alguns grandes fracassos. Com isso não se nega que ele tenha acumulado realizações e feitos dignos de nota. Longe disso. Acontece, porém, que Brizola pode ser pensado como um estranho caso de liderança capaz de resgatar o caráter glorioso das tentativas frustradas, dos planos abortados, das batalhas perdidas, das histórias por um fio. Há pujança, já nos sugeriam os poetas trágicos, na explicitação da fragilidade das coisas implicadas na vida humana, e só os fracassos dão sentido heroico às derrotas. E Brizola foi protagonista de diversos deles. Mais importante: também deles extraiu grandeza. Não sei se os autores concordariam com tal vaticínio, mas isso também nos é ensinado pelas páginas a seguir. Bom sinal.

Apresentação

Américo Freire e Jorge Ferreira

Leonel Brizola, gostemos ou não, foi uma figura extraordinária da história política brasileira contemporânea. Basta passarmos os olhos pela sua longa trajetória de homem público, que cobriu quase sessenta anos, para verificarmos o quão distante esteve daquilo que a literatura costuma identificar como ordinário na política: os acordos de corredor ao sabor das circunstâncias; o trabalho diuturno de conquista, cooptação e convencimento de adeptos; o tratamento de temas regulares do cotidiano; os deslocamentos silenciosos e calculados de posição em uma situação política já estabelecida de antemão.

Em sinal inverso, Brizola operava, ou melhor, aprazia-se em operar em um plano mais amplo com o intuito de afastar-se dos constrangimentos de ocasião. Em geral, cultivou especial predileção pela chamada "grande política", qual seja a que, nos termos de Antonio Gramsci, compreende as questões ligadas "à luta pela destruição, pela defesa, pela conservação de determinadas estruturas orgânicas econômico-sociais". Prosseguindo nesse mesmo sentido, só que agora mobilizando outras definições, como a de Pierre Rosanvallon, por exemplo, poder-se-ia dizer que Brizola pautou sua atuação como homem público em constante diálogo e interpelação com os aspectos constitutivos da política – com o chamado político –, visto pelo historiador francês "como o lugar onde se entrelaçam os múltiplos fios da vida dos homens e mulheres; aquilo que confere um quadro geral a seus discursos e ações;

[o político] remete à existência de uma sociedade que, aos olhos de seus partícipes, aparece como um todo dotado de sentido". Mas, afinal, na prática o que isso quer dizer?

Em primeiro lugar, cabe alertar o leitor de que não estamos referendando análises que tendem a ver nosso personagem como um "vulto republicano" ou como um homem superior aos demais ou coisa que o valha. Deixemos isso para os apologistas de plantão. Tampouco convalidamos teses que tendem a estabelecer dicotomias e julgamentos entre a "grande política", em geral vista como positiva e ideológica, e a "pequena ou baixa política", costumeiramente entendida como mesquinha e clientelística. Há tempos a literatura vem questionando essa hierarquia e tem demonstrado que essas práticas coexistem e se interpenetram.

Também cabe ressaltar o fato de que Brizola não deve ser visto pelo prisma da "excepcionalidade" ou mesmo como um "fenômeno" ou um "corpo estranho" no conjunto da política brasileira, parafraseando o historiador Thomas Skidmore quando, em vão, buscou explicar a sinuosa trajetória de Jânio Quadros – figura em nada semelhante a Brizola. Ao mencionarmos a predileção de Brizola pelos temas e questões de largo escopo, deve-se levar em consideração o ambiente político em que ele e sua geração foram formados, ou seja, no mundo do pós-guerra e no Brasil das décadas de 1950 e 1960 em que estiveram em disputa diferentes projetos ideológicos e de Nação. Outro vetor importante para sua formação foi a convivência diuturna com o acirrado clima de disputa entre facções e partidos que há muito marcavam a política rio-grandense. Nos pampas, a política era – e ainda é – vista como algo viril, a ser enfrentada a ferro e fogo, a polarizar interesses e paixões.

Mais do que atributos individuais ou excepcionais, o que aqui merece ser registrado, no nosso modo de entender, é o caráter original da intervenção política de Brizola no espaço público brasileiro, seja como dirigente político, seja como administrador, seja como intelectual e pregador cívico em defesa de um trabalhismo de forte apelo popular. Dois momentos foram fundamentais para ajudar a constituir e modelar sua persona política. O primeiro deles foi quando assumiu cargos exe-

APRESENTAÇÃO

cutivos em seu estado natal, primeiro como prefeito da capital e em seguida como governador de estado. Nessas ocasiões, entrou em cena o "engenheiro" Brizola, o tocador de obras, o administrador interessado em implementar políticas públicas voltadas para o conjunto da população. O símbolo-mor dessas políticas foram as Brizoletas. O segundo foi em 1961, quando liderou a Campanha da Legalidade com o propósito de assegurar a posse de João Goulart na Presidência da República. Vitorioso, rompeu definitivamente o círculo regional e partiu célere para o centro do palco nacional. Na esteira do seu "batismo de fogo", Brizola passaria a ocupar um espaço singular na história das esquerdas e da política brasileira até sua morte, em 2004.

Neste livro, reunimos textos de colegas de diversas instituições universitárias brasileiras que, nos últimos anos, têm tido como objeto de pesquisa determinadas questões e temas diretamente relacionados à presença de Leonel Brizola na história política contemporânea brasileira. Optou-se por organizar as diversas contribuições em duas partes, correspondendo, de certa forma, a duas etapas marcantes na carreira política do líder trabalhista gaúcho.

Na primeira parte estão reunidos textos que abrem o leque de análise a respeito do nosso personagem nos marcos temporais compreendidos entre a Campanha da Legalidade e a vitória do golpe civil-militar de 1964. São cinco capítulos distribuídos em torno de três eixos: as proposições político-ideológicas de Leonel Brizola; as disputas no campo trabalhista; a criação dos Comandos Nacionalistas ou Grupos de Onze Companheiros e seu significado para os embates políticos que antecederam o golpe civil-militar de 1964. A respeito desse último eixo, nossa opção foi trazer à luz estudos que analisam a origem e a atuação dos Grupos de Onze em distintas realidades político-territoriais – no Rio Grande do Sul, no Rio de Janeiro e na Bahia.

Os capítulos 6, 7, 8 e 9 da segunda parte apresentam reflexões acerca da trajetória de Brizola nas décadas que se seguiram ao seu retorno definitivo ao Brasil em decorrência da promulgação da lei de anistia, em agosto de 1979. Os eixos de análise são os seguintes: a reconstrução e renovação do trabalhismo sob a égide da liderança de Brizola; as disputas no campo das esquerdas; e estudos de políticas públicas que podem ser vistas como paradigmáticas no universo brizolista-trabalhista: educação e segurança pública. No capítulo final, a historiadora Angela de Castro Gomes ultrapassa esses limites temporais e abre as lentes de análise com vistas a melhor situar a trajetória do líder gaúcho na tradição trabalhista.

Os organizadores agradecem, em primeiro lugar, aos autores dos capítulos que se prontificaram a participar de um projeto que, há alguns anos, vinha sendo acalentado e debatido em eventos acadêmicos, possibilitando que o livro venha a público. Também tivemos a oportunidade e a sorte de contar com o prefácio de João Trajano de Sento-Sé – caro amigo e autor de reconhecida obra de referência a respeito dos estudos sobre Brizola e o trabalhismo. Por fim, mas não menos importante, registramos o apoio e a competência de Andreia Amaral, da Civilização Brasileira, para viabilizar a publicação do livro.

PARTE I Leonel Brizola e o tempo do
nacionalismo-revolucionário
(1961-1964)

CAPÍTULO 1 Nacionalismo, democracia e reformas:
As ideias políticas de Leonel Brizola
(1961-1964)[1]

Jorge Ferreira

Na história do PTB, ainda cabem merecidos estudos sobre intelectuais que formularam corpo teórico e doutrinário para o trabalhismo. Intelectual, aqui, é compreendido na definição de Jean-François Sirinelli: produtor de bens simbólicos e envolvido, direta ou indiretamente, com a vida política do país. Marcondes Filho, Alberto Pasqualini, Fernando Ferrari e San Tiago Dantas são os nomes mais citados. No entanto, embora tenham formulado ideias originais sobre trabalhismo, determinados personagens são mais lembrados pela atuação na política partidária e menos como intelectuais. É o caso de Leonel Brizola. Durante o governo João Goulart (1961-1964), Brizola liderou a extrema esquerda do PTB. Nesse período, interpretou o trabalhismo à luz das ideias que empolgavam as esquerdas na América Latina desde meados dos anos 1950, influenciado pelos movimentos anti-imperialistas latino-americanos na conjuntura da Guerra Fria e pelas repercussões da revolução cubana. Nesse sentido, Brizola atuou, também, como intelectual. Quero, neste capítulo, analisar as ideias e os projetos políticos defendidos por Leonel Brizola durante o governo de João Goulart. As fontes privilegiadas serão discursos proferidos por ele em 1961, o manifesto do Grupo de Onze Companheiros e editoriais publicados em *Panfleto. O jornal do homem da rua.*

Homem de origem social humilde, Leonel Brizola entrou para o PTB em 1945. Na época, era estudante de engenharia e fundou, dentro do partido, a ala estudantil. Em 1947, foi eleito deputado estadual pelo seu estado, o Rio Grande do Sul. Em 1950, venceu o pleito para o mesmo cargo. Em 1951 concorreu à Prefeitura da capital, Porto Alegre, mas perdeu por cerca de 1% dos votos. No ano seguinte, assumiu a Secretaria de Estado de Obras do RS e, dois anos depois, foi eleito deputado federal. Nas eleições de 1955, tornou-se prefeito de Porto Alegre. Na Prefeitura, realizou investimentos sociais nos bairros populares, sobretudo no saneamento básico, na melhoria dos transportes e na criação de dezenas de escolas. Em 1958, foi eleito governador do estado.

No governo do Rio Grande do Sul, Brizola adotou política econômica desenvolvimentista. Recorrendo à tradição nacionalista e estatista inaugurada por Getúlio Vargas, ele fundou a Caixa Econômica Estadual, o Banco Regional de Desenvolvimento Econômico e empresas estatais em atividades estratégicas, como a Aços Finos Piratini e a Companhia Rio-Grandense de Telecomunicações. Construiu estradas, permitindo o escoamento da produção agropecuária das diversas regiões do estado para os portos.

A educação foi sua prioridade. Construiu 5.902 escolas primárias (atual ensino fundamental I), 278 escolas técnicas e 131 ginásios (atual ensino fundamental II) e escolas normais (atual ensino médio voltado para a formação de professores do ensino fundamental I). Foram abertas 688.209 matrículas e contratados 42.153 professores.

Brizola apoiou movimentos camponeses, como o Movimento dos Agricultores Sem Terra (Master). Sua medida de maior impacto foi a nacionalização de duas empresas norte-americanas: uma de energia elétrica e outra de comunicações. Ambas se recusavam a investir em infraestrutura e a ampliar os serviços. Com a intransigência das empresas em negociar novos investimentos, Brizola as encampou, tornando-as patrimônio estatal. A indenização foi simbólica, de um cruzeiro para cada uma delas.

Leonel Brizola se destacava do conjunto de governadores do país pela política desenvolvimentista associada a consistentes investimentos em educação. Mas foi a estatização de empresas norte-americanas que provocou forte impacto entre as esquerdas. Afinal, nacionalizar multinacionais era um dos programas políticos das esquerdas latino-americanas.

Entretanto, foi em agosto de 1961, no episódio da renúncia do então presidente Jânio Quadros, que Leonel Brizola veio a se destacar no campo das esquerdas e da democracia. Após a renúncia, apresentada no dia 25 de agosto daquele mês, os três ministros militares vetaram a posse do vice João Goulart. Brizola, com apoio popular no estado, desafiou abertamente os golpistas, dando início ao movimento conhecido como Campanha da Legalidade. O objetivo era garantir a posse de Jango.

Para romper a censura imposta pela Junta Militar, Brizola conseguiu organizar a Cadeia Radiofônica da Legalidade, com 150 emissoras de rádio interligadas no Brasil e no exterior. A resistência democrática se espalhou pelo país, e dividiu os próprios militares. E foi assim que João Goulart tomou posse na Presidência da República em 7 de setembro de 1961 e Leonel Brizola tornou-se o primeiro líder civil brasileiro a enfrentar e a derrotar um movimento militar golpista.

Brizola chegou a setembro de 1961 como liderança nacional entre as esquerdas. Suas políticas desenvolvimentistas, os investimentos na educação, a estatização das empresas multinacionais e o enfrentamento do golpismo militar deram a ele grande prestígio entre organizações e partidos nacionalistas e de esquerda.

O Brasil e a América Latina no contexto da Guerra Fria

Ainda como governador do estado do Rio Grande Sul, em 1961, Brizola realizou conferências a convite de estudantes. Em três desses eventos, ele expôs suas ideias e crenças políticas, fez um diagnóstico das origens da pobreza do Brasil e da América Latina, apresentou alternativas para superar essa situação assim como aquilo que, na época, chamavam de subdesenvolvimento. A primeira dessas palestras aconteceu em junho de 1961, no Rio de Janeiro, a convite da União Nacional dos Estudantes (UNE); a segunda ocorreu em outubro do mesmo ano, no auditório do Colégio Júlio de Castilhos, em Porto Alegre, também para estudantes; a terceira foi na cidade paulista de Presidente Prudente, em novembro de 1961, quando foi eleito paraninfo da Junta Acadêmica Regional do Oeste Paulista e do Norte Paranaense. Suas conferências, portanto, foram realizadas antes e depois da Campanha da Legalidade. Nesse momento, ele defendia ideias políticas que, de maneira geral, o acompanharam até o final de sua vida.[2]

Brizola se apresentava como homem independente do sistema político dominante no país. Para ele, o exercício do poder, sobretudo no Executivo, conduz à acomodação dos governantes, levando-os a perderem o que era necessário em um autêntico homem público: "a virtude do inconformismo".[3] Segundo Brizola, o trato com a máquina administrativa e a própria estrutura de poder conduzem os líderes políticos ao "negativismo crepuscular", corroendo a "fibra combativa".[4] Brizola se apresentava com outra conduta: o exercício do poder não o corrompera. Muito ao contrário, afirmou, "sinto-me cada vez mais inconformado, cada dia pulsam em mim, mais reavivados, os sentimentos de rebeldia e empolgam-me os impulsos de independência, cada dia mais fortes". Ele se considerava desvinculado dos valores que inspiravam os políticos tradicionais, subservientes a uma "crosta dominante esquecida dos compromissos que deveria ter com a esmagadora e espoliada maioria do povo brasileiro".[5] Brizola dizia ter consciência dos custos que sua opção como líder político independente e com autonomia em relação à classe dominante tradicional lhe acarretaria: "não tenho ilusões sobre as asperezas do caminho que escolhi. Estou preparado para os imensos e muitas vezes dolorosos sacrifícios da jornada".[6]

No conjunto de suas ideias, Brizola tinha um ponto de partida: a Guerra Fria. Duas superpotências – União Soviética e Estados Unidos – partilhavam o mundo, explorando os países de suas áreas de influência. São "dois mundos", dizia ele.[7] Para Brizola, a luta entre as duas potências criava não apenas choques e antagonismos, mas alcançava áreas mais remotas do mundo, "mesmo o mais obscuro setor da atividade humana".[8]

O Brasil vivia nesse contexto de bipolaridade e não podia fugir dele – porque era algo imposto, que vinha de fora para dentro. Nada escapava ao controle das duas superpotências. Desse modo, enquanto um jovem estuda "na intimidade de seu quarto", os dois polos disputam seu "destino pessoal" de acordo com a ordem social que defendem, capitalista ou comunista. Mais ainda,

> enquanto um lavrador repousa, dois mundos se empenham em determinar o destino de seu trabalho, a estrutura de sua família, a posição que lhe compete no mundo melhor, que os dois defendem de armas na mão. Compreende-se que estamos no âmago de uma luta sem quartel, em que se defrontam as ideias e as bombas atômicas.[9]

O país vivia, assim, as contradições e "o antagonismo de dois sistemas que surgem dominantes, entre os quais teremos de escolher o nosso próprio caminho, comprometendo, nesta escolha, de modo definitivo, o nosso destino". Nesse aspecto, ele apresentava ideia bastante definida em termos de política externa: "se nada temos com a Rússia, devemos ter a coragem de dizer que nada temos com os Estados Unidos. Tudo o que temos é com o nosso próprio país".[10]

Para Brizola, os povos submetidos à dominação de soviéticos e norte-americanos devem ter a nossa solidariedade. Mas "que lutem esses povos por sua libertação. É um problema que a eles pertence. Nada além da nossa amizade e simpatia poderemos oferecer-lhes. Já lutamos aqui com grande desvantagem em prol da nossa própria libertação".[11]

Ele afirmava que era dever dos brasileiros ser contra qualquer forma de exploração, a do homem pelo homem, dentro das sociedades nacionais, e de uma nação sobre a outra, dentro da convivência internacional. Em primeiro lugar, contudo, deve-se lutar contra a exploração que atinge o patrimônio de seu próprio país. "Povo que ainda não se libertou inteiramente, a si mesmo, não pode ocupar-se, apenas, com a libertação dos outros."[12]

No mundo bipolarizado da Guerra Fria, Brizola era enfático ao declarar que não aceitava o dilema de que o Brasil deveria atar seu destino aos Estados Unidos ou à União Soviética. Não se tratava de se isolar dos dois mundos, até mesmo porque era indispensável o diálogo. Mas, para ele, era dever de cada brasileiro "buscar uma solução nativa",[13] que preservasse os valores éticos, morais, crenças, costumes e tradições, "mas que satisfaça as legítimas aspirações de nosso povo". Brizola insistia que a solução para os problemas brasileiros deveria ser buscada pelos próprios brasileiros: "nem dependentes de um dos mundos, nem dependentes de outro. Nem em Nova York, nem em Moscou – mas no Brasil, no estudo dos problemas brasileiros, na luta contra a miséria brasileira, na fidelidade a um destino próprio para o povo brasileiro".[14]

Brizola denunciava o poderio econômico da União Soviética sobre os países comunistas e também a espoliação praticada pelos Estados Unidos e nações capitalistas europeias desenvolvidos nos países pobres do Ocidente. Ambos os imperialismos, soviético e norte-americano, eram criticados, embora ele se referisse mais ao segundo:

> essas relações de dependência entre o núcleo do sistema capitalista e as áreas de sua influência (...) são tão óbvias que têm caráter axiomático, vale dizer, são uma verdade que dispensa demonstrações. A mesma observação é válida para o mundo comunista. Se o capitalismo vem se humanizando nos Estados Unidos, nós, latino-americanos, podemos considerar inteiramente dispensável demonstrar que, fora dos Estados Unidos, em particular na América Latina, esse capitalismo se manifesta e se desenvolve de forma diferente, isto é, com toda a sua primitiva crueldade. (...) O governo e os homens públicos dos

Estados Unidos, dando cobertura ao capitalismo cruel, sem alma, estão esmagando, destruindo, desvitalizando as populações da América Latina.[15]

Brizola estava afinado com as crenças partilhadas pelas esquerdas latino-americanas que acusavam a exploração econômica dos Estados Unidos como a origem da pobreza dos países da América Latina. Tratando mais especificamente do Brasil, ele chamava a atenção para a extensão do seu território e para a riqueza de suas reservas naturais, uma das maiores do mundo. Mas, ao mesmo tempo, nesse mesmo país vivia um "dos povos mais pobres do mundo".[16] Citando dados da Organização das Nações Unidas (ONU), Brizola era minucioso ao descrever a miséria brasileira:

> encontramo-nos entre os países que possuem os mais altos níveis de analfabetismo e de atraso econômico; a renda per capita do homem brasileiro, especialmente o trabalhador dos campos, é das mais miseráveis do universo; as condições sanitárias de nosso povo é das mais deploráveis dentre as registradas. Milhões de brasileiros não têm acesso a um livro; milhões de brasileiros não auferem, do seu trabalho, o suficiente para uma alimentação sadia; milhões de brasileiros vivem sem terra, não possuem uma nesga de solo, para nela viver e para a cultivar. E, no entretanto, teoricamente, neste imenso território que é o Brasil, poderíamos abrigar e bem alimentar mais da quarta parte da população do mundo!

O processo espoliativo

Leonel Brizola defendia as reformas de estrutura, as chamadas "reformas de base", programa político do PTB e das esquerdas. As reformas estruturais – como a reforma agrária, a bancária, a tributária, a universitária, entre outras – eram condição para a superação do subdesenvolvimento. No entanto, antes da adoção dessas reformas, havia uma medida preliminar a tomar, sem a qual as reformas não teriam o efeito desejado: a "revisão profunda dos termos de nossas relações com os Estados Unidos". Para ele, a estrutura arcaica em que se baseava a vida brasileira se mantinha devido "à vigência do sistema de nossas relações com os Estados Unidos.[17] O nocivo para o país não era o intercâmbio comercial propriamente dito, mas o "pernicioso", "o grande mal", em suas palavras, eram seus efeitos: "paralisam o país por reter o Brasil numa cadeia de dependência que, além de econômica, é psicológica; além de psicológica, é política".[18] Não se tratava, obviamente, de romper as relações entre os dois países, mas, sim, que as relações comerciais se desenvolvessem em outro nível.

Brizola, reiteradamente, utilizava uma expressão para definir as relações entre América Latina e Estados Unidos: processo espoliativo. Era comum encontrar em seus discursos afirmações como essas: "Como a América Latina, como todos os povos ainda prisioneiros do estágio semicolonial, encontramo-nos submetidos a um mesmo processo que eu me tenho permitido chamar de processo espoliativo."[19]

Uma das imagens mais recorrentes de Brizola para explicar o processo espoliativo era a da represa. A água era a riqueza produzida pelos brasileiros – sempre aumentando seu volume pelo trabalho realizado dentro do país. Contudo, apesar desse volume crescente, bombas de sucção drenavam a água represada para o exterior.[20] Por mais que os brasileiros aumentassem a quantidade de trabalho e riqueza, mais a represa se esvaía, devido à atividade incessante das bombas de sucção. Para Brizola, "nossa estrutura interna é modelada, foi sendo criada insensivelmente para servir ao processo espoliativo internacional".[21]

Brizola trabalhava com categorias das ciências sociais latino-americanas de seu tempo, em particular as ideias elaboradas pelos economistas da Comissão Econômica para a América Latina (Cepal). O Brasil, na compreensão de Brizola, era um país estruturado de maneira "dualista", ou seja, uma economia moderna, em contato direto com os grandes centros capitalistas do exterior, convive com outra, atrasada, chamada na época de semifeudal. "Esse dualismo", afirma Brizola, "é um dos traços característicos de todas as sociedades subdesenvolvidas, submetidas ao processo espoliativo. Uma [economia] complementa a outra."²²

Desse modo, o processo espoliativo age da seguinte maneira: o capital estrangeiro adquire empresas do setor desenvolvido da economia ou se associa a elas. Os empresários da indústria, do comércio e das finanças, a serviço do capital estrangeiro ou de seus aliados, também investem em grandes propriedades rurais. Portanto, também o latifúndio está sob controle do capital estrangeiro. Compreender os interesses estrangeiros neste tipo de estrutura agrária não é difícil. Nos latifúndios são produzidas as matérias-primas – minerais, agrícolas e pecuárias – de que necessitam os países de capitalismo avançado. Os produtos primários são comprados a baixos preços pelos países ricos. Mas, ao mesmo tempo, nos vendem produtos manufaturados a altos preços. A diferença entre os baixos preços das matérias-primas vendidas e os altos preços das mercadorias industrializadas compradas é, para Brizola, "parte do processo espoliativo".²³ Os países subdesenvolvidos, especializados em monoculturas exportadas, são reduzidos

> à condição de colônias, isto é, fornecedores de matéria-prima e de importadores de bens manufaturados. (...) É todo um sistema complexo, interligado em seus interesses, que vai desde a monocultura e o latifúndio, à exportação de matérias-primas, ao comércio de importação e exportação, às fraudes mais incríveis, aos grupos industriais e financeiros associados ou pertencentes a corporações econômicas internacionais.²⁴

Sem a eliminação do processo espoliativo, defendia Brizola, não haveria condições para o desenvolvimento autônomo do Brasil. Novamente as imagens apresentadas por ele eram dicotômicas. Ou se rompia com o processo espoliativo para conquistar a emancipação econômica ou estaríamos condenados "a testemunhar ainda por longo espaço de tempo o quadro que hoje nos enche de terror e de revolta: o de um país novo convertendo-se rapidamente num país de favelados e marginais, num campo de concentração disfarçado".²⁵ Neste cenário, afirmava

Brizola, a opressão dos verdugos é substituída pelo desemprego, a fome e o analfabetismo.

No pensamento político de Brizola, o processo espoliativo era a causa de todos os males que afligiam a economia brasileira: a inflação, os déficits orçamentários, as emissões de papel-moeda, o desequilíbrio fiscal, a decadência dos serviços públicos e a elevação do custo de vida. "Que é a inflação", perguntava Brizola, "senão um imposto, um tributo lançado sobre o povo, uma arrecadação de parte da renda e dos salários de cada um de nós?".[26] Para ele, a causa da inflação brasileira e a dos países latino-americanos era o processo espoliativo. "Todos os demais fatores que influem na espiral inflacionária são secundários, irrelevantes ou decorrentes."

Assim, para Brizola, "emancipação econômica" significava, em primeiro lugar, a revisão dos termos do intercâmbio internacional. Não apenas revisar os preços de venda das matérias-primas e de compra dos produtos industrializados, mas os acordos econômicos que permitem as fraudes comerciais e

> todo esse complexo cipoal de normas e regras que rege o nosso intercâmbio com o mundo exterior, submetido a uma estrutura econômico-social decorrente desse vaivém do processo espoliativo, dos juros, dos royalties, da exportação legal e ilegal de lucros extorsivos, dos investimentos antinacionais e dos tentáculos da exploração e do colonialismo.[27]

Nas condições atuais do intercâmbio nas relações comerciais entre os dois países, afirmou Brizola, "parte significativa da riqueza hoje acumulada nos Estados Unidos é parte do trabalho do nosso povo".[28] Não apenas o Brasil, mas o conjunto dos países latino-americanos deveria "eliminar a interferência dos interesses privados, de trustes e monopólios na nossa vida econômica".[29] Para ele, esta era a precondição para o desenvolvimento.

A luta pela emancipação nacional

O tema da atuação das empresas multinacionais na América Latina era caro para as esquerdas do continente, e Brizola tocava em questão delicada e polêmica. Para ele, não era necessário expulsar as empresas norte-americanas. "Não; elas podem ficar aqui, podem ficar, mas sob o nosso controle, com participação minoritária nas organizações."[30] Neste caso, o governo de cada país ficaria com a maior parte do capital das empresas multinacionais, e as decisões empresariais seriam tomadas pelas nações latino-americanas e não por empresários estrangeiros.

Contudo, Brizola admitia que haveria resistência do governo dos Estados Unidos em alterar as relações comerciais com o Brasil. Nesse aspecto, a imagem da represa era novamente usada por ele:

> porque se quisermos (...) reter a água que nos pertence, fatalmente afetaremos os interesses das "bombas". E elas? Simplesmente pararão de funcionar? Conformar-se-ão? Jamais! Imediatamente as "bombas" desencadearão um jogo de intrigas internacionais e nacionais, mobilizarão seu mecanismo de segurança e tratarão de nos paralisar.[31]

Brizola chamava a atenção para o fato de que, em suas avaliações, nada havia de hostil contra o povo dos Estados Unidos, uma vez que a manipulação do processo espoliador provém dos grupos econômicos e das grandes empresas. A luta do povo brasileiro não era contra qualquer outro povo, "pois todos eles compõem a humanidade" e todos devem ter seus direitos garantidos.[32] "Somos, sim, contra um sistema econômico internacional que tem sua sede nos Estados Unidos e que é a fonte, a causa dos sofrimentos, das frustrações e de toda a sorte de deformações na vida dos povos cuja economia dominam, como é o nosso caso e o de toda a América Latina."

Não havendo a concordância norte-americana, pergunta Brizola, o que se poderia esperar que ocorresse? Qual a "receita" a ser adotada? "É exatamente a receita que aplicaram a Cuba",[33] defendeu Brizola. Era preciso, inclusive, estudar o "caso cubano" porque ele poderia ser "um espelho que, desditosamente, venha a ser o nosso futuro, se os termos de nossas relações com os EUA continuarem como até agora". Para Brizola, se Cuba se encontra praticamente afastada do mundo ocidental, isso se deve exclusivamente ao governo e aos empresários dos Estados Unidos. Nesse sentido, ele considera "ingenuidade sonharmos com reformas, sem nos precavermos contra a reação"[34] do governo norte-americano e das grandes empresas daquele país. Para se efetivarem as reformas, defende Brizola, é necessário primeiro "estancar o processo espoliativo".

Enfrentar o poder das "corporações econômicas estrangeiras" – chamadas alguns anos mais adiante de empresas multinacionais – era questão de primeira ordem. Por isso Brizola citava constantemente o caso da revolução cubana. Ao tomarem o poder em Cuba, os revolucionários perceberam que, para modificar a ordem social injusta, não bastava a substituição dos governantes. Eles se deram conta de que Cuba era um país ocupado por corporações econômicas estrangeiras que, pelo domínio que exerciam, faziam o que convinha aos seus interesses. Com os graves problemas sociais existentes na ilha, Brizola avaliou que, para erradicar a pobreza, desenvolver o país e tornar realidade a justiça social, não havia outro caminho senão o de "nacionalizar todas as empresas que se locupletavam com o trabalho do povo cubano. Eis o que bastou para provocar uma terrível reação provida, financiada, estipendiada pelas corporações econômicas estrangeiras".[35] Pensando no caso cubano, Brizola alertava: "não tenhamos dúvida de que poderemos incidir na mesma faixa de represálias à hora em que iniciarmos um programa real de reformas de base e de liquidação do processo espoliativo".

O conflito social

No entanto, diante da situação de miséria e de degradação a que chegou o povo brasileiro, tornava-se inadiável a tarefa de enfrentar o processo espoliativo. "Não pode ser mais protelada. Adiá-la é favorecer o crime contra a nacionalidade. Crime de lesa-nacionalidade."[36] O que se impunha para qualquer brasileiro, em sua interpretação, era "decidir-se entre a posição de patriota ou de traidor".[37]

Brizola, como as esquerdas de sua época, dividia a sociedade brasileira em duas categorias. Poderia ser entre patriotas ou traidores, mas também entre "comprometidos" e "não comprometidos". Para o líder trabalhista, os "comprometidos"

> integram a casta dos privilegiados; (...) são aqueles que, encastelados em suas posições, não se sentem obrigados a um mínimo de solidariedade ou dever com o povo deste país. São aqueles que, nesta altura do século, brandem as teses do liberalismo econômico, com elas encobrindo o seu egoísmo antissocial e antricristão, a sua ânsia anti-humana da riqueza, a sua desarvorada sede de poder econômico e político. São os que defendem o latifúndio e, quando falam em liberdade, não estão defendendo senão a sua liberdade de continuarem ricos num país de pobres. (...) São os moralmente insensíveis. São os que fazem o seu bem-estar, mesmo vendendo as suas consciências, como instrumentos dos que exploram o nosso povo. (...) Não sentem qualquer escrúpulo de apelar para a interveniência estrangeira, sem quaisquer reservas ou um mínimo de cautela, entregando o pobre povo brasileiro indefeso, de pés e mãos amarrados, ao domínio e à exploração dos grupos econômicos e corporações internacionais.[38]

Em contrapartida, havia os "não comprometidos". E quem eram eles, perguntava Brizola? Ele mesmo respondeu para uma plateia de estudantes:

> Somos nós. Somos todos nós. (...) Não comprometidos são os brasileiros inconformados com o processo de espoliação que nos é imposto. (...) São os brasileiros não conformados com a má distribuição da riqueza social no país, concentrada em alto teor em poucas mãos, enquanto a miséria castiga, fustiga, impede e elimina as oportunidades, deprime a quase totalidade das populações brasileiras. São os brasileiros não conformados com o fato de 50% da infância brasileira em idade escolar não ter a seu dispor nenhuma oportunidade de educação. São os brasileiros não conformados com o fato de, no Nordeste, 50% dos nossos irmãos

morrerem antes dos 30 anos de idade. (...) São os brasileiros que não se vendem, são aqueles que preferem perder a vida a perder a razão de viver. E razão de viver para nós é a libertação do nosso povo da miséria, da incultura e do analfabetismo, da doença endêmica, de todas as formas de atraso, do processo espoliativo que nos prende a essas condições degradantes de vida (...).[39]

Brizola era crítico contundente da dominação econômica dos Estados Unidos sobre o Brasil e a América Latina. Não lhe agradava o comunismo de vertente soviética. Mas também não admitia que o capitalismo fosse a melhor alternativa. Por vezes Brizola citava, com ênfase e entusiasmo, a encíclica *Mater et Magistra*, do papa João XXIII, sobretudo nas ocasiões em que criticava o liberalismo, o materialismo revolucionário e o colonialismo. Também eram ressaltados o uso social da propriedade e o direito do trabalhador a um salário justo.[40] Por vezes, ele designava a carta-testamento de Getúlio Vargas como documento patriótico ilustrativo da capacidade de luta dos brasileiros pelos destinos de seu próprio país.[41] Mas a interpretação de Brizola da encíclica papal e da carta-testamento de Vargas era influenciada pela conjuntura de avanço do ideário das esquerdas na América Latina dos anos 1950 e 1960, marcada profundamente pela revolução cubana. Não é por outra razão que Brizola, em determinado momento, em outubro de 1961, define com clareza o seu lugar no trabalhismo e dentro do PTB:

> Reconheço e proclamo que nos encontramos numa ordem capitalista, recolhendo desse sistema, é verdade, algumas migalhas. Mas situo-me entre aqueles que desejam abominar corajosamente, decididamente os males do capitalismo. E, ainda mais, situo-me entre os que julgam que para enfrentarmos os problemas que nos afligem, que infelicitam nossas grandes massas populacionais, não poderemos fugir a muitas soluções de cunho nitidamente socialistas![42]

Leonel Brizola e as esquerdas

No governo de João Goulart, diversas organizações e partidos de esquerda reconheceram a liderança de Leonel Brizola. O mesmo ocorreu com o eleitorado. Como candidato a deputado federal pelo estado da Guanabara nas eleições de outubro de 1962, recebeu 269 mil votos, em um eleitorado de 1 milhão de votantes – quase 27%. Foi a maior votação que um candidato parlamentar havia recebido até então.

No início de 1963, Brizola fundou a Frente de Mobilização Popular (FMP), unindo organizações e partidos de esquerda.[43] A FMP pressionava Goulart a realizar as reformas de base contando apenas com o seu apoio político, afastando-se dos partidos no Congresso Nacional considerados tradicionais e conservadores, notadamente o Partido Social Democrático (PSD). Na FMP estavam representados os estudantes, com a UNE; os operários urbanos, com o Comando Geral dos Trabalhadores (CGT), a Confederação Nacional dos Trabalhadores na Indústria (CNTI), o Pacto de Unidade e Ação (PUA) e a Confederação Nacional dos Trabalhadores nas Empresas de Crédito (Contec); os subalternos das Forças Armadas, como sargentos, marinheiros e fuzileiros navais com suas associações; facções das Ligas Camponesas; grupos de esquerda revolucionária, como a Ação Popular (AP), o POR-T e segmentos de extrema esquerda do Partido Comunista Brasileiro (PCB); políticos do Grupo Compacto do PTB e da Frente Parlamentar Nacionalista (FPN); militantes nacional-revolucionários que, dentro do PTB, seguiam a liderança de Leonel Brizola; por fim, setores mais à esquerda do Partido Socialista Brasileiro (PSB) e o grupo político de Miguel Arraes – embora ele apresentasse linha política própria, nem sempre a mesma de Brizola.

Liderando a FMP e a ala mais à esquerda do PTB, os chamados nacional-revolucionários. Brizola expressava ideias, crenças e programas políticos das esquerdas de sua época. Ele acompanhou as esquerdas no processo de fabricação e disseminação de imagens, crenças, representações e comportamentos coletivos. O conjunto de representações alimentava certezas, arregimentava adeptos e reforçava utopias.

As esquerdas, no governo Goulart, radicalizaram muito rapidamente suas posições. O sucesso de Brizola entre elas é explicado porque ele acompanhou esse processo, tornando-se porta-voz das organizações e partidos que exigiam reformas imediatas. Para Brizola, as reformas poderiam obedecer aos trâmites institucionais, na "paz", como dizia. Mas a insurreição popular estava presente em seus discursos, caso as reformas econômicas e sociais fossem adiadas. Ainda em 1960, ele afirmava: "Só um inconsciente não vê que estamos vivendo o desenvolvimento de um processo revolucionário. De início, a ordem será mantida. Mas, se as coisas continuarem como vemos, a inconformidade popular, depois de alcançar a classe média e a chamada pequena-burguesia, atingirá os próprios quartéis."[44] Para estudantes, declarou a certeza "de que amanhã não seremos apenas nós, mas milhões de outros brasileiros que não hesitarão em trilhar os caminhos da revolução, se os caminhos das reformas não levarem o nosso país à posse de seu destino".

Brizola defendia ideias chamadas de reformistas. Contudo, se efetivadas, elas teriam extensão verdadeiramente revolucionária. Não casualmente ele foi reconhecido pelas esquerdas como líder na luta pelas reformas: ele expressava ideias, crenças e projetos das próprias esquerdas. Eram representações sindicais, camponesas, estudantis e dos subalternos das Forças Amadas, grupos marxistas-leninistas, cristãos de esquerda, trotskistas e políticos nacionalistas, todos reunidos na FMP. Esquerdas e líder falavam a mesma linguagem e tinham objetivos em comum; por isso, Brizola foi reconhecido como liderança da FMP.

Rumo ao desfecho

Brizola recorria a uma expressão que traduzia uma certeza entre as esquerdas: o "desfecho". A palavra apontava para o fim de um ciclo. No manifesto que acompanhava o modelo de ata dos Grupos de Onze Companheiros, Brizola garantia: "passamos a viver momentos decisivos de nossa vida e de nossa história. Aproximamo-nos, rapidamente, de um desfecho deste período cruel que se iniciou desde o fim da última guerra".[45] Brizola retomava o tema da espoliação praticada pelas empresas estrangeiras no Brasil. Tratava-se da "origem profunda deste quadro de injustiças, de sofrimentos, de angústias e de pobreza, que vêm tornando a vida humana insuportável em nosso país". O resultado era a inflação e a miséria do povo, bem como o enriquecimento e os privilégios obtidos por uma minoria de empresários brasileiros que se associaram aos capitais estrangeiros. O povo lutava para sobreviver devido ao "monstruoso processo espoliativo, do saque internacional que leva para fora de nossas fronteiras os frutos do trabalho e da produção do povo brasileiro". Desse modo, para Brizola, "sem dúvida, aproximamo-nos, rapidamente, de um desfecho".

Na imagem criada pelo "desfecho", dois personagens se enfrentavam. Havia o "povo", formado por trabalhadores urbanos, camponeses, estudantes, militares nacionalistas e intelectuais de esquerda. Nos discursos de 1961, eram considerados os "não comprometidos", os "patriotas". O "povo" protestava com greves, lutas pela terra e manifestações nacionalistas contra o "saque internacional que leva para fora de nossas fronteiras os frutos do trabalho e da produção". O outro personagem, muito presente nos discursos de Brizola, era caracterizado como o "antipovo", formado pelos "comprometidos", os "traidores". Eles eram

> uma minoria de brasileiros egoístas e vendilhões de sua pátria, minoria poderosa e dominante sobre a vida nacional – desde o latifúndio, a economia e a finança, a grande imprensa, os controles da política até aos negócios internacionais –, associou-se ao processo de espoliação de nosso povo. Esta minoria é que chamamos de antipovo, de antinação.

O "desfecho" ocorreria com a reação do "povo" contra as grandes injustiças econômicas e sociais. O "antipovo" reagiria com repressão policial em nome da "democracia" e das "tradições cristãs". Nesse aspecto, Brizola era enfático: ordem para esta minoria é a ordem dos cemitérios; democracia é o regime de minorias privilegiadas; desenvolvimento econômico é o enriquecimento dos grupos e empobrecimento do povo; em matéria de liberdade a única que defendem mesmo é a liberdade de lucrar e fazer negócios.

Os conflitos entre o "povo" e o "antipovo" entrariam em fase de radicalização, com a vitória do "povo" e das forças nacionalistas. Estaria encerrado, assim, o ciclo de exploração imperialista sobre o Brasil. Com as reformas de estrutura, a sociedade brasileira conheceria uma "nova democracia", com base no nacionalismo. Portanto, para Brizola, o momento era de decisão, de opção, diante do "desfecho" que se aproximava. "Ou estaremos com o povo ou com o antipovo; ou seremos patriotas ou traidores."

O texto fundador

A maneira como Leonel Brizola interpretava o mundo tinha uma matriz: a chamada carta-testamento de Getúlio Vargas, deixada por ele quando de seu suicídio, em 24 de agosto de 1954. O texto era estratégico em seu pensamento. A carta de Vargas era documento fundador da tradição política conhecida como trabalhismo. O trabalhismo, em sua origem, é de 1942, mas foi a carta de Vargas, de 1954, que deixou a marca mais profunda na geração trabalhista dos anos 1950. A carta-testamento era o ponto de partida para o conjunto de ideias que Brizola defendia. Evidentemente que ele fazia uma leitura muito particular do texto, interpretando-o a partir do processo de radicalização política que vivia nos anos 1960.

Para Brizola, a crise de agosto de 1954 que resultou no suicídio de Vargas somente poderia ser comparada a um episódio na história do Brasil: o sacrifício de Tiradentes. A carta-testamento representava no século XX o que a luta pela independência significou para os inconfidentes. No texto redigido por Brizola, Vargas surgia com uma dupla imagem, tanto a do mártir quanto a do precursor da libertação do povo contra as injustiças sociais e a exploração econômica do país. No entender de Brizola, a carta de Vargas continha

> uma denúncia à nacionalidade e uma convocação à luta, ao inconformismo, à insubmissão e à resistência, de todos os brasileiros e patriotas deste país. *Vargas denunciou o domínio e o processo de espoliação das corporações e grupos econômicos e financeiros internacionais* que vêm esmagando o nosso povo e mergulhando a nossa pátria na dependência e na submissão [grifos do autor].⁴⁶

Brizola interpretava o texto deixado por Vargas com base em uma conjuntura internacional diferente, a que vivia no início da década de 1960. Na carta, Vargas expressou ideias nacionalistas que se tornaram ideários de partidos políticos e governos na América Latina entre as duas grandes guerras mundiais. Para Brizola, no entanto, Getúlio passou por circunstâncias que lhe permitiram concluir que o "problema dos problemas" do Brasil, a "causa motriz" dos males que afligem o país, é a "espoliação cruel e desumana de que somos vítimas". A mensagem deixada pela carta-testamento é "a inconformidade, a resistência, a luta contra os espoliadores de nosso país, contra os grupos dominantes, externos e internos, que formam a crosta de interesses que vêm sacrificando o nosso povo e solapando a nossa própria soberania". Esta era a leitura que Brizola fazia da carta-testamento: um político esquerdista da conjuntura da Revolução Cubana sobre o texto de um líder nacionalista da época da Segunda Guerra Mundial. Ainda segundo Brizola:

> o depoimento de Vargas permite-nos compreender que a nossa estrutura econômico-social, injusta e desumana, nada mais é que o efeito, que a dolorosa consequência do insidioso processo de espoliação a que está submetido nosso país; permite compreender que o subdesenvolvimento, o nosso atraso material e cultural, o analfabetismo, o latifúndio intocável, a marginalização e o empobrecimento de regiões e contingentes cada vez maiores de nossa população, as favelas, os ranchos, as doenças endêmicas,

a inflação, a desvalorização de nossa moeda, as emissões, a elevação dos preços e do custo de vida, todo este quadro de sofrimentos, de necessidades, de misérias e injustiças, nada mais é senão o trágico painel dos *efeitos e consequências da espoliação econômica* [grifos de Brizola].

Em sua época, afirmou Brizola, Vargas não dispunha dos dados e provas sobre a espoliação internacional, mas, no início dos anos 1960, eles eram evidentes e estariam disponíveis ao público. Apesar da falta de informações, Vargas percebeu o que ocorria: "Só conseguiremos realizar o nosso desenvolvimento, os ideais de justiça, construir uma sociedade brasileira justa, à medida que conseguirmos nos libertar da espoliação internacional."

Brizola repetia os argumentos utilizados em 1961 ainda ao analisar a carta-testamento: a dominação e a exploração de classe no Brasil. Uma minoria de poderosos e privilegiados, todos associados aos interesses espoliativos estrangeiros, tornaram-se insensíveis aos verdadeiros interesses do país. Eles falavam em "democracia" e "liberdade", mas os seus interesses de classe visavam aos lucros e à dominação do povo brasileiro, submetido à exploração e ao atraso. Para Brizola, Vargas denunciou essa minoria, chamando-os de "antipovo" e "antinação". Expressões, na verdade, do próprio Brizola – e não de Vargas.

Da matriz do nacionalismo getulista dos anos 1930, 1940 e 1950, Brizola radicalizou à esquerda. Suas ideias anti-imperialistas e revolucionárias permitiram interpretação original à carta de Vargas. Segundo Brizola,

> Vargas morreu como um revolucionário. Só um revolucionário autêntico é capaz de oferecer a sua vida em holocausto à causa da libertação de seu povo (...). Sacrificou a sua vida para que a causa da libertação do nosso povo ganhasse milhões de consciências; para que o povo, do qual ele fora escravo, jamais venha a ser escravo de quem quer que seja (...). A Carta de Vargas é um manifesto revolucionário e nacionalista. O grande brasileiro denunciou o domínio e a espoliação internacional que vêm martirizando o nosso povo e solapando a soberania de nossa pátria. Vargas

conclamou-nos à resistência e à luta (...). Vargas morreu para que nossas consciências despertassem (...).

A carta-testamento foi a fonte para a formulação do pensamento de esquerda de Brizola – ao mesmo tempo reformista e revolucionário. Ele denunciava a dupla exploração sobre os trabalhadores brasileiros e que mantinha o país no subdesenvolvimento: a imperialista dos Estados Unidos sobre os povos latino-americanos; e a exploração de classe dos grupos empresariais nacionais associados aos estrangeiros imperialistas sobre os trabalhadores.

A organização do povo

Leonel Brizola produziu ideias, mas também propôs formas de organização na luta contra a exploração dos trabalhadores. Em fins de novembro de 1963, ele defendeu a formação de "Grupos de Onze Companheiros" ou "Comandos Nacionalistas". No manifesto em que defendeu a formação dos comandos, Brizola denunciou a pobreza e a dominação econômica e ideológica dos trabalhadores geradas pela exploração imperialista.[47] Para ele, muitos operários, camponeses, estudantes, intelectuais e militares nacionalistas tinham suas organizações. Contudo, "milhões e milhões de brasileiros esclarecidos e inconformados", não estão organizados. Milhões de trabalhadores e camponeses agiam de maneira isolada, sem formas de organização. Para Brizola,

> *a organização de nosso povo, eis a tarefa urgente e imprescindível, nesse momento.* Povo desunido, *povo desorganizado é povo submetido*, sem condições de defender seus mais sagrados interesses e de realizar seu próprio destino. O povo brasileiro precisa urgentemente organizar-se. Onde quer que se encontre, mesmo nos lugares mais longínquos da pátria. Se, em curto espaço de tempo, conseguirmos estruturar uma organização razoável, estarão criadas as condições para que o nosso povo, na hora do desfecho que se aproxima, nos momentos em que

pretendam garrotear as nossas conquistas democráticas, venha a assumir uma posição não apenas de defesa de suas liberdades, mas, também, para caminhar por si mesmo, em busca de sua própria libertação. O que cabe fazer, portanto, neste momento, a todos nós é, exatamente, *organização, organização e organização*. [grifos do autor]

Com a proposta surgiu o "Grupo de Onze Companheiros" ou "Comandos Nacionalistas". Brizola tinha o objetivo de agregar os trabalhadores em uma organização simples, em todo o país, consolidando a unidade dos nacionalistas civis e militares e de todos os trabalhistas. O objetivo era unir "todos os brasileiros, homens e mulheres que se disponham a lutar em defesa de nossas conquistas democráticas por uma democracia autêntica, pela realização imediata das reformas de base e pela libertação do nosso povo da espoliação internacional".

Com o "Grupo de Onze Companheiros", as atitudes individuais seriam substituídas por ações organizadas, articuladas entre si e interligadas aos níveis local, regional e nacional.

Assim, qualquer brasileiro que tenha sua consciência de patriota queimando de inconformidade com os sofrimentos e injustiças que aí estão esmagando nosso povo, onde quer que se encontre, pode e deve tomar a iniciativa junto aos seus companheiros e amigos, de sua vizinhança (em primeiro lugar), de fábrica, de escritório, da sua classe, do rincão onde vive, pelas lavouras e pelos campos, para organização de um "Grupo de Onze", reunir-se e fundar a organização.

No manifesto de lançamento do Grupo dos Onze, os objetivos eram a defesa das conquistas democráticas do povo, a resistência contra golpes, a luta pelas reformas de base, a determinação em libertar a pátria da espoliação estrangeira e a "instauração de uma democracia autêntica e nacionalista". Trabalhadores e camponeses se organizariam por meio de "grupos de onze companheiros". Seriam as forças do "povo" articuladas e atuando em conjunto contra o "antipovo".

Leonel Brizola e o governo de João Goulart

Com a renúncia do presidente Jânio Quadros, o líder trabalhista João Goulart assumiu a Presidência da República em 7 de setembro de 1961. As esquerdas esperavam que ele decretasse imediatamente as reformas de base. Para estudantes, sindicalistas, intelectuais e militantes nacionalistas a hora das reformas havia chegado. Goulart, no entanto, necessitava de base parlamentar para governar. Seu partido, o PTB, formava a terceira bancada do Congresso Nacional. O maior partido era o Partido Social Democrático. Goulart havia sido vice-presidente duas vezes com o apoio dos pessedistas e foram eles que apoiaram sua posse diante da grave crise que se abriu com a renúncia de Jânio Quadros.[48]

O país estava dividido e sob gravíssima crise militar e política. Sua estratégia era a de manter e reforçar a tradicional coligação partidária, o PSD e o PTB, no Congresso Nacional, atraindo partidos menores de centro e isolando o maior partido de oposição, a União Democrática Nacional (UDN). Unindo o centro pessedista com a esquerda trabalhista e com maioria no Congresso Nacional, as reformas de base poderiam ser aprovadas de maneira pactuada pela via parlamentar. O presidente se esforçava no sentido de manter a aliança partidária que, no Congresso, deu estabilidade política ao regime e, com isso, implementar as reformas. Para Goulart, os pessedistas poderiam ser considerados conservadores, mas não eram reacionários e estavam dispostos a discutir as reformas, inclusive a agrária. Para o presidente, o campo da direita golpista não era o PSD, mas a UDN. Além disso, a experiência republicana pós-Estado Novo demonstrava que, para ter estabilidade política, o regime presidencialista no Brasil exigia maioria parlamentar. Contudo, para as esquerdas reunidas na FMP e para o PCB, a estratégia política de Goulart era recusada. O PSD era interpretado como partido de direita. Pactos, acordos e negociações com os pessedistas não passavam de "política de conciliação" – com a direita.[49]

Inconformados com o presidente, as esquerdas partiram para o ataque. Luís Carlos Prestes à frente do PCB, Francisco Julião e as Ligas Camponesas, Miguel Arraes e seu grupo político, o Comando Geral dos

Trabalhadores, a UNE, organizações de sargentos e marinheiros, a Frente Parlamentar Nacionalista, entre outras organizações, exigiam a imediata implementação das reformas de base. Brizola e a FMP foram críticos contundentes, exigindo do presidente o fim da "política de conciliação" com os conservadores do PSD. Essa, inclusive, é uma expressão importante para compreender os conflitos entre o presidente e as esquerdas. Conciliação, nesse momento, não era interpretada como ato político positivo em que as partes, pelo diálogo, chegam a concessões mútuas, cedendo para avançar. Ao contrário, era termo bastante ofensivo entre as esquerdas naquele momento, interpretado como fraqueza política, falta de capacidade de liderança e submissão aos interesses conservadores. Se o confronto direto com as direitas resultaria na vitória das forças reformistas, por que a insistência do presidente em manter entendimentos, ou melhor, "conciliar" com os pessedistas?

As esquerdas exigiam mudanças na Constituição para viabilizar a reforma agrária, mas ao mesmo tempo negavam-se a entendimentos com o PSD. O processo de radicalização era crescente. Cobravam de Jango seu afastamento do PSD com a implantação imediata de um governo nacionalista e popular – ou seja, um governo exclusivo das esquerdas.

Em fins de fevereiro de 1964 a crise política e econômica ameaçava a estabilidade política do país. Brizola, em editorial publicado em *Panfleto*, afirmou que o próprio Goulart não exercia mais o poder.[50] Ele tinha apenas nominalmente o poder. No máximo, uma parcela dele. Jango somente exerceu realmente o poder logo após a crise que resultou em sua posse em agosto de 1961 e depois da vitória que obteve com o plebiscito que restituiu seus poderes presidencialistas em janeiro de 1963. Nesses dois momentos, ele teve amplo apoio popular. É possível, afirmou Brizola, que Jango voltasse ao controle do poder, "desde que se decida a exercê-lo no sentido dos autênticos interesses do povo brasileiro e não no dos interesses das minorias privilegiadas".

Brizola argumentava que Jango, naquelas duas oportunidades, poderia ter realizado as reformas de base porque houve a união entre o governo e as "forças populares", formando uma frente única. Mas o presidente preferiu se afastar das "aspirações populares" com sua "política de conciliação com minorias e grupos conservadores", sobretudo o PSD, e com sua inoperância diante da "espoliação internacional" que degradava o país.

Afastado das "forças populares", a vitória do projeto reformista ficou bem mais difícil. A fim de realizá-lo, Goulart precisaria ganhar o apoio popular e assim vencer as forças reacionárias organizadas no PSD e na UDN. Para Brizola, os grupos e partidos que atuavam na FMP deveriam levar ao povo mensagens de "orientação e esclarecimento", além de organizar os trabalhadores do campo e da cidade. "Só assim", concluiu Brizola, "estaremos preparados para enfrentar os instantes cruciais que se aproximam." Com estas avaliações, Brizola finalizou:

> Os nossos caminhos estão perfeitamente claros. Entre nós não há lugar para dúvidas, nem vacilações. Nem mesmo precisamos de maiores esclarecimentos. Os nossos rumos estão, desde 1954, na grande mensagem que nos deixou o presidente Getúlio Vargas. Todos os brasileiros que querem servir autenticamente a sua pátria e lutam pela organização de uma sociedade justa e verdadeiramente livre dentro de nossas fronteiras não têm dois caminhos a escolher, nem qualquer opção a fazer. Só um caminho se impõe: é aquele por onde segue o nosso povo, com suas lutas e sofrimentos, em busca de sua libertação.

Na avaliação de Brizola, o quadro político brasileiro estava dividido em dois campos. Novamente as imagens dicotômicas eram reiteradas: um deles constituído por diversas forças reacionárias, conservadoras e oportunistas; o outro pelas forças populares, das reformas e da libertação do país. Nesse sentido, somente "um caminho" se imporia para o presidente da República.

Brizola criticava duramente o presidente, naquilo que as esquerdas chamavam de "política de conciliação" de João Goulart. Sobre a questão, Brizola escreveu agressivo editorial em *Panfleto*.[51] Em agosto de 1961, para que a legalidade fosse mantida, e a Constituição, respeitada, foi preciso que "a Nação se visse colocada diante do dilema: guerra civil ou posse ao senhor João Goulart". No entanto, ele tomou posse na Presidência da República e logo deu início à "política de acomodação, aceitando a imposição do parlamentarismo". A unidade entre povo e governo resultou na vitória do plebiscito que devolveu a Jango os poderes presidencialistas. Para Brizola, a imensa vitória obtida pelo governo demonstrou que a vontade popular pelo retorno ao presidencialismo "teve o sentido de um repúdio à política de acomodação, de vacilações, de indefinições, vigorante no período do parlamentarismo".

O povo, então, esperava que Goulart, com seus poderes presidencialistas restaurados, desse início à política "popular, firme e definida". No entanto, o que ocorreu? Depois de seis meses de regime presidencialista, mesmo com as pressões populares, Goulart manteve sua "política de acomodação", insistindo na "política conciliatória". Ou seja, preferiu alianças partidárias no Congresso Nacional, unindo o PTB ao PSD. Quais foram os resultados? Para Brizola, foram muito ruins, sendo o mais grave o enfraquecimento da unidade entre povo e governo.

> Enquanto o governo procurava a conciliação, o ganha-tempo, os intermináveis entendimentos com os nossos espoliadores, seus sócios e aliados internos haveriam de fortalecer-se. E é exatamente o fortalecimento das minorias reacionárias e privilegiadas de nosso país, fortalecimento que se verificou à sombra da política de acomodação, que nos dá a medida (...) dos resultados e efeitos da política que tem seguido o nosso governo. Isto para não falar no quanto desnorteou e dividiu as forças populares, com as quais o governo, até pouco tempo, formava uma unidade invencível, sempre que acionada e dirigida para os caminhos de nossa liberação econômica e social.

Para Brizola, os caminhos que resultaram na vitória da posse de Jango em setembro de 1961 e na vitória do plebiscito em janeiro de 1963 deveriam ser retomados; e imediatamente abandonadas a "conciliação" e a "acomodação". Ele referia-se a dois momentos da história política recente do país: a Campanha da Legalidade que garantiu a posse de Goulart na Presidência da República e o plebiscito que lhe devolveu os poderes presidenciais. Em sua interpretação, os dois episódios resultaram em vitórias das "forças populares" contra as direitas e os reacionários devido ao estabelecimento da união do governo com o povo. Tratava-se de uma crença fortemente disseminada entre as esquerdas e expressada por Brizola: quando o governo tinha o apoio do povo, como em 1961 e 1963, era vitorioso. Goulart poderia realizar as reformas de base se tivesse o apoio do povo. Bastava restabelecer os laços anteriormente existentes.

A maneira de interpretar a Campanha da Legalidade e a vitória do plebiscito fortaleceu, entre as esquerdas reunidas na FMP, a crença de que era possível obter outra vitória em 1964. Nas duas situações, a sociedade brasileira acompanhou os chamados dos líderes e das organizações de esquerda. Portanto, era possível mobilizar outra vez o povo pela aprovação das reformas de base e pela instauração de um governo popular e nacionalista, como ocorrera nas vezes anteriores.

Palavras finais

A formação política de Leonel Brizola foi o trabalhismo – e ele nunca abandonou esse projeto. Contudo, vários eram os trabalhismos, mesmo dentro do PTB. A partir da Campanha da Legalidade, Brizola despontou com grande liderança, disputando com o próprio Goulart a supremacia dentro do partido. No PTB, seus seguidores passaram a se definir como "nacional-revolucionários", ou seja, defendiam a alternativa nacionalista e revolucionária. A seguir, Brizola passou a disputar a liderança entre as esquerdas com Luís Carlos Prestes. Considerando o PCB moderado, Brizola uniu diversos partidos e organizações de esquerda fundando a Frente de Mobilização Popular.

O trabalhismo, projeto político "inventado" em 1942, foi ressignificado no contexto da Guerra Fria, da luta anti-imperialista latino-americana e da revolução cubana. Brizola expressou o trabalhismo na sua versão nacionalista e revolucionária, tornando-se uma das mais importantes lideranças de esquerda durante o governo Goulart.

Notas

1. Pesquisa financiada com Bolsa de Produtividade em Pesquisa do CNPq.
2. Respectivamente, os títulos das conferências são: "O Brasil, a América Latina, os Estados Unidos e o 'caso cubano'"; "Subdesenvolvimento e processo espoliativo – atraso, pobreza, marginalismo"; "Palavras à mocidade do meu país". As três conferências estão publicadas em BANDEIRA, Moniz. *Brizola e o trabalhismo*. Rio de Janeiro: Civilização Brasileira, 1979 (fonte utilizada nas referências que seguem).
3. "O Brasil, a América Latina, os Estados Unidos e o 'caso cubano'", p. 117.
4. *Idem*, p. 118.
5. "Palavras à mocidade do meu país", p. 153.
6. *Idem*, p. 154.
7. "O Brasil, a América Latina...", p. 116.
8. "Subdesenvolvimento e processo espoliativo – atraso, pobreza, marginalismo"; "Palavras à mocidade do meu país", p. 135.
9. "O Brasil, a América Latina...", p. 116.
10. "Subdesenvolvimento e processo espoliativo...", p. 135.
11. "Palavras à mocidade...", p. 165.
12. *Idem*, p. 166.
13. "Subdesenvolvimento e processo espoliativo...", p. 137.
14. *Idem*, p. 139.
15. "O Brasil, a América Latina...", p. 123.
16. "Subdesenvolvimento e processo espoliativo...", p. 136.
17. "O Brasil, a América Latina...", pp. 123-5.
18. *Idem*, p. 125.
19. "Palavras à mocidade...", p. 161.
20. "Subdesenvolvimento e processo espoliativo...", pp. 140-141.
21. *Idem*, 142.
22. "Palavras à mocidade...", p. 161.
23. *Idem*, p. 161-162.
24. *Idem*, p. 162.
25. *Idem*, p. 164.
26. *Idem*, p. 169.
27. *Idem*, p. 164.
28. "O Brasil, a América Latina...", p. 126.
29. *Idem*, p. 127.
30. *Idem*, p. 128.

31. "Subdesenvolvimento e processo espoliativo...", p. 142.
32. "Palavras à mocidade...", p. 165.
33. "O Brasil, a América Latina...", p. 130.
34. "Subdesenvolvimento e processo espoliativo...", p. 144.
35. "Palavras à mocidade...", p. 171.
36. *Idem*, p. 157.
37. "Subdesenvolvimento e processo espoliativo...", p. 139.
38. "Palavras à mocidade...", p. 158.
39. *Idem*, p. 159.
40. "Subdesenvolvimento e processo espoliativo...", p. 138.
41. "Palavras à mocidade...", p. 173.
42. "Subdesenvolvimento e processo espoliativo...", pp. 127-38.
43. Sobre a FMP, veja: FERREIRA, Jorge. "A estratégia do confronto: A Frente de Mobilização Popular". *Revista Brasileira de História*. São Paulo: Anpuh, vol. 24, n. 47, jan.-jun., 2004.
44. As citações deste parágrafo estão em MORAES, Dênis de. *A esquerda e o golpe de 64*. Rio de Janeiro: Espaço e Tempo, 1989, p. 78 e 120.
45. *Panfleto. O jornal do homem da rua*. Rio de Janeiro, n. 1, 17/2/1964, pp. 14-15.
46. *Panfleto. O jornal do homem da rua*. Rio de Janeiro: 17/2/ 1964. A fonte que se segue está em *idem*, p. 2.
47. *Idem*, pp. 14-15.
48. Sobre a crise da renúncia, cf. FERREIRA, Jorge. *João Goulart. Uma biografia*. 5. ed. Rio de Janeiro: Civilização Brasileira, 2014.
49. Sobre as dificuldades políticas que Goulart enfrentou em seu governo, cf. FERREIRA, Jorge; GOMES, Angela de Castro. *1964. O golpe que derrubou um presidente, pôs fim ao regime democrático e instituiu a ditadura no Brasil*. Rio de Janeiro: Civilização Brasileira, 2014.
50. *Panfleto. O jornal do homem da rua*. Rio de Janeiro: 24/2/1964. Editorial "Só um caminho se impõe", p. 23.
51. *Panfleto. O jornal do homem da rua*. Rio de Janeiro: 9/3/1964. Editorial "Lacerda: subproduto da conciliação", pp. 2-3.

CAPÍTULO 2 "O povo nas ruas": Brizola chama à organização dos Comandos Nacionalistas. A propósito da militância
Carla Brandalise e Marluza Marques Harres

Um dos eixos de análise acerca dos Grupos de Onze Companheiros, também conhecidos como Comandos Nacionalistas, movimento de arregimentação política promovido no país em meados do ano de 1963, sob a liderança do então deputado federal petebista pelo estado da Guanabara, Leonel de Moura Brizola, nos remete a uma tentativa de compreensão e de circunscrição de quem eram os seus adeptos de base e dos motivos dessa adesão. Para tal esforço, um estado será privilegiado como lócus de análise, o Rio Grande do Sul. Justamente um dos polos de maior relevância do PTB e de concentração de Grupos de Onze; berço de origem de algumas lideranças-chave do partido, a começar por Getúlio Vargas, como também João Goulart e Brizola.

Essa tarefa revela-se de difícil execução por inúmeros obstáculos, pois se tratou de um movimento derrotado antes de realmente efetivado, o que, por definição histórica, prejudica a recuperação de sua memória e de seu sentido. A organização efetiva dos Grupos foi, devido a sua brevidade, embrionária, com uma duração de poucos meses. A maior parte da documentação produzida pelo movimento foi destruída pelas suas próprias lideranças e seus membros, em uma tentativa de autoproteção ao ser considerado uma séria ameaça pelo novo regime de 1964.[1]

O fato de que as possíveis intenções de Brizola não ficaram totalmente esclarecidas, e talvez jamais o sejam, fomentando as hipóteses acadêmicas sobre o assunto, também foi um complicador.[2] Que tipo de mensagem, afinal, o líder trabalhista pretendia passar ao visar à organização metódica de milhares de pequenos grupos pelo país, com uma publicidade ostensiva, em especial, via anúncio em cadeia radiofônica? Ou o que dizer do próprio nome adotado, Comandos Nacionalistas, prefigurando ou dando a ideia de uma nomenclatura subversiva?[3] Mas se houvesse mesmo uma proposição revolucionária, proativa, de ruptura da ordem constitucional, via a formação de milícias armadas, como denunciavam os seus detratores, por que Brizola revelaria aberta e prontamente ao público tantas informações, ao mesmo tempo que produzia inúmeras provas documentais? A princípio não havia qualquer clandestinidade no movimento. Talvez, porém, a aspiração de Brizola fosse mesmo reproduzir em ampla escala uma nova Campanha da Legalidade,[4] um movimento de reação ao golpismo, em que o eventual, não declarado e, sobretudo, voluntário porte de armas estivesse incluído ou, ao menos, não excluído. Nesse quadro hipotético, no mínimo o líder pretendia dar uma demonstração de grande força e potência aos seus adversários.

O próprio discurso de Brizola, na época, manifestava dubiedade. Em geral, pregava o movimento como algo defensivo, contra as ameaças à democracia e às liberdades e direitos básicos do povo, em reação aos setores conservadores que não permitiam avanços estruturais no país. Essas mesmas elites que pretendiam frear, pelo golpismo e pela associação com o capital internacional, a emancipação do povo. Em editorial de *Panfleto*, assim explicita os objetivos dos Grupos de Onze, "atuação organizada em defesa das conquistas democráticas de nosso povo (luta e resistência contra qualquer tentativa de golpe, venha donde vier), pela instituição de uma democracia autêntica e nacionalista, pela imediata concretização das reformas, em especial das reformas agrária e urbana, e sagrada determinação de luta pela libertação de nossa pátria da espoliação internacional". Ao mesmo tempo que classifica os Grupos como de caráter civil, "os coordenadores nacionais da organização tratam de seu registro como entidade civil".[5]

Por outro lado, a terminologia da violência e da revolução não era isenta na expressão brizolista. Como vimos, declarava o propósito de luta, sem uma definição de como ela se realizaria, "ninguém pode dizer que os nossos comandos estão constituídos para a violência, mas se os adversários desejarem a luta, responderemos com luta".[6] Quanto ao advento inexorável de uma revolução, explicita em seu pronunciamento na cidade de Natal, não sem reivindicar originalidade ao caso brasileiro: "as revoluções não se transplantam, elas se inspiram e surgem com características peculiares para cada povo, cada nação. Eu não preconizo o transplante da Revolução Cubana. Mas podem organizar quantas Alianças para o Progresso quiserem, não conseguirão evitar a Revolução Brasileira".[7] Ou ainda em seu discurso na Central do Brasil, em 13 de março 1964:

> Devemos, pois, organizar-nos para defendermos nossos direitos. Não aceitaremos qualquer golpe, venha ele de onde vier. O problema é de mais liberdade para o povo, pois quanto mais liberdade o povo tiver maior supremacia exercerá sobre as minorias dominantes e reacionárias que se associaram ao processo de espoliação de nosso país. O nosso caminho é pacífico, mas saberemos responder à violência com a violência.[8]

Diante da brutal repressão os membros ou – considerados membros sobre aqueles do movimento com o golpe de 1964, Brizola, em entrevistas posteriores, tratou de negar o caráter miliciano e armado dos comandos, confessando, por exemplo, ter se equivocado inclusive quanto à denominação do movimento, ao mesmo tempo que reforça a concepção de que sempre esteve dentro da defesa da ordem legal:

> Sublevei o Rio Grande do Sul para defender a ordem democrática e a Constituição. Estava dentro da legalidade, com a legalidade (...) quanto

aos "grupos de onze", meu erro foi não chamá-los de "clubes de defesa da democracia", ou algo parecido. Eles não poderiam constituir o embrião de milícias populares. Não tinham esse conteúdo. Não tinham armas como depois se comprovou. Na verdade, tentei formá-los, a fim de arregimentar a sociedade civil contra o golpe de Estado, que a direita com o apoio externo articulava, preparando-se até mesmo para desencadear a guerra civil.[9]

As versões testemunhais sobre o movimento também se multiplicaram, não só entre esses últimos antagonistas, como entre aqueles que estiveram diretamente envolvidos com a organização nacional dos Grupos. Em depoimento recente, o ex-professor de economia da então URGS, Antônio de Pádua Ferreira da Silva afirma ter sido coordenador nacional dos Grupos de Onze e reitera categoricamente o ponto de vista de que eram grupos de apoio extraparlamentar em prol da causa trabalhista mais importante do momento, as reformas de base. A natureza dessa sustentação não envolveria o uso de armas ou técnicas de militância revolucionária. Pádua nos explica qual teria sido a origem dos Grupos e agrega mais uma interpretação pessoal para a nomenclatura dos Onze:

> Enfim, sabemos que em 64 foi tudo com apoio americano. Nós, mais ou menos, sabíamos desse movimento todo. Tínhamos informações. Então, a campanha nacionalista se tornava ainda mais rigorosa. Foi quando, conversando com Brizola em um grupo que ele tinha formado, chamado "Grupo Intelectual", do qual eu participava, se considerou a necessidade de implantar mais a nossa ideologia para que se mostrasse mais perto do povo. O Brizola então sugeriu os Grupos dos Onze. Fazer um grupo de 11 pessoas. O 11 já era um número meio consagrado para essas coisas, porque na própria teoria da administração temos os 11 contatos que um chefe deve ter.

Quanto à natureza e aos objetivos do movimento, Pádua reporta a imagem dos Grupos ao episódio da Legalidade, ou seja, esperava uma presença maciça nas ruas:

> Se tivéssemos tido mais 60 ou 90 dias, eu acho que a coisa não teria sido tão tranquila assim para eles terem dado o golpe. Mas não era uma organização para luta; era uma organização ideológica. Ideologia para botar esse povo todo do Brasil na rua, de norte a sul. Não seria assim que eles iriam entrar com a força. Então, essa era a nossa teoria. Não queremos lutar contra a força, mas se tivermos de lutar que seja através da ideologia. Eram Grupos para estudar, para discutir, para não fazer uma política fisiológica. Queríamos uma coisa para estudar ideologia partidária, o trabalhismo.[10]

Em relação à composição do movimento, o então deputado federal maranhense pelo PSP e líder da Frente Parlamentar Nacionalista, Neiva Moreira, conta que "além de Brizola, participavam da direção do movimento Almino Affonso, o almirante [Cândido] Aragão, Cibilis Viana, Herbert de Souza, da Ação Popular".[11] Porém o ministro do Trabalho do governo Jango, Almino Affonso, não corrobora essa sua participação central na articulação dos Grupos, ao menos em suas memórias atuais. Suas lembranças o colocam distante do movimento, "eu realmente acompanhei muito pouco essa parte organizatória (...) o centro motor foi o Brizola, [os Grupos] se expandiram, porque isso passou a ser pregado, semanalmente, através de um discurso conclamatório do Brizola perante o país. À medida que ia se articulando, enviavam as cartas de formação".

No entanto, ao contrário de Pádua e mesmo de Neiva Moreira, como veremos, Almino Affonso vê os Grupos como formações armadas: "há uma declaração do Neiva Moreira, em que ele considera que os Grupos de Onze era meramente uma possível ação defensiva. Eu considero que foi um desastre. Porque você, naquele período difícil, convocar o povo a armar-se...". E ainda relembra o que considerou os efeitos nocivos: "naquele quadros essa convocação estimulou a ideia de setores militares, dos que já eram contra o Jango e os que temiam que isso pudesse ser infiltrado ou feito também por comunistas". Além disso, lamenta a repressão que se desencadeou depois aos que haviam aderido aos Grupos, revelados pelas provas documentais encontradas pela repressão: "alguma coisa desastrosa o número de documentos onde [sic] as pessoas se expunham como participantes do Grupo dos Onze". Não se furta de concluir com uma crítica à personalidade do ex-governador do Rio Grande do Sul:

> Brizola tinha um grupo brilhante em torno dele. Desde um homem que era um grande jornalista, o Neiva Moreira, ativo, trabalhador, inquieto, comprometido com a causa popular, até um como Max da Costa Santos, professor universitário, professor de Teoria Geral do Estado, da Faculdade de Direito da Universidade do Brasil, e muitas outras figuras, muitos da maior qualificação intelectual, política. Mas diante do Brizola todos calavam-se, havia uma tal irradiação dominadora, porque eu os conhecia em convivência extrarreunião com Brizola e eram homens com independência natural fora dali.[12]

Por sua vez, Neiva Moreira,[13] em seu livro de memórias, resgata o ativismo do líder gaúcho: "o Brizola nesse período articulava e denunciava. Fazia pronunciamentos importantes, advertia, mobilizava (...) empenhou-se na mobilização do povo, para conter o golpe que era eminente". Ao mesmo tempo, indica o vórtice da obra: "Brizola atuava muito, mas tinha limitações. Era amigo e cunhado do presidente Goulart e muito marcado pela direita. Sua força estava no povo. A formação dos Grupos de 11 se inseria no seu esforço de mobilização popular". Quanto à "extinção" e à "concepção de luta", Moreira acrescenta, reforçando a perspectiva de "natureza civil" do movimento: "os Grupos de 11 acabaram no desastre de 1º de abril. Muitos dos seus integrantes iam de um lado para outro pedindo armas. Queriam lutar, mas sua organização era recente, sem tempo para atuar adequadamente; além do mais, sua concepção de luta era civil". Em outro depoimento, avança a ideia da projeção desejada de um partido nacional através dos Grupos e estabelece as características, não revolucionárias, e as ambições de seus adeptos:

Ou se fazia uma organização popular, ou então não tínhamos como responder aos perigos que estavam cercando a nascente democracia brasileira (...) eu creio que nós devemos ter organizado cerca de 60 a 70 mil "grupos dos onze" – o que, naquela época, já era uma coisa impressionante. Ali, sim, estava lançada a estrutura de um grande partido nacional (...) capaz de fazer as transformações que o país ainda está querendo. [Um partido] entre reformista e revolucionário. Porque quando se vê hoje a fisionomia das pessoas que se mobilizaram em favor dos "grupos dos onze", nós facilmente podemos verificar que não tinham uma concepção revolucionária do processo brasileiro. Estavam querendo democracia, reformas, redistribuição de renda e um avanço social (...). Era revolucionário na medida em que se davam ao povo instrumentos de organização.[14]

Essa argumentação, porém, não encontra total correspondência nem entre os petebistas do grupo brizolista[15] nem entre seus oposicionistas de diversos matizes, entre os quais, aliás, eram praticamente unânimes as acusações contra Brizola de fomentar grupos guerrilheiros de franco teor comunista, de promover a violência na forma de uma guerra civil, de fomentar a desordem nacional ou de promover provocações na hora equivocada. Nos relatos de militares atuantes no Rio Grande do Sul por ocasião do golpe de 1964, constantes na obra *História oral do Exército*, as referências aos Grupos de Onze, bem como ao papel de Leonel de Moura Brizola na sua liderança são frequentes, para não dizer obsessivas, dado que o trabalhista é citado por quase todos eles. Os depoimentos mostram-se sintomáticos para compreender a visão que eles mantiveram do movimento, bem como a animosidade generalizada pelo PTB e por Brizola, apontados como grandes responsáveis pela desestabilização da ordem nacional, associados que eram com a "infiltração comunista".

Um exemplo está no relato do general Décio Barbosa Machado, nascido em Porto Alegre em fevereiro de 1926. No ano de 1963 – já formado em História e Geografia –, servia na cidade de Cruz Alta, no norte do estado, como assistente de Comando da AD/6. Identificou-se como um "anticomunista claramente definido, preocupado com o crescimento dos movimentos de esquerda". Entre esses últimos, a principal ameaça viria, de acordo com Machado, "dos Grupos dos Onze que se organizavam por todo o estado, obedientes às determinações de Leonel Brizola". Contra esta "perigosa existência dos Grupos", seus superiores teriam tomado providências, criando a Associação dos Homens Livres, composta de "ruralistas" – proprietários de terras –, tornando Cruz Alta algo próximo a um "reduto de oficiais ligados a uma conspiração contra o governo".[16]

Retórica e interlocução: os recursos brizolistas

Sem querer incorrer em excesso de personalismo, o que se pode adiantar como um dos fatores, em termos de adesão aos Grupos, é a proverbial e reconhecida habilidade retórica e de interlocução do líder do chamamento, Brizola.[17] Os recursos brizolistas eram significativos. Fazia uso de uma oratória polêmica, voluntariosa, agressiva, emocional, por vezes afetiva, em geral não conciliatória, mas amplamente compreensível às massas, objetivando, naquele momento, gerar movimentos sociais de protesto e de resistência política. Repetia insistente e didaticamente as suas ideias forçando a captação. Sua dramaticidade era eloquente, como, por exemplo, nos acontecimentos de agosto de 1961, na "Campanha da Legalidade":

> Povo de Porto Alegre, meus amigos do Rio Grande do Sul. Não desejo sacrificar ninguém, mas venham para a frente deste palácio, numa demonstração de protesto contra essa loucura e esse desatino. Venham, e se eles quiserem cometer essa chacina, retirem-se, mas eu não me retirarei e aqui ficarei até o fim. Poderei ser esmagado. Poderei ser destruído. Poderei ser morto. Eu, a minha esposa e muitos amigos civis e militares do Rio Grande do Sul. Não importa. Ficará o nosso protesto, lavando a honra desta nação. Aqui resistiremos até

o fim. A morte é melhor do que a vida sem honra, sem dignidade e sem glória.[18]

Tratava-se de um vulgarizador de ideias disposto a um recorrente trabalho pessoal de atestação carismática, ao se colocar em situação de interdependência estratégica com seus interlocutores.[19] Ao impor uma lógica dicotômica de identificação e de identidade coletivas em torno das mesmas necessidades e aspirações, afirmava que todas as suas atitudes não visavam outra coisa senão ao bem do povo e, portanto, aconteciam em rechaço ao que denominava como o "antipovo", o "antinação":

> Uma minoria de brasileiros egoístas e vendilhões de sua pátria, minoria poderosa e dominante sobre a vida nacional – desde o latifúndio, a economia e a finança, a grande imprensa, os controles da política até aos negócios internacionais –, associou-se ao processo de espoliação do nosso povo. Esta minoria é o que chamamos de antipovo, de antinação. Não deixa que as reformas se realizem e opõe toda sorte de obstáculos à defesa dos interesses nacionais, porque as reformas e a libertação do nosso povo representariam o fim de seus privilégios antissociais e antinacionais.[20]

Logo, sem o apoio e a reação do povo nada poderia mudar. O argumento era recorrente que ele mesmo, Brizola, vinha do povo:

> Homem de origem humilde, procedendo das camadas mais simples da população brasileira, pude, pela fidelidade às minhas próprias origens, desde o primeiro momento em que ingressei na vida pública, avaliar as exatas dimensões, medir e sentir as condições reais nas quais se realiza a vida da maioria esmagadora do povo brasileiro. Antes que a escola e a Universidade me tivessem capacitado para compreender o que de dramático existe na vida do homem brasileiro, já eu sentia o peso de todas as suas atribuições, a angústia de sua existência cotidiana, o desesperado esforço que ele faz simplesmente para sobreviver – e o sentia porque também percorri esse rude e áspero caminho. Como menino pobre,

nascido em cidade do interior, eu o percorri, sem o amparo de recursos fáceis..."[21]

Em reforço à comunhão de origens e crítica às elites remete-se também a Cristo, outro membro, como ele, do povo, "como se Cristo tivesse surgido no mundo como um homem de negócios ou com os privilégios do patriciado romano e não de uma família de operários, como se o filho de Deus tivesse vindo à terra para confraternizar em festins e bons negócios com os espoliadores romanos que então dominavam e oprimiam o povo hebreu".[22] Seu estilo contundente não economizava em adjetivações aos antagonistas, provocando reações imediatas, como a alcunha de "golpistas" e "gorilas" aos membros do Exército, utilizada em discurso na cidade de Natal, em referência ao comandante da guarnição militar local, general Antônio Carlos Muricy.[23]

Soube, assim, converter em oratória figurativa os momentos de crise por que passava a política brasileira, movendo-se e propondo coordenação para além de estruturas estatais e partidárias específicas em prol de objetivos específicos: "a organização de nosso povo, eis a tarefa urgente e imprescindível. Povo desunido, povo desorganizado é povo submetido".[24] Demonstra, assim, sua descrença nas instâncias institucionais, que considera reduto de conservadorismo e imobilismo: "estou convencido que, como se diz em linguagem popular, daquele mato não sai coelho. A Câmara e o Senado não querem o que está na Constituição (...) as decisões sobre as reformas já não estão mais no Congresso. Estão com o povo".[25] E vaticina o ativismo radical do povo, que estaria no limiar da escolha do seu destino: "aproxima-se para todos nós brasileiros a hora da grande opção. Ou estaremos com o povo ou com o antipovo; ou seremos patriotas ou traidores, com nossas atitudes ou nossa indiferença".[26]

Na tentativa de criar e consolidar vínculos dinâmicos entre sua liderança e "sua comunidade de apelo", manteve a convergência de suas intercessões em torno da democracia participativa, de um anti-imperialismo obtundente, de mudanças estruturais atingindo amplos segmentos sociais. Em relação ao combate ao imperialismo, por exemplo, no início dos anos 1960, seu alvo preferencial eram os Estados Unidos da América, mas fazia questão de frisar sua distância com a União Soviética e seu ideário. Não se tratava de uma questão de escolha entre as duas nações, entre duas ideologias, e sim do pressuposto da autonomia do Brasil. Em contundente discurso transmitido pelo rádio, do Palácio Piratini, sede de seu governo no Rio Grande do Sul por ocasião da Campanha da Legalidade, no dia 27 de agosto de 1961, esta questão aparece com destaque:

> Não nos encontramos nesse dilema. Que vão essas ou aquelas doutrinas para onde quiserem. Não nos encontramos entre uma submissão à União Soviética ou aos Estados Unidos. Tenho uma posição inequívoca sobre isto. Mas tenho aquilo que falta a muitos anticomunistas exaltados deste país, que é a coragem de dizer que os Estados Unidos da América, protegendo seus monopólios e trustes, vão espoliando e explorando esta Nação sofrida e miserabilizada. Penso com independência. Não penso ao lado dos russos ou dos americanos. Penso pelo Brasil e pela República. Queremos um Brasil forte e independente. Não um Brasil escravo dos militaristas e dos trustes e monopólios norte-americanos. Nada temos com os russos. Mas nada temos também com os americanos, que espoliam e mantêm nossa pátria na pobreza, no analfabetismo e na miséria.[27]

Desenhou para si o papel de "homem providência", com o devido grau de récita, capaz de identificar, verbalizar e efetivar a "vontade geral do povo". Parecia trabalhar com a possibilidade de "reforço da sociedade civil", em termos da noção clássica legada por Alexis de Tocqueville, ou seja, com a excitação e exercitação do nível possível de sociabilidade voluntária existente em uma comunidade.[28] A aposta recairia sobre uma cidadania ativa com base no aumento e na diversificação das capacidades de associação voluntária no interior da sociedade. Mas, contraditoriamente, tudo era controlado e liderado por ele. Em um sistema político que rumou à democratização em 1945, ao tentar enquadrar a mobilização social em torno dos desígnios e desejos do Estado com a criação de partidos políticos, Brizola ensaiou mais uma saída pela tangente: acessou diretamente as massas, como na Campanha da Legalidade. Eis suas deliberações diante do que ele chamava de "desfecho":

> antes que desabe sobre [o povo] o cerco das pressões dos grupos e oligarquias dominantes (...) é indispensável o apelo à iniciativa de cada um, o gênio criador de nosso povo, à sua capacidade de organização. Exatamente como ocorreu na crise de agosto de 1961, no Rio Grande do Sul e em outras áreas do país, quando o povo organizou-se por toda a parte de modo espontâneo, por sua própria iniciativa, após o apelo feito à resistência popular contra o golpe que se pretendia desfechar contra os nossos direitos e liberdades.[29]

Seu discurso encontrava receptáculo numa época propícia, em que parcela da população, dos movimentos sociais e políticos, dos parlamentares se identificava e apostava na defesa de ideais nacionalistas, reformistas, de transformações na estrutura social, política e econômica. Ou seja, foi exemplo da máxima que diz: toda mobilização de um tipo particular, aquela que repousa sobremaneira em uma figura emblemática, só encontra respaldo em um contexto adequado – que constitui também o produto das expectativas prévias de um conjunto de indivíduos. Naquele momento específico, Brizola assumiu certo grau de personificação simbólica das aspirações e vontade de mudança, agrupando parte do descontentamento coletivo.[30]

Ao mesmo tempo, a força dessa interpelação parecia se respaldar na existência de algumas medidas efetivadas no seu período como governador,[31] às quais Brizola constantemente se referia, obtendo o efeito de que suas pregações não caíssem necessariamente no vazio, em especial, no campo da educação e da reforma agrária. Houve, por exemplo, o programa Nenhuma Criança Sem Escola no Rio Grande do Sul. Essa iniciativa difundiu e buscou valorizar a educação, sobretudo na formação básica relacionada ao ensino primário, como era denominado na época, propagandeada pelo governo como fundamental e prioritária. Uma política consistente de expansão da rede escolar foi executada, o que resultou na construção de prédios escolares por todo o interior do estado, em uma ação articulada com os municípios.[32]

Por sua vez, a política agrária ganhou expressão apenas ao final do seu governo e ainda assim se tornou marca de sua gestão embora seu alcance tenha sido muito menor. Em consonância com o contexto nacional, o governo elaborou e tentou executar uma política agrária de caráter reformista articulada à mobilização dos setores sociais rurais empobrecidos, organizados por meio do Master. Trabalhando na mobilização e organização dos sem-terra encontravam-se destacados políticos do PTB regional, que tentaram construir, com o programa de reforma agrária – incipientemente implementado –, uma articulação entre o partido, os movimentos sociais e o aparato estatal. Foram iniciativas que descortinaram horizontes para significativa parcela da população rio-grandense; criaram expectativas e permaneceram como experiências valorizadas entre os simpatizantes do governador e adeptos do PTB. A questão da terra permanecia aberta, mas tinha sua defesa na atuação de Leonel Brizola como deputado federal líder da Frente Parlamentar Nacionalista.[33]

Móbiles de adesão e suas fontes: os processos indenizatórios

Porém estamos aqui longe de mapear ou dar voz e fisionomia aos adeptos dos Grupos de Onze, de descortinar as motivações de milhares de pessoas que de alguma forma ou por algum motivo atenderam a convocação de Brizola. Quem eram esses simpatizantes e militantes engajados em variados graus, com maior ou menor consciência nessa mobilização? O que os movia de fato a assinarem as listas de adesão?

Voltamos à questão de que a dificuldade em discernir a essência dos Grupos de Onze naturalmente se reproduz quando se busca perceber seus quadros. O que se mostra como um fato é a desproporção entre a pretensa atuação dos Grupos nesses poucos meses e a forte onda persecutória que se abateu após o golpe. E, paradoxalmente, será justamente nas duras marcas dessa perseguição que se pode encontrar um quadro de fontes para tentar identificar essa larga e até agora difusa base popular, sejam os documentos surgidos pelas posteriores ações governamentais democráticas voltadas à anistia e ao pagamento de indenizações, sejam os registros que sobraram produzidos pelos próprios órgãos de repressão.

Em exaustiva pesquisa dos processos indenizatórios resultantes das ações movidas pelas vítimas da ditadura no Rio Grande do Sul, foi possível a construção de uma base de dados[34] cujas informações permitem ampliar nosso conhecimento sobre a militância trabalhista e, em especial, sobre as pessoas que simplesmente aderiram aos Grupos de Onze naquele estado específico, ou, mais significativamente, se envolveram na organização e no comando dessas associações populares de caráter político participativo. Por meio da lei estadual nº 11.042, de 18 de novembro de 1997, o estado do Rio Grande do Sul reconheceu a responsabilidade pelos danos físicos e psicológicos causados aos perseguidos políticos, considerando para efeitos legais terem sido presos e agredidos, por agentes de segurança a serviço do Estado, no período de 2 de agosto de 1961 a 15 de agosto de 1979. A legislação incluía também o conturbado período da "Campanha da Legalidade".

Para levar a termo e proceder à justa avaliação das solicitações, ficou determinada a formação de uma Comissão Especial encarregada de analisar o pleito de cada um dos postulantes à indenização.[35] De posse de plenos poderes e atuando sob a coordenação de um presidente indicado pelo governador do estado, os membros da comissão analisaram 1.704 processos, ações devidamente julgadas e sentenciadas. Toda a documentação organizada nos diversos processos grande parte anexada pelos postulantes, outra parte decorrentes das diligências efetuadas a pedido da comissão, foi transferida da Secretaria de Segurança Pública para a guarda do Arquivo Público do Rio Grande do Sul, após o cumprimento dos efeitos legais das ações.

Cada processo contém significativas informações que possibilitaram, pela primeira vez, um estudo em mais ampla escala acerca das implicações políticas de pessoas que, no Rio Grande do Sul, foram acusadas e, de alguma forma, se envolveram ou estiveram implicadas na resistência ao golpe ou ao regime que estava sendo instalado no país. A solicitação de indenização é acompanhada do preenchimento de um formulário que registra as seguintes informações: nome da pessoa, qualificação profissional, residência, carteira de identidade, relato sobre suas atividades e sobre as datas, locais e duração de sua detenção ou prisão, indicação de tortura com os nomes dos torturadores, indicação de pessoas que presenciaram algum dos fatos relacionados com a detenção ou prisão, ou que deles tivesse participado. Alguns processos apresentam certidões expedidas por órgãos estaduais, folha corrida judicial, peças de inquérito policial-militar, de processo penal militar, auto de prisão em flagrante, prontuário policial, fotos, recortes de jornais, entre outros documentos. Trata-se de um amplo material que está sendo analisado e cujos primeiros resultados estão aqui apenas delineados.

Dos 1.704 processos existentes no acervo, selecionamos inicialmente aqueles que apresentavam vínculos com o PTB. O objetivo foi constituir uma base de informações que possibilitasse lançar um olhar mais atento sobre o perfil social dos petebistas atuantes naquela época. Passamos a contar com o registro de 897 pessoas. Desse conjunto, identificamos e separamos as ações indeferidas, totalizando 276. Esses registros serão objeto de um estudo posterior, pois alguns indivíduos foram presos por agentes federais, outros não conseguiram constituir prova a respeito de sua prisão, critério indispensável para o seguimento e avaliação da ação.

Passamos então a examinar 621 registros de pessoas com algum tipo de vínculo declarado ou atribuído ao PTB e que obtiveram seus testemunhos e provas plenamente reconhecidos. Desse universo nem todos apareceram vinculados diretamente a algum Grupo de Onze, mas consideramos fundamental manter o estudo conjunto dos trabalhistas, pois há indícios de redes de relações que são importantes de serem desveladas para que possamos pensar nos Grupos como força política, mesmo que potencial.

O primeiro aspecto a ressaltar é que se tratava de uma militância predominantemente masculina, alcançando 98,39% dos registros; as mulheres, em número bem menor, correspondem a 1,61%, mas convém ressaltar que também encontramos mulheres como chefes de Grupos de Onze.

Figura 1 – Presos e perseguidos políticos
considerando o sexo

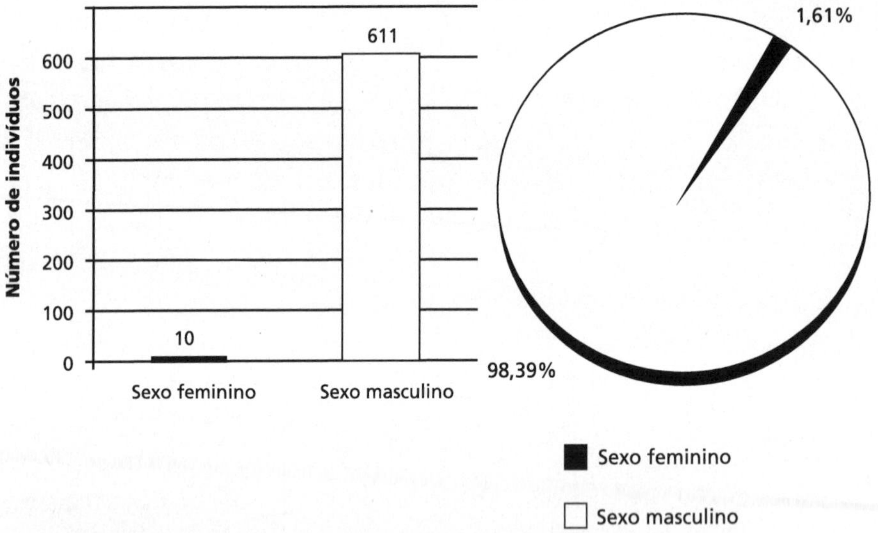

Fonte: Elaborado a partir de processos indenizatórios da Lei estadual n° 11.042/1997.

A partir da coleta de dados foi possível calcular a idade de 587 militantes ao serem presos pela primeira vez – nem todos informaram a data precisa da primeira prisão. A informação obtida permite perceber a diversidade desse engajamento, com a presença de jovens e idosos. Entre as mulheres encontramos quatro militantes na faixa dos 20 anos e quatro na faixa dos 40 anos, uma na faixa dos 30 e outra acima dos 50 anos. Considerando a totalidade, a Figura 1 revelou uma ligeira concentração que abrange dos 26 aos 45 anos, como se pode observar. Um maior número de participantes aparece na faixa dos 36 aos 40 anos de idade.

Esse quadro é expressivo, pois mostra que no conjunto dos petebistas perseguidos havia o envolvimento de pessoas de todas as idades, adultos e idosos, simpatizantes ou militantes, que acreditaram na possibilidade de ampliação das mudanças na sociedade pela via governamental, lembrando que apoiavam o partido do presidente.

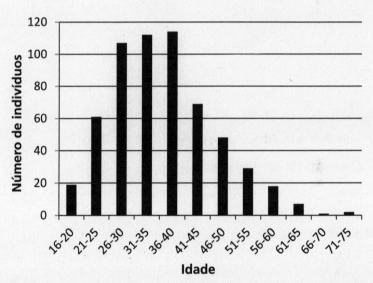

Figura 2 – Presos políticos considerando a idade no momento da primeira prisão

Fonte: Elaborado a partir de processos indenizatórios da Lei estadual nº 11.042/1997.

Da mesma forma, um olhar mais atento às declarações a respeito das profissões desses militantes apresenta diversidade e variada inserção em termos profissionais. Uma primeira tentativa de agrupamento revela os seguintes números:

Figura 3 – Profissões/ocupações de presos e perseguidos políticos trabalhistas

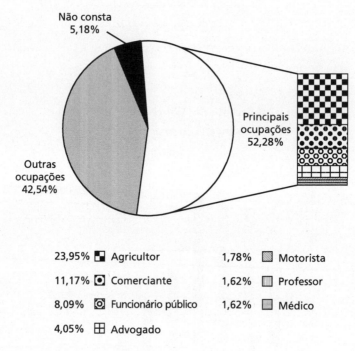

Fonte: Elaborado a partir de processos indenizatórios da Lei estadual n° 11.042/1997.

Percebe-se que as sete principais profissões, as que apresentam maiores percentuais, concentram 52,28% do total. As outras ocupações, com ampla diversidade, correspondem a 42,54%. Registros em que não consta a profissão/ocupação totalizam 5,18%. Cabe destacar que entre as mulheres militantes há três agricultoras, duas advogadas, uma professora e uma comerciante. Em números, essas sete principais ocupações referem-se a 323 indivíduos, conforme a figura a seguir detalha:

Figura 4 – Principais profissões/ocupações dos
militantes presos e perseguidos

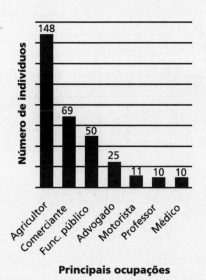

Fonte: Elaborado a partir de processos indenizatórios da Lei estadual n° 11.042/1997.

Nos processos, as informações sobre as prisões são destacadas, a sua comprovação é indispensável para o registro, incluindo a caracterização de que o militante esteve submetido a algum tipo de violência quando sob custódia das forças policiais estaduais. Em função disso foi possível mapear as prisões ao longo do tempo, visualizando a época em que esse tipo de ação repressiva foi mais intenso. A configuração gráfica permite observar uma concentração entre março e junho de 1964. Depois ocorre novamente um crescimento do número de prisões em 1965 e 1966, como se pode ver na Figura 5.

Figura 5 – Ocorrência de prisões de acordo com a data

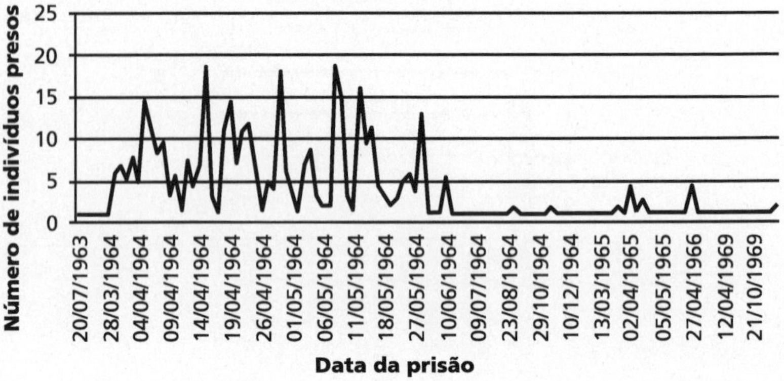

Fonte: Elaborado a partir de processos indenizatórios da Lei estadual nº 11.042/1997.

A repressão não ficou restrita ao contexto do golpe, e o fato de as detenções terem aumentado em 1965 e 1966 é um indício da persistência dos enfrentamentos, ou, pelo menos, de um clima de profundas desconfianças. É importante ressaltar que esse segundo momento é particularmente sensível, em função das articulações e tentativas de organização de forças de resistência, identificadas ou não com Brizola, como, por exemplo, no Rio Grande do Sul, na ação protagonizada pelo coronel Jefferson Cardim de Alencar Osório, autointitulado "Comandante em chefe das Tropas contra a Ditadura".[36] A nova onda repressiva possivelmente esteve relacionada a alguma repercussão desse episódio, revelando os abusos a que foram submetidos os militantes e até alguns meros simpatizantes do PTB.

Dos 621 indivíduos de alguma forma ligados ao partido cuja prisão ocorreu no período mencionado, muitos permaneceram sob controle da polícia ou dos militares, tendo que se apresentar semanalmente em delegacias. Alguns chegaram a ser detidos outras vezes, o que indica que eram os mais visados pelo poder policial, que os mantinha sob permanente vigilância.

Figura 6 – Recorrência de prisões

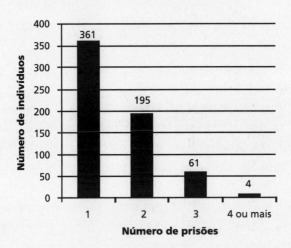

Fonte: Elaborado a partir de processos indenizatórios da Lei estadual nº 11.042/1997.

A Figura 6 mostra que o número de militantes presos mais de uma vez é expressivo. Constata-se na contraposição que mais da metade dos registros contabilizam apenas uma detenção para interrogatório e averiguações, correspondendo a 58,13% dos casos, conforme os dados apresentados a seguir:

Figura 7 – Percentual de recorrência de prisões

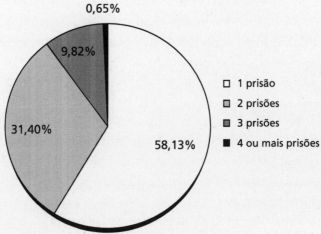

Fonte: Elaborado a partir de processos indenizatórios da Lei estadual nº 11.042/1997.

No que se refere à militância perseguida ligada ao PTB do Rio Grande do Sul, quase a metade estava relacionada aos Grupos de Onze, num total de 302 pessoas – entre as 621 supracitadas – com algum tipo de vínculo, seja autodeclarado, seja sob a forma de acusação, o que corresponde a 48,63% dos casos considerados. Com relação à faixa etária desses participantes, tomando por base a idade que tinham ao serem presos pela primeira vez, o maior contingente estava na faixa dos 30 anos, precisamente 107 pessoas; em seguida, prepondera a faixa dos 20 anos, com 78 pessoas; e por último, a faixa dos 40 anos, com 59 registros. Apenas quatro indivíduos tinham mais de 60 anos idade e um contava mais de 70 anos na época em que foram presos e sofreram constrangimentos por seus ideais políticos.

Agricultores e comerciantes são as profissões que mais se destacam, mas há também professores, funcionários públicos, advogados, policiais militares, entre outros. Nesse contexto, cabe destacar o registro de 31 membros do PTB que exerciam mandato como vereadores e um como prefeito entre os perseguidos e presos naquele contexto.

Perseguição: registros de delegacias de polícia

Além da base constituída com as informações dos processos de indenização, estamos, na medida da disponibilidade documental, buscando trabalhar com os registros de delegacias e inquéritos estabelecidos na época. A título de contraponto, apresentamos aqui uma pequena base de dados constituída a partir de registros de delegacias regionais, segundo a qual todos os fichados são considerados membros dos Grupos de Onze. Os militantes fichados nas delegacias de polícia do interior do Rio Grande do Sul foram enquadrados no artigo 24 da lei de segurança nacional (Lei nº 1.802/1953). Esse artigo específico tornava crime "(...) constituírem ou manterem os partidos, associações em geral, ou, mesmo, o particular, milícias ou organizações de tipo militar de qualquer natureza ou forma armadas ou não, com ou sem fardamento, caracterizadas pela finalidade combativa e pela subordinação hierárquica".[37] A partir desse contexto, utilizando como amostra documental fichas referentes a participantes autuados nas delegacias de polícia de Erechim, Gaurama e Herval Grande, observamos alguns dados sobre 101 militantes detidos entre abril e novembro de 1964.

Tabulando as 101 fichas, que se encontram no Arquivo Histórico do Rio Grande do Sul, percebe-se o constrangimento causado no interior pelos delegados regionais. Mesmo baseadas em legislação de período anterior, possivelmente, essas foram as primeiras expressões locais da pesada força da nova ordem que vigorava no país. Em 58 registros há a confirmação de ter assinado a ficha fazendo parte efetivamente de algum Grupo de Onze; em outros 30 registros, as pessoas autuadas declaram que não assinaram a lista dos Grupos de Onze, mas constam observações indicando que teriam alguma ligação com os Grupos. Nesse campo, dos que se declaravam integrantes dos Onze, não aparece nenhuma observação em 12 dos registros. Entretanto, estes se enquadram no mesmo artigo da Lei nº 1.802/1953, por favorecerem ou organizarem os Grupos. Um registro apresenta uma pessoa que foi "acusada de organizar o G11", contudo "a lista foi redigida em seu escritório por seu sócio".

Cabe referir que algumas fichas apresentam informações incompletas, não computáveis para fins estatísticos. De qualquer forma, todos os indivíduos na lista são do sexo masculino; 73 deles aparecem na condição de "casados", quatro na de "solteiros"; 87 se declaram da cor "branca" e um declara-se "negro". A idade apresenta ampla variação entre 21 a 64 anos, com concentração maior na faixa dos 30 aos 40 anos. No que diz respeito à religião, aparecem 72 registros, todos cristãos, 71 declaram-se "católicos", e um, "evangélico".

Ao observar a delegacia onde essas pessoas foram fichadas, bem como o local de autuação ou residência no período, percebe-se que nem sempre era aplicada a jurisdição específica para seu lugar de moradia. Alguns deles (14), mesmo contando com a possibilidade de serem autuados e fichados onde residiam foram autuados em outra jurisdição. Isso sugere, em certa medida, uma pequena, mas existente, circulação e atuação dos membros dos Grupos de Onze por cidades próximas ou vizinhas. Um exemplo neste sentido é um grupo de nove pessoas que foi autuado em abril de 1964, por inquérito específico, na cidade de Erechim, mesmo morando em Herval Grande, cidade que já possuía jurisdição própria.

No registro dos motivos para participação, muitos alegam confiança na pessoa que os convidou, no caso os que organizavam os Grupos. A alegação de que "escutou o pedido do Brizola na rádio" também é recorrente. A defesa e luta pela reforma agrária é outra razão apontada. E, ainda que "assinou, pois lhe foi prometido sementes [sic] trator e livros para estudo". Muitos declaram ter aderido de "livre e espontânea vontade". Apenas um militante afirmou que "recebeu orientação do diretório regional do PTB para formar G11".

Nesse contingente fichado nas delegacias do interior, existe uma predominância de membros ou ex-membros do PTB; outros partidos também estão representados com um membro cada: PDC, PL e PSP. Entretanto, há um equilíbrio entre os que declararam que não são membros de nenhum partido e os filiados petebistas (49 cada). Daqueles relacionados ao PTB, alguns haviam sido membros de diretório, vereadores, subprefeitos, vice-prefeitos e até prefeitos, o que revela certo interesse político.

Figura 8 – Membros de partidos

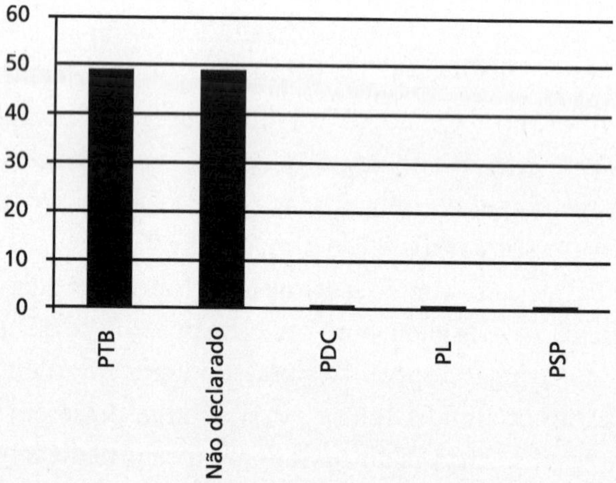

Fonte: Elaborado a partir de fichas de delegacias de polícia dos municípios de Erechim, Gaurama e Herval Grande (AHRS).

As profissões das pessoas fichadas nessas delegacias do interior do estado reforçam o perfil profissional já apresentado na análise dos processos de indenização.

Figura 9 – Profissões dos fichados

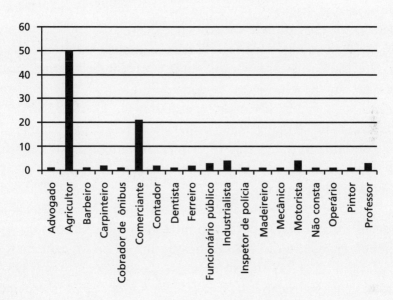

Fonte: Elaborado a partir de fichas de delegacias de polícia dos municípios de Erechim, Gaurama e Herval Grande (AHRS).

Existe uma pluralidade de profissões, distribuídas entre diversos campos, e a predominância ostensiva do registro de agricultor. Como observado anteriormente, a profissão mais recorrente é a de comerciante.

Em suma, as informações preliminares dos processos de indenização e das fichas das delegacias policiais regionais comprovam uma significativa adesão numérica aos Comandos Nacionalistas, também chamados Grupos de Onze Companheiros. Um trabalho de mobilização dos Grupos efetivamente existiu e teve impacto em termos organizacionais, resguardado o caráter incipiente dessa busca pela participação popular. A capacidade de inserção no interior do estado mostra-se relevante, pautando-se o engajamento, muitas vezes, por princípios de cooperação e laços de solidariedade entre os membros. Aparentemente os elos partidários diretos estariam secundarizados; entretanto, a carga ideológica aparece articulada em torno do programa reformista do governo legalmente instituído.

Quanto ao perfil social, um indicador de monta recai sobre a ocupação profissional, tendo em ambas as bases de análise grande destaque a presença de agricultores, em primeiro lugar, e de comerciantes, em segundo. O vínculo partidário se revela, mas em menor escala do que seria de se esperar. Nesse sentido, ainda é preciso esclarecer a relação entre esse vínculo e posições de comando, na qualidade de chefe e subchefe dos Grupos. Há muitas perguntas em aberto a partir dos dados levantados, o que demandará o avanço nos cruzamentos e análises. Contudo, consideramos fundamental apontar já os caminhos pelos quais podemos proceder às investigações sobre a participação política naquele contexto.

Da mesma forma, o que se observa na análise da referida documentação é que a maior parte dos integrantes dos Grupos de Onze tampouco esboça muita clareza no sentido dessa arregimentação, interpretando-a de modos diferentes. Eles demonstravam razões aleatórias. A admiração por Brizola, com motivação e interpelação via sua retórica, surge com destaque. Vinha circunstanciada pela confiança no líder trabalhista mediante o acesso à educação com a presença de centenas de novas e pequenas escolas, bem como nas referências às medidas agrárias previamente efetuadas; a crença na efetividade imediata das reformas de base; o histórico familiar trabalhista com vínculos getulistas; a preparação armada para defender a ordem constitucional; entre outros móbiles. Dentro da defesa das reformas de base, assoma com especial relevo a reforma agrária, em meio à concepção de que os Grupos seriam um modo de garantir um objeto almejado pelo maior contingente de integrantes, os agricultores. Questão fundamental e premente a sensibilizar a população rural.

Notas

1. O economista e professor da então URGS Cibilis Viana, um dos membros do Comitê Executivo nacional dos Grupos dos Onze e ex-chefe de gabinete de Administração e Planejamento no governo de Leonel Brizola no Rio Grande do Sul, relata essa necessidade premente de não deixar vestígios da organização: "(...) havia um Comitê Executivo encarregado de dar organicidade aos Grupos dos Onze, instalado em um apartamento na av. N. S. de Copacabana, no Rio, onde estavam arquivadas as atas da constituição de milhares de Grupos e sua distribuição geográfica. Pouco antes do golpe, estávamos preparando as primeiras reuniões setoriais nos estados, que culminariam em uma Convenção Nacional no Rio de Janeiro. Todo o projeto foi paralisado com o Golpe de 1964, quando o local foi invadido e destruído. Felizmente eu e o Lélio Carvalho, que fazíamos parte do Comitê Executivo, na noite de 1º de abril retiramos, dentro de cinco malas, todas as atas de constituição dos Grupos, bem como o respectivo fichário. Levamos o material para um lugar ermo e o incineramos. Se esse material não fosse retirado, teria dado instrumento para que os militares pudessem envolver em IPMs milhares e milhares de pessoas pelo Brasil afora." Depoimento de Cibilis Viana. *Apud* FONTOURA, Hélio. *40 anos ao lado de Brizola*. Porto Alegre: Prografic Editora, 2005, p. 156.
2. Para as múltiplas versões acadêmicas e testemunhais a propósito da natureza dos Grupos de Onze, remetemos ao artigo: BRANDALISE, Carla; HARRES, Marluza Marques. "Os Comandos Nacionalistas: estratégias de Leonel de Moura Brizola". *In*: DELGADO, Lucilia de Almeida Neves; FERREIRA, Marieta de Moraes (Orgs.). *História do tempo presente*. Rio de Janeiro: FGV, 2014, pp. 173-93; BRANDALISE, Carla; HARRES, Marluza Marques. "Comandos Nacionalistas no interior do Rio Grande do Sul: Notas preliminares". *Historiae*, v. 5, 2014, pp. 67-86. Ainda sobre os Grupos de Onze no Rio Grande do Sul, ver: SZATKOSKI, Elenice. *Os Grupos dos 11: Uma insurreição reprimida*. Passo Fundo: Editora da Universidade de Passo Fundo, 2003; BALDISSERA, Marli de Almeida. *Onde estão os Grupos de Onze? Os comandos nacionalistas na região do Alto Uruguai – RS*. Passo Fundo: Editora da Universidade de Passo Fundo, 2005.
3. Acerca da nomeação dos Grupos, Brizola revela em *Panfleto*, "os Companheiros devem mandar sugestões sobre a denominação definitiva dessas

unidades de base dessa organização popular brasileira. O maior número de sugestões, até agora recebidas, indica Comandos Nacionalistas". BRIZOLA, Leonel de Moura. "Organização dos 'grupos dos onze' – organização do povo". *Panfleto*, n. 1, 17/2/1964, p. 15. *Panfleto*, cujo subtítulo era *O jornal do homem da rua*, circulou entre 17/2/1964 a 30/3/1964 do mesmo ano, produzindo apenas sete números. Seu primeiro editorial (17/2/1964, p. 1) assim o definia: *"Panfleto* é um jornal definido. Apoia as forças populares e aspira ser amparado por elas. Reconhece a legitimidade e o papel histórico do movimento sindical, do movimento camponês, do movimento estudantil e movimento intelectual brasileiro; identifica-se com a luta das correntes nacionalistas que, integradas nos diferentes partidos políticos, encontram expressão máxima na Frente Parlamentar Nacionalista; sua linha política será norteada pela posição das forças de vanguarda, hoje unidas na Frente de Mobilização Popular." Em *Panfleto*, Brizola expunha suas ideias, em geral, na redação de editoriais. Sobre *Panfleto*, ver: FERREIRA, Jorge. "Brizola em *Panfleto*: as ideias de Leonel Brizola nos últimos dias do governo de João Goulart". *Projeto História*, São Paulo, n. 36, pp. 103-22, jun. 2008. FERREIRA, Jorge. *"Panfleto* – as esquerdas e o 'jornal do homem da rua'". *Varia História*, v. 26, n. 44, 2010. SZATKOSKI, Elenice. "O jornal *Panfleto* e a construção do brizolismo". Porto Alegre: Tese de doutorado, PUC-RS, 2008.
4. A "Campanha da Legalidade" fora um movimento sociopolítico ocorrido no Rio Grande do Sul, entre agosto e setembro de 1961, liderado pelo então governador desse estado, Leonel de Moura Brizola, com a pretensão de assegurar a posse de João Goulart à Presidência da República, vacante com a renúncia de Jânio Quadros. O movimento acarretou um enorme e voluntarioso levante popular abrangendo a capital e o interior, incluindo ações autocoordenadas a partir da própria sociedade civil.
5. BRIZOLA, Leonel de Moura. "Organização dos 'grupos dos onze' – organização do povo". *Panfleto*, n. 1, 17/2/1964, p. 15.
6. _____. "Declaração" citada pelo jornal *Última Hora*, 2/12/1963, p. 4.
7. _____. Pronunciamento na cidade de Natal em 6/5/1963. *O Semanário*, ano 8, n. 333, 16-22/5/1963, p. 5. Em relação a esse acontecimento o jornal *Correio da Manhã* reproduz (7/5/1963, capa): "Num discurso que durou três horas, com grande comparecimento de massa popular, o ex-governador

gaúcho pregou abertamente a revolução, conclamando o povo a se unir em células de cinco pessoas, cada uma, e, desta forma, resistir de todas as maneiras (...) aos que estão em toda parte tramando o golpe (...) fez apelos aos soldados do Exército, Marinha e Aeronáutica para pegar em armas na defesa das reformas de base." Ao mesmo tempo que Brizola se esforça em negar todas as acusações de subversão: "Venho notando a insistência com que procuram apontar-me como agente da subversão (...) tenho procurado demonstrar que esses acusadores não têm razão, não apenas invocando o meu passado, como também argumentando com os objetivos que preocupam a mim e a milhões de brasileiros que têm suas consciências queimando, inconformados em ter de conviver e coexistir com essa realidade inaceitável de nosso país." Discurso proferido por Leonel Brizola na Câmara dos Deputados em 27/3/1963. In: BRAGA, Kenny et al. *Leonel Brizola: Perfil, discursos e depoimentos (1922-2004)*. 2. ed. Porto Alegre: ALRGS, 2014, p. 550.

8. BRIZOLA, Leonel de Moura. "Discurso de Leonel Brizola no comício da Central do Brasil" (13/3/1964). Disponível em: http://brasilrepublicano.com.br/fontes/11.pdf. Acesso em 10/1/2015.
9. _____. Entrevista. In: MONIZ BANDEIRA. *Brizola e o trabalhismo*. Rio de Janeiro: Civilização Brasileira, 1979, p. 199.
10. Entrevista com Antônio de Pádua Ferreira da Silva concedida em 22/10/2012 a Carla Brandalise e Marluza Harres.
11. NEIVA MOREIRA. *O pilão da madrugada: Um depoimento a José Louzeiro*. Rio de Janeiro: Terceiro Mundo, 1989, p. 168.
12. Entrevista concedida em 27/8/2013 a Charles Sidarta Machado Domingos, Carla Brandalise e Marluza Harres.
13. NEIVA MOREIRA. *O pilão da madrugada. Op. cit.*, pp. 167 e 170.
14. _____. *Entrevista*. In: MORAES, Dênis de. *A esquerda e o golpe de 64*. 3. ed. São Paulo: Expressão Popular, 2011, pp. 324-25.
15. Como se esboça, entre outros, em depoimento do então prefeito de Porto Alegre e membro do círculo íntimo de Brizola Sereno Chaise, para quem a natureza dos Grupos era evidente. Associava-os a forças revolucionárias, ao mesmo tempo que não considerava ter o povo brasileiro esse espírito de sublevação. "Sempre considerei os Grupos como uma força paramilitar, me lembrava Prestes. Eu vi que na prática não funcionou. Uma coisa do tipo revolução, subversão, tem que tramar muito secretamente, ou dá

com os burros n'água." Entrevista com Sereno Chaise concedida a Carla Brandalise e Marluza Harres em 1°/10/2012.

16. General de exército Décio Barbosa Machado. Entrevista. *In*: *1964-31 de março*. História Oral do Exército. Tomo 13. Rio de Janeiro: Biblioteca do Exército Editora, 2004, p. 91.

17. Sobre o poder de comunicação de Brizola, o jornalista gaúcho e petebista histórico Paulo Schilling considera: "Das qualidades positivas de Brizola, seguramente a mais valiosa é a sua capacidade de traduzir, a um linguajar acessível às grandes massas, as mais complexas teorias econômicas e sociais. Ele dava explicações que escandalizavam especialistas (...) que, porém, correspondiam com a realidade e eram entendidas pelo povo." SCHILLING, Paulo. *Como se coloca a direita no poder: Os protagonistas*. São Paulo: Global, 1979, p. 219. Schilling, nascido em 1926, além de assessor do governo sul-rio-grandense de Leonel Brizola, atuou como secretário-executivo da Frente de Mobilização Popular, assumindo igualmente a direção do jornal *Panfleto*. Após se afastar de Brizola, foi um dos fundadores do Partido dos Trabalhadores.

18. BRIZOLA, Leonel de Moura. Pronunciamento pela Rede da Legalidade, 28/8/1961. Disponível em: http://www.radionors.jor.br/2014/03/rede-da-legalidade-do-porao-do-palacio.html. Acesso em 15/2/2015.

19. Para a atuação de líderes políticos dotados de carisma em momentos de crise, ver: MANN, Patrice. "Crise et attestation charismatique". *In*: CHAZEL, François. *Action collective et mouvements sociaux*. Paris: PUF, 1993, pp. 193-204; BAEHR, Peter. *Caesarism, Charisma and Fate: Historical Sources and Modern Resonances* in *the Work of Max Weber*. Nova Jersey: Transaction Publishers, 2008; LASSMANN, Peter. *The Rule of Man over Man: Politics, Power and Legitimation*. *In*: TURNER, Stephen (org.) *The Cambridge Companion to Weber*. Cambridge University Press, pp. 83-98.

20. BRIZOLA, Leonel de Moura. "Organização dos 'grupos dos onze' – organização do povo". *Panfleto*, n. 1, 17/2/1964, p. 14.

21. _____. "Palavras à mocidade do meu país." Conferência proferida em Presidente Prudente, São Paulo, em 25/11/1961, irradiada em todo o país em cadeia nacional de emissoras. *In*: DALL'AGNOL, Flávio. *Brizola: Esperança de um povo*. Porto Alegre: EPECÊ, 1979, p. 111. Ou ainda, em outra manifestação: "Venho das camadas mais modestas da população e quero permanecer fiel às minhas

origens. Minhas preocupações estão permanentemente voltadas para os pequenos, para os humildes e desamparados." BRIZOLA, Leonel de Moura. *Mensagem à Assembleia Legislativa: apresentada pelo governador do estado, Engenheiro Leonel de Moura Brizola, por ocasião da abertura da Sessão Legislativa de 1959.* Porto Alegre: Oficinas gráficas da imprensa oficial, 1959, p. 9.

22. _____. "Organização dos 'grupos dos onze' – organização do povo". *Panfleto*, n. 1, 17/2/1964, p. 14.

23. "Brizola chama general de gorila e golpista e oficiais quase o lincham no Hotel". *Correio da Manhã*. Rio de Janeiro, 7/5/1963, 1ª página.

24. _____. "Organização dos 'grupos dos onze' – organização do povo". *Panfleto*, n. 1, 17/2/1964, p. 14.

25. _____. Discurso em comício na cidade de Natal em 6/5/1963. *O Semanário*. Ano 8, n. 333, 16/5/1963 a 22/5/1963, p. 5. Ou ainda como Brizola coloca em "A pedido" para o *Jornal do Brasil* (18/7/1962): "Defendo a tese, e defendo-a amplamente apoiado na inquestionável evidência dos fatos [que] a imediata execução das reformas de base não será feita pelo atual Congresso, que sempre revelou insensibilidade e indiferença pelos problemas de renovação estrutural do nosso País."

26. BRIZOLA, Leonel de Moura. "Organização dos 'grupos dos onze' – organização do povo". *Panfleto*, n. 1, 17/2/1964, p. 14.

27. _____. Pronunciamento em cadeia de rádio. 27/8/1961. Disponível em: <http://www.tve.com.br/?model=conteudo&menu=170>. Acesso em 16/2/2015.

28. TOCQUEVILLE, Alexis de. *A democracia na América*. São Paulo, Martins Fontes, 1998, pp. 68-79.

29. BRIZOLA, Leonel de Moura. "Organização dos 'grupos dos onze' – organização do povo". *Panfleto*, n. 1, 17/2/1964, p. 14.

30. Como coloca o antropólogo Charles Lindholm (*Charisma*. Oxford: Basil Blackwell, 1990, p. 17), "carisma é, antes de tudo, um relacionamento, uma mútua ligação íntima entre o líder e o seguidor. Se o carismático tem a capacidade de compelir, o seguidor tem a capacidade equivalente de ser compelido, e precisamos considerar o que compõe e configura a personalidade tanto do seguidor como do líder".

31. Brizola governou o estado do Rio Grande do Sul entre os anos de 1959-1961.

32. Ver a respeito: QUADROS, C. *As Brizoletas cobrindo o Rio Grande. A educação pública no Rio Grande do Sul durante o governo de Leonel Brizola (1959-1961)*. Santa Maria: Editora UFSM, 2003.
33. Em abril de 1963, o projeto de lei 120 tratando sobre a reforma agrária e as condições para sua execução foi apresentado à Câmara dos Deputados pelo deputado Leonel Brizola. Ver a respeito: SCHILLING, Paulo. *Como se coloca a direita no poder. II. Os acontecimentos*. Porto Alegre: Global, 1981, p. 182. Sobre a questão agrária no Rio Grande do Sul no governo Brizola, ver: HARRES, Marluza Marques. *Estratégias trabalhistas para o mundo rural: Governo Leonel Brizola no Rio Grande do Sul*. São Leopoldo: Unisinos/Oikos, 2014, vol. 1, p. 278.
34. O conjunto da pesquisa foi financiado pelo Edital Ciências Humanas, Sociais e Sociais Aplicadas (MCTI/CNPq/MEC/Capes) e pelo edital Universal (MCTI/CNPq), e contou com a colaboração dos bolsistas de Iniciação Científica Cláudio Klippel Borges, Eduardo Brun, Leonardo Cirra, Vinícius Carlet, e do doutorando Cristiano Brum.
35. Sociedade civil e governo participaram dessa comissão composta pelos seguintes membros: um representante do Executivo; um representante da Comissão de Cidadania e Direitos Humanos da Assembleia Legislativa do Estado do Rio Grande do Sul; um representante do Ministério Público Estadual; um representante da Associação Rio-grandense de Imprensa; um representante da Ordem dos Advogados do Brasil – Seção do Rio Grande do Sul; um representante do Conselho Regional de Medicina; um representante do movimento de ex-presos e perseguidos políticos.
36. A ideia de uma ação contra a ditadura esteve presente e, de certa forma, foi acalentada, por algum tempo, por brizolistas exilados no Uruguai. As discussões sem encaminhamentos e sem decisões acabaram acumulando frustrações, o que levou alguns a agirem por conta própria. Segundo José Wilson da Silva, essa foi a situação do movimento comandado pelo coronel Jefferson Cardim de Alencar Osório. Pequeno grupo comandado pelo coronel Cardim empreendeu movimento contra a ditadura em março de 1965 entrando pela fronteira do Uruguai. No Rio Grande do Sul controlaram a cidade de Três Passos, onde tomaram as armas do destacamento da Brigada Militar e o coronel leu na rádio local o manifesto. Só foram contidos no Paraná, por ação do Exército, sendo presos e torturados. Cf. SILVA, José

Wilson. *O tenente vermelho*. 2. ed. Porto Alegre: Tchê! Editora, 1987, pp. 187-199.

37. Lei 1.802, de 5/1/ 1953. Define os crimes contra o Estado e a Ordem Política e Social, e dá outras providências. Disponível em: <http://www.planalto.gov.br/ccivil_03/leis/1950-1969/L1802.htm>. Acesso em 15/2/2015.

CAPÍTULO 3 Leonel Brizola e os nacional-revolucionários: Grupo dos Onze em Duque de Caxias, Rio de Janeiro (1963-1964)*

Tânia dos Santos Tavares

Os Grupos dos Onze Companheiros ou Comandos Nacionalistas foi um movimento de esquerda organizado pelo então deputado federal pelo estado da Guanabara, Leonel de Moura Brizola, em outubro de 1963. A rápida expansão dos Grupos dos Onze em todo o território nacional ocorreu em plena Guerra Fria e no contexto da Revolução Cubana, o que alimentou o imaginário conservador caracterizando a organização liderada por Brizola como "comunista".

Os chamados "nacional-revolucionários" formavam a ala de extrema esquerda do PTB. O clima era de radicalização crescente nos anos de 1963 e início de 1964, e o nome de Brizola passou a significar o que mais à esquerda havia no trabalhismo brasileiro, expressando ideias e crenças de diversos grupos e organizações. Brizola acreditava que o Brasil estava vivendo momentos decisivos em sua história e que rapidamente se aproximava de um "desfecho", ou seja, de um confronto.

---

*O capítulo é parte de minha dissertação de mestrado intitulada "Grupo dos Onze: A esquerda brizolista (1963-1964)", defendida em 2013 no Programa de Pós-Graduação em História Social da Universidade Estadual do Rio de Janeiro (Uerj), Faculdade de Formação de Professores.

A partir de outubro de 1963, em seus discursos na Rádio Mayrink Veiga, ele falava de um momento decisivo em que o povo e o antipovo (as elites) se enfrentariam e conclamava o povo para se organizar nos Grupos dos Onze, formando o "Exército Popular de Libertação".

O objetivo deste capítulo é conhecer as propostas políticas dos Grupos dos Onze e as perspectivas políticas de pessoas que participaram daquele movimento, identificando, assim, o papel que essa organização desempenhou no período de outubro de 1963 a março de 1964.

A maioria dos entrevistados faz parte da Associação dos Anistiados Políticos Aposentados e Pensionistas (Anapap) do município de Duque de Caxias, no estado do Rio de Janeiro. Foi nessa cidade que consegui encontrar personagens que participaram dos G11. Os depoimentos me ajudaram a conhecer as expectativas dessas pessoas em relação às propostas do líder trabalhista e, ainda, definir o que foram esses grupos.

Não foi tarefa fácil localizar pessoas que participaram do movimento brizolista, passados quase cinquenta anos. Durante o processo de pesquisa, muitos nomes foram citados, mas poucas dessas pessoas foram encontradas. Alguns não se lembravam de episódios, ou não quiseram falar sobre o assunto. Para eles, as recordações são dolorosas. Nesse sentido, ao trabalhar com a história oral lidei com memórias, necessariamente seletivas, sujeitas a emoções e ao esquecimento, pois ao contar sua história o entrevistado traz para o presente lembranças do que determinado evento representou para ele ou para o grupo no qual estava inserido.

Uma organização do povo

Brizola se referiu pela primeira vez a "agrupamentos de 11 elementos" comparando sua organização com a de equipe de futebol, com onze jogadores dentre os quais um é o capitão da equipe. Alípio de Freitas,[1] um dos idealizadores desses Comandos Nacionalistas, analisa da seguinte forma o significado do processo de mobilização:

É uma constatação óbvia a paixão do povo brasileiro pelo futebol. Como cada time de futebol tem onze jogadores não foi difícil extrapolar essa ideia para formações de natureza política. É assim que pelo futebol se chega à formação dos Grupos de Onze. Devo dizer que em boa parte o segredo do seu sucesso e da rápida proliferação foi o facto de cada brasileiro poder organizar o seu próprio "time", transferindo para a política uma parte da sua paixão pelo futebol.[2]

Para Freitas, os Grupos dos Onze eram "uma organização política de natureza popular" que encontrava apoio de outros grupos de esquerda na defesa das reformas políticas e socioeconômicas:

A ideia da formação dos Grupos de Onze nasce entre alguns militantes da antiga AP, na qual eu me incluía, e a direção da FMP, organização essa liderada por Leonel Brizola e de cuja Direção Executiva eu também fazia parte. A FMP era uma frente de massas constituída por várias organizações, tais como a CGTP, a UNE, a Ubes, as Ligas Camponesas, a Frente Parlamentar Nacionalista, a União dos Lavradores e Trabalhadores Agrícolas do Brasil, e ainda outras organizações de massas e sindicais, umas ligadas ao Partido Comunista, outras não.[3]

Deve-se destacar que mesmo sendo um dos dirigentes dos Comandos Nacionalistas, Freitas deixa claro que não fazia parte dos quadros do PTB por "razões políticas": "A primeira é que eu só entendia o trabalhismo unido e dentro de um só partido; a segunda e mais importante é que eu descrera em absoluto da capacidade dos partidos burgueses, mesmo ditos de esquerda, para impor no Brasil reformas transformadoras e revolucionárias."[4] Perguntado sobre qual o objetivo dos Grupos dos Onze, ele foi enfático em responder: "Era o de lutar pelas reformas socioeconômicas. Da mesma forma, a FMP tinha como objetivo principal apoiar as reformas de base do governo de João Goulart e aprofundar a luta política no sentido de concretizá-las."[5]

No dia 29 de novembro começou a distribuição da publicação "Organização dos Grupos de Onze Companheiros ou Comandos Nacionalistas".

O manifesto, composto de dez páginas, apresentava a justificativa para a formação dos Comandos Nacionalistas, baseada "no momento histórico decisivo por que o Brasil estava passando".[6] Para tanto, o líder esquerdista usava o que se tornou sua bandeira de luta em defesa do nacionalismo, a carta-testamento de Getúlio Vargas. Nela se encontram a descrição dos acontecimentos e a apresentação dos argumentos decisivos para consolidar a opção nacionalista de Brizola, como as pressões do capital financeiro externo, os lucros exorbitantes das empresas estrangeiras que levaram a "um quadro de pobreza e submissão dos trabalhadores".[7]

> Hoje ninguém mais nos ilude, porque sabemos que os preços sobem, que a inflação se acelera, que não vêm as reformas, que o nosso povo se marginaliza e tem de lutar desesperadamente para sobreviver e que a nossa própria soberania se degrada, em consequência do monstruoso processo espoliativo, do saque internacional que leva para fora de nossas fronteiras os frutos do trabalho e da produção do povo brasileiro. Uma minoria de brasileiros egoístas e vendilhões de sua pátria, minoria poderosa e dominante sobre a vida nacional – desde o latifúndio, a economia e a finança, a grande imprensa, os controles da política até os negócios internacionais – associou-se ao processo de espoliação do nosso povo. Esta minoria hoje é o que podemos chamar de antipovo, de antinação. Não deixa que as reformas se realizem e põe toda a sorte de obstáculos à defesa dos interesses nacionais, porque as reformas e a libertação de nosso povo representariam o fim de seus privilégios antissociais e antinacionais.[8]

Verificam-se nesse discurso referências à carta-testamento de Getúlio Vargas. Por meio desse texto, Brizola argumentava sobre a difícil vida que o povo brasileiro enfrentava com o agravamento da crise econômica, o que provocaria, em breve, a revolta da população mais carente. O resultado seria o alastramento de manifestações populares através de greves, protestos. Era o povo lutando pelos seus direitos.

Para Brizola, muitos desses brasileiros "já eram conscientes politicamente, no entanto, agiam de maneira isolada e esperavam uma orientação para criar formas de organização".[9] Desse modo, só existia uma meta: "a organização do povo, eis a tarefa urgente e imprescindível, nesse momento. Povo desunido, povo desorganizado"[10], e somente organizados politicamente os brasileiros deixariam de ser "presas fáceis da exploração de minorias dominantes e privilegiadas".[11]

Outra questão que o líder esquerdista enfrentava era a corrida contra o tempo. Era necessário organizar rapidamente a população à medida que "se aproximava a hora do desfecho", ainda mais num país com dimensões continentais. Nesse sentido, era preciso consolidar em unidade de força popular todos aqueles que "seguiam a carta-testamento de Getúlio Vargas".[12]

Dessa forma, Brizola contava com a espontaneidade ocorrida na defesa da Legalidade em 1961. Através dos microfones da Mayrink Veiga conclamava o povo com o objetivo de defender as conquistas democráticas e as reformas de base, para libertar a nação da exploração estrangeira, resistindo ao golpe.

Segundo o jornalista Paulo Schilling, a organização dos Grupos dos Onze teve um caráter verdadeiramente revolucionário. Esta não é a visão predominante encontrada por nossas pesquisas, mas é um olhar de um dos criadores dos Comandos Nacionalistas. Nesse sentido, a organização dos Comandos Nacionalistas teria se dado na lógica de luta revolucionária pela defesa dos interesses nacionais. Para o jornalista, as bases fundamentais do nacionalismo popular revolucionário tinham na figura de Brizola sua principal liderança para implementação de um nacionalismo socialista. Segundo Schilling, a luta de Brizola se caracterizava

> pelos esforços em libertar-se das amarras colonialistas, por aspirar a uma independência plena e a igualdade racial, superar o subdesenvolvimento e a miséria e estabelecer pelo menos uma forma primária de justiça social. O nacionalismo das nações exploradas é defensivo: quando utiliza a luta armada é como último e desesperado intento de conseguir a libertação.[13]

Quando era organizado um Comando Nacionalista, uma ata deveria ser preenchida com os nomes de cada integrante e seus respectivos endereços. Em seguida, a ata deveria ser enviada para a rádio Mayrink Veiga, na rua de mesmo nome, nº 15, na Guanabara. Os nomes dos novos membros dos Comandos Nacionalistas eram lidos pelo próprio Brizola, que toda semana "divulgava ao Brasil listas com adesões de milhares de pessoas à sua causa: as reformas de base e a manutenção do Estado democrático".[14] A sede do comando seria a residência de qualquer um dos seus membros.[15]

Também cabia aos novos integrantes ouvir os pronunciamentos de Brizola na Rádio Mayrink Veiga às sextas-feiras, no horário das nove e meia da noite. A seguir, após a meia-noite, eram lidas comunicações enviadas pelos companheiros, bem como difundidas as instruções e os esclarecimentos para as atividades dos Comandos Nacionalistas.

No depoimento concedido por Nélio Menezes,[16] 77 anos, diretor de Patrimônio da Anapap de Duque de Caxias, "muita gente ia pra porta da Rádio Mayrink Veiga pra ver o deputado Brizola de perto". Ex-militante do PTB, Menezes disse não ter pertencido a nenhum Grupo dos Onze, mas trabalhou "na arregimentação de pessoas para o partido, na distribuição de panfletos e na organização de ouvintes que visitavam a rádio para ver o deputado". Percebe-se um ar de saudosismo quando Menezes se refere àquela época: "A emissora era frequentada por muitos trabalhadores que atendiam aos apelos do Brizola. Era gente de variada tez, variados tipos de profissão. Mulher... é o que tinha! As pessoas chegavam com listas de nomes. Todos queriam fazer parte do movimento."[17]

Sobre a quantidade dos Grupos dos Onze que se formaram no período, existem divergências entre os próprios organizadores do movimento. Segundo Freitas, "no final de 1963 estavam cadastrados mais de 10 mil Grupos de Onze".[18] Para Paulo Schilling, em três meses foram organizados entre 30 e 40 mil grupos, o que reflete o potencial de organização do movimento.[19] O número de participantes é incerto. Leite Filho, biógrafo do líder trabalhista, relata "que até as vésperas do golpe, já haviam se formado 100 mil Grupos de Onze, em todo o Brasil, segundo conta o professor Cibilis Viana".[20] O próprio Brizola garantiu que chegaram a se formar 24 mil Grupos em todo o país.[21]

O Dops da Guanabara[22] apresentou uma "relação das localidades que, no estado do Rio de Janeiro, já tinham seus Grupos dos 11 Companheiros". Somente no Rio de Janeiro foram contabilizadas 185 células divididas em 32 municípios. A localidade que comportou mais células dos Comandos Nacionalistas foi Duque de Caxias, com 39 grupos; seguido de Nova Iguaçu, com 14; e São Gonçalo e Niterói, com 12.[23]

A quantidade desses grupos espalhados por todo o país demonstra claramente a intenção de Brizola. Dessa forma, os G11 seriam as forças do "povo" articuladas e atuando em conjunto contra os "gorilas" e o "antipovo".[24] Segundo Jorge Ferreira, a organização dos Comandos Nacionalistas, apesar de ter sido bem recebida pela maioria dos grupos de esquerda, como a AP, a Organização Revolucionária Marxista – Política Operária (Polop), o POR-T, deputados do Grupo Compacto do PTB e pelo movimento dos sargentos, foi criticada pelos comunistas do PCB e incomodou setores do próprio PTB.[25]

Ainda assim, os grupos formados por Brizola começaram a se organizar em todo o Brasil. Independentemente da quantidade de grupos que tenham se formado, a repercussão criada em torno dos Comandos Nacionalistas provocou preocupação nos setores mais conservadores da sociedade. Eles viam em Brizola a menor distância para levar o Brasil ao comunismo. Para Jorge Ferreira, a própria imprensa supervalorizou o movimento, disseminando pânico entre os conservadores e a direita civil-militar, comparando a organização com células comunistas. "Comunismo e guerra revolucionária eram as imagens mais disseminadas."[26]

A mídia nacional-revolucionária

A formação dos Grupos dos Onze em âmbito nacional teve como principal meio de divulgação a Rádio Mayrink Veiga. As palestras de Brizola iam ao ar todas as sextas-feiras, às nove e meia da noite, e após a meia-noite, ele as intitulava *Rede do Esclarecimento* e eram retransmitidas em cadeias de rádio espalhadas pelo Brasil.[27] Assim, direcionando as orientações aos Comandos Nacionalistas, o deputado também pedia contribuições para os seus projetos. Segundo Nélio Menezes, "muitos ouvintes contribuíam para manter o programa no ar, mas a maior parte da verba era Brizola quem fornecia. Ele era conhecido como o 'homem da mala', porque ele chegava com uma bolsa cheia de dinheiro para pagar o horário do programa".[28] De acordo com depoimento de Trajano Ribeiro, Brizola "tinha umas palestras todas às sextas-feiras (...) às nove horas da noite. Aquilo ia pelo interior afora. Nego deitava na cama, ficava ouvindo. Dormia, acordava com Brizola falando".[29]

O líder esquerdista utilizou-se do rádio para conclamar a população na formação desses grupos, da mesma forma como fez na Campanha da Legalidade, quando conseguiu mobilizar todo o país em defesa da Constituição. Conforme Baldissera, "a ampla divulgação dos Grupos de Onze através de uma cadeia de rádio, atingindo milhares de pessoas, contribuiu decididamente para a repercussão política que obtiveram".[30]

Nesse contexto, vemos que o rádio foi usado como importante instrumento de politização popular por Leonel Brizola. Assim, o deputado alcançou lugares mais distantes do país, propagando suas mensagens mais rapidamente. Pelos microfones da Rádio Mayrink Veiga, Brizola discursava todas as noites durante horas: "Falava por quatro, cinco ou mesmo seis horas seguidas."[31] Com o sucesso do programa, emissoras de diversos estados se filiaram à Mayrink Veiga e formaram a Cadeia do Esclarecimento. O resultado foi o crescimento da audiência, que chegou a "cerca de dez milhões de pessoas".[32] Em seus longos pronunciamentos, o líder esquerdista conclamava o povo a se organizar para garantir as reformas de base. Suas ações e seus discursos eram baseados na defesa do nacionalismo contra o capital estrangeiro.

Foi a partir dessa campanha radiofônica que começaram a se formar células dos Grupos dos Onze em todo o território nacional. Segundo Baldissera,

> a rapidez na formação dos grupos foi assustadora (principalmente para os militares), revelando o tamanho e o prestígio de Brizola. Em apenas três meses, contabilizavam-se 5.304 grupos e um total de 58.344 pessoas, distribuídas pelos estados de Rio Grande do Sul, Guanabara, Rio de Janeiro, Minas Gerais e São Paulo. As listas com os nomes dos integrantes eram enviadas à Mayrink Veiga e divulgadas. A impressão

era de que havia homens organizados em todo o Brasil, prontos para a luta armada.[33]

Os dados demonstram que havia uma demanda por mudanças por parte da população brasileira que encontrou nos discursos do líder esquerdista projetos políticos que correspondiam aos seus anseios.

Assustados, os conservadores, em contrapartida, decidiram "revidar, fazendo uma grande cadeia de rádio, a Rede da Democracia, reunindo as rádios Tupi, Globo, Jornal do Brasil (Rádio JB). Os apresentadores mais ilustres desta rede eram nada menos que Carlos Lacerda, Adauto Lúcio Cardoso, Aliomar Baleeiro e Raul Brunini".[34]

Mas o rádio não era o único veículo de comunicação brizolista. A resistência e a luta de Brizola contra a espoliação internacional e os setores conservadores nacionais congregaram vários segmentos sociais. Para tanto, era necessária a unificação de pessoas, ideias e ações em torno de algo que se tornasse bandeira desses ideais. Em 17 de fevereiro de 1964, Brizola lançou seu próprio semanário, *Panfleto – O jornal do homem da rua*,[35] que foi engrossar o número de publicações de esquerda. Fortalecido pelo rádio e pelo periódico sob sua direção, Brizola alcançava um público significativo. *Panfleto*, no entanto, teve apenas sete edições. No dia 30 de março de 1964 saiu de circulação.

Os Grupos dos Onze em Duque de Caxias: depoimentos

Os depoimentos a seguir são de ex-integrantes dos Grupos dos Onze. A maioria dos entrevistados é do município de Duque de Caxias. Por meio desses depoimentos podemos conhecer as expectativas dessas pessoas e suas relações com as propostas do líder trabalhista, e, ainda, saber o que foram os G11.

O comerciário aposentado Milton Lopes da Costa,[36] membro da Anapap de Duque de Caxias, disse ter entrado para o Grupo dos Onze ainda em 1963. Mesmo assumindo que era membro do PCB, confessa que nutria grande admiração por Leonel Brizola, e ouvir suas pregações pela Rádio Mayrink Veiga fazia parte da rotina de muita gente naquela época.

> Entrei logo assim que foi criado. Na época era dirigente do Sindicato dos Empregados do Comércio de Duque de Caxias e o Brizola fazia um pronunciamento na rádio para que o povo pudesse se organizar pra enfrentar o golpe de Estado que estava em andamento. Todos os membros eram vizinhos. Costumávamos beber cerveja num bar e discutir o que Brizola falava no programa dele. Ele pedia para organizarem os Grupos dos Onze. Então nos organizamos. Não lembro quem levou a lista para a rádio. Acho que foi o José Augusto.[37]

Aos 75 anos de idade e anistiado político, Milton Costa revelou ainda que seu grupo era heterogêneo, formado por gente de outras facções, e que as reuniões se davam na rua.

> Nosso grupo era formado por gente ligada ao PCB, integrantes do PTB, pessoas sem partido e de variadas profissões. As conversas giravam em torno de política e principalmente sobre as reformas. A gente se reunia quatro ou cinco vezes próximo de onde morávamos, na rua Amazonas, esquina com a avenida Paulista (Duque de Caxias). Discutíamos o que Brizola tinha falado no programa. Que era o quê? Lutar pelas reformas e de um golpe que estava se armando contra o governo. Conforme aconteceu.

Questionado sobre de quem teria sido a ideia da formação do Grupo dos Onze no seu bairro, Costa explica: "A ideia de formação foi iniciativa do nosso grupo mesmo. Não havia um líder. Estávamos acostumados a nos encontrar e falar de política, e naquele momento decidimos formar nosso grupo."

Para João da Silva Rios,[38] fundidor aposentado da Fábrica Nacional de Motores (FNM), havia uma expectativa de se preparar uma ação armada para conter um "possível golpe que estava se preparando para derrubar Jango". Para ele, o grupo idealizado por Brizola lhe "desper-

tou a consciência da verdadeira situação política que o Brasil vivia".
E prossegue:

> Entrei para o grupo em 64. Não lembro o mês. Acho que em março. Havia muitos grupos politizados lá na fábrica. O Geraldo Vieira da Silva, que era da minha seção, já falecido, me convidou para ingressar no Grupo dos Onze. Ele abriu minhas ideias. Fez-me ver certas coisas que os jovens não enxergam, como a situação em que o país estava vivendo. Foram poucas reuniões, não me lembro quantas. Aconteciam depois do expediente, mas também nos encontrávamos dentro da fábrica nos intervalos do trabalho. O Geraldo falava que nós devíamos nos preparar para um golpe que se aproximava. Era o desfecho que Brizola falava. Mas eu não assinei nada não [o entrevistado se refere à ata]. A gente na fábrica evitava assinar qualquer lista. Mas no dia 31 de março o Geraldo chegou pra mim e disse: "Vai começar uma guerra, tá comigo?" Eu disse que sim e ele disse que precisávamos nos armar para fazer uma ação do Grupo dos Onze. "Pegamos" umas armas no destacamento da fábrica.[39]

Nessa altura de seu depoimento, interrompo a fala de Rios para perguntar que armas seriam essas.

> Eram armas do destacamento da fábrica, da segurança. O clima estava tenso, não sei dos outros, mas o Geraldo me deu um fuzil e me mandou ir para a represa do Garrão.[40] Ele disse que recebeu a informação de que as águas da represa seriam envenenadas, então tínhamos que nos preparar. Não sei da onde partiu essa informação. Ele me mandou pra lá, ficava perto da fábrica, e disse que eu aguardasse as instruções, que às duas da manhã chegariam as armas e eu seria rendido.[41]

Percebemos nesses depoimentos que a postura dos Grupos dos Onze era defensiva, repetindo o acontecimento de 1961, no caso de um golpe direitista para derrubar o governo João Goulart. Não possuíam postura ofensiva de deflagrar uma guerra revolucionária, mesmo que, para alguns grupos, houvesse um planejamento mais radical.

O motorista aposentado Davino Miguel da Rocha,[42] 80 anos, também anistiado político, contou que costumava ouvir as pregações do "deputado Brizola pela rádio" e o considerava "um grande nacionalista", mas não concordou com a iniciativa do líder esquerdista naquele momento de propor uma nova organização. Desconfiado e falando com voz baixa, relutou um pouco para dizer seu nome. Sua atitude era resultado do tempo em que viveu na clandestinidade. Explicado o motivo de minhas perguntas, Rocha contou que sua participação no movimento brizolista se deu por indução de estudantes universitários e que tomou parte em apenas duas reuniões do Grupo dos Onze. "Brizola era um nacionalista, um líder esquerdista, mas não havia a necessidade de formar mais um grupo de esquerda naquele momento. Isso só serviu para dividir a classe trabalhadora impedindo-a de ter um projeto único."[43]

Perguntado por que entrara para a organização, ele conta que na época trabalhava como motorista mecânico da Café Rei do Brasil e era filiado ao Sindicato dos Rodoviários de Duque de Caxias. Morador do mesmo município, disse que costumava ouvir as pregações radiofônicas de Brizola e frequentar as reuniões do PCB.

> Morava na rua Itatiaia e foram uns trinta estudantes lá em casa. Não me lembro de onde eles eram. Acho que me convidaram porque alguns deles me acompanhavam nas reuniões do PCB. Eles chegaram e disseram que era para se organizar, formar um Grupo dos Onze. Falaram que era para aguardar ordens e me pediram pra eu levar um documento [o entrevistado refere-se à ata] na Rádio Mayrink Veiga. Eu falei que não iria porque não era de um Grupo dos Onze, mas disseram que era para organizar um movimento, tomar o poder, lutar contra o imperialismo e contra o golpe. Por isso entrei. Fui lá na Rádio Mayrink Veiga e entreguei a proposta ao editor. Acho que era o Neto ou Niemayer, e voltei. Fizemos uma outra reunião na casa de um dos estudantes, mas não lembro quem era e nem onde foi. Pouco tempo depois se deu o golpe.[44]

Indagado sobre o líder desse grupo, Rocha respondeu: "Eu não consegui identificar o líder desse grupo de estudantes. Era tudo misturado. Sabe como é estudante, né?"

Para Rocha, o Grupo dos Onze foi uma "insensatez organizada num momento inadequado", ao contrário do que aconteceu em 1961, quando todo o país lutou pela Constituição. "Acho que ele inventou esses Grupos de Onze porque era cunhado de Jango e também porque se empolgou com a Campanha da Legalidade. Mas o momento era de unificar as forças, não de criar um novo grupo numa hora tão decisiva."[45]

Na análise de Davino Miguel da Rocha, homem ligado ao PCB, os Grupos liderados por Brizola contribuíram para aumentar a tensão política da época.

Para Nilson Venâncio,[46] que em 1964 era elemento de base do PCB de Duque de Caxias, o Grupo dos Onze se "propunha à luta armada, contra uma possível investida militar contra o governo e pela defesa das reformas". Diferente de Rocha, ele acha que os Grupos dos Onze estavam tentando procurar seu espaço no enfrentamento político da esquerda. Venâncio disse que o PCB sabia que o PTB estava formando núcleos em vários municípios e por isso recebeu a missão de ajudar a organizar os grupos.

> O partido não combatia o Grupo dos Onze, só não se entrelaçava com os afazeres deles. Sabíamos que o PTB estava formando núcleos em vários municípios, mas não havia conflito. O PCB já era uma força descomunal com um enraizamento de quase quarenta anos. Então o partido me orientou que ajudasse a organizar os grupos, mas não me filiasse. Fui incumbido de levar as listas com os nomes para a Rádio Mayrink Veiga. Não tenho ideia de quantas foram nem quando foi. Acho que foi logo no início de 64. Naquela época todo mundo tinha um radinho de pilha e ouvia o Brizola. Se o Grupo dos Onze chegasse a um ano seria uma coisa assustadora.[47]

Para Venâncio, faltou um comando maior para que os grupos chegassem a uma organização de esquerda efetiva, mas reconhece que a representatividade do nome Brizola conseguia aglutinar multidões. "O partido reconhecia nele um líder e não se jogava fora um cabedal do tipo de Brizola, que naquele momento era capaz de despertar a massa para suas lutas."[48]

Observa-se que a entrada de pessoas nos Grupos de Onze aconteceu independente da facção partidária à qual elas pertenciam. Várias pertenciam ao PCB. A admiração pela figura de Brizola era fator determinante à tomada de posição em favor do nacionalismo e das reformas de base. Assim, a proposta dos Comandos Nacionalistas seria diferente daquelas justificativas apresentadas pelas Comissões de Investigação, como mostra Paulo Ferreira Campos, de 75 anos.

> Na época, eu não tinha filiação partidária, mas era brizolista desde a Campanha da Legalidade, e ainda sou. Ele lutava por uma sociedade mais justa. Trabalhava como eletricista na União Manufatura de Tecidos. Ouvia suas pregações pela rádio: "Vamos formar o Grupo dos Onze." Toda semana eu ia pra Mayrink Veiga. Era ali, onde hoje é a garagem do Banco Central. A rádio ficava abarrotada de gente. Às vezes fechava até a rua. As pessoas gritavam: "Cunhado não é parente, Brizola pra presidente."[49] Então resolvi organizar um Grupo dos Onze. Chamei o Antônio, o Bira, o Luna, o Paredón. Não me lembro dos nomes dos outros. Não assinamos a ata com nossos nomes verdadeiros. Nunca usava meu nome próprio. Sei que havia outros Grupos dos Onze na cidade. A gente se reunia toda semana, na rua mesmo. Falávamos sobre a Campanha dele e passávamos para os outros o que ouvíamos lá na rádio. O objetivo era se organizar em prol das reformas de Jango e ficar de vigilância esperando alguma coisa acontecer.[50]

O fator determinante que contribuiu para a entrada dessas pessoas para os Grupos dos Onze foi a admiração pela figura de Brizola. Elas viam no líder gaúcho a valorização, em outro contexto, das políticas sociais, nacionalistas, estatistas e desenvolvimentistas de Getúlio Vargas. Para essas pessoas, os Grupos dos Onze lutavam principalmente pelas reformas de base e as mudanças que estas medidas produziriam diretamente com a melhoria de vida desses trabalhadores. Nas entrevistas, fica evidente a associação dessas pessoas com o trabalhismo – embora algumas fossem do PCB. Dessa forma, podemos afirmar que os Comandos Nacionalistas atuavam, basicamente, com discussão política e a tentativa de disseminar o pensamento de Leonel Brizola com a criação de novos grupos.

Além de trabalhadores em geral, como assalariados da indústria, comércio, serviço e, inclusive, desempregados, Brizola tinha o interesse de atingir outros setores da sociedade, como a classe média e os universitários, conforme mostra um folheto distribuído em uma organização de estudantes. "Tenho certeza inabalável de que amanhã não seremos apenas nós, mas milhões de outros brasileiros que não hesitarão em trilhar os caminhos da revolução, se os caminhos das reformas não levarem o nosso país à posse de seu destino."[51]

A participação de estudantes universitários na organização promovida por Brizola está retratada no livro *Linha justa*, de Miguel Armony. Estudante de física da Faculdade Nacional de Filosofia, o autor conta que a organização dos Grupos dos Onze no estado da Guanabara foi um movimento de apelo irresistível para qualquer organização de esquerda que lutava pelas reformas de base e contra o imperialismo.[52]

A entrada de Miguel Armony para o Grupo dos Onze traduzia-se em ajudar Brizola a organizar um movimento, no qual "qualquer revolucionário autêntico era bem-vindo".[53] Até mesmo "o PCB não pretendia competir".[54] Mas "a esquerda da época reconheceu em Brizola a liderança do movimento".[55] E com essa intenção, Armony e seu grupo buscaram organizar Grupos dos Onze em vários municípios da Guanabara. "Saímos para o campo. O campo, afinal! Avenida Brasil, Baixada Fluminense."[56]

O funcionamento dos grupos ocorria de maneira independente: "Cada grupo, um líder; cada três líderes, um representante." Segundo o autor: "Os grupos não deviam se conhecer, não deviam saber um do outro. Sigilosos, não compartilhavam informações com os outros grupos. O que eles falavam ficava entre eles."[57]

Rejane, viúva de Miguel Armony, confirma que nem mesmo para ela e seus filhos o marido revelou sua participação no movimento.

> Em março de 1965, já estávamos casados e morando em Brasília. Vários professores da Faculdade Nacional de Filosofia foram cassados nessa época, e Miguel foi lecionar na Universidade Nacional de Brasília. Foi aí que fiquei sabendo do Grupo dos Onze, quando ele precisou esconder toda a papelada referente a esse grupo. Mas ele não falou de sua participação. Naquela época estava acontecendo uma perseguição na UnB e começaram a demitir professores, e o Miguel tinha um calhamaço de folhas sobre o Grupo dos Onze. Era muita coisa mesmo. É como ele conta no livro. Ele colocou tudo no cano da cortina do banheiro, mas o Dops começou a invadir apartamentos dos professores então, com medo, ele destruiu tudo. Só vinte anos depois, quando escreveu o livro, é que soubemos como foi sua participação no grupo.[58]

O grupo o qual Armony integrou apresentava uma intenção radical sobre o governo de Jango "para levá-lo a posições mais à esquerda".[59] Mesmo mostrando postura extremista em relação aos outros depoentes, havia entre eles um objetivo comum: "Tínhamos como meta defender a Constituição, lutar pelas reformas de base. (...) Lutávamos contra o imperialismo e seus agentes, e contra o latifúndio."[60] Apesar de apresentar estrutura mais organizada e independente, o grupo de Armony, assim como os outros, não teve tempo suficiente para se preparar contra o golpe, e se dispersou logo após 1º de abril.

A ditadura e as "Instruções secretas" sobre os G11

Entre os documentos apreendidos pelas comissões militares de investigação está o que foi considerado pelo Comando Supremo das Organizações Anticomunistas a maior prova de subversão dos Grupos dos Onze. O documento teria sido apreendido por um agente secreto infiltrado em um G11. Com o título "Instruções secretas" e mais abaixo

"Preâmbulo ultrassecreto",⁶¹ assinado por um "Comando Supremo de Libertação Nacional", o registro tem onze páginas.

Apesar de ter sido noticiado pela imprensa como prova cabal da subversão desses grupos, o documento é totalmente desconhecido pelos ex-integrantes de Grupos dos Onze que entrevistei.

Logo na primeira página, ele chama a atenção para o fato de que o "êxito do Comando de Grupos dos Onze Companheiros dependerá, sempre, da observância fiel a estas 'Instruções Secretas'", e alerta que "só a morte libertará o responsável pelo compromisso de honra com o Comando Supremo de Libertação Nacional, e é necessário que isto fique bem esclarecido a todos os companheiros do Grupo dos Onze".⁶² E segue apontando no item 1 os objetivos dos Comandos Nacionalistas, entre eles:

> Os grupos dos Onze Companheiros têm, por finalidade precípua, servir como instrumento principal e vanguarda avançada do Movimento Revolucionário que libertará o país da opressão capitalista internacional e de seus aliados internos, com a finalidade de instituir no Brasil – um Governo do Povo, pelo Povo, e para o Povo.⁶³

Os Grupos dos Onze formariam a "vanguarda avançada do Movimento Revolucionário", a exemplo da "Guarda Vermelha da Revolução Socialista de 1917, na União Soviética". O objetivo das instruções era "fazer ver aos Grupos dos Onze Companheiros que estamos em permanente luta contra os inimigos internos e externos do povo brasileiro, e que, qualquer que seja a situação que se lhes apresente ou as ordens a serem executadas, os fins justificam os meios e que tudo será ainda pouco para a libertação nacional".⁶⁴

A maioria dos entrevistados desmente a veracidade do documento. Segundo Milton Costa, as reuniões das quais participou sempre giravam em torno de defesa no caso de um possível ataque, mas que nunca chegou até seu grupo nenhum tipo de instrução secreta.

Ouvimos falar de armas, mas essas instruções não chegaram até nós. Mas sabíamos que mais cedo ou mais tarde poderíamos pegar em armas. Com o golpe de 1º de abril o grupo se desfez. Nossa única tarefa foi levar a lista para a Rádio Mayrink Veiga com os nossos nomes; não sei se foi o José Augusto que levou. Lá [o entrevistado refere-se à Mayrink Veiga], eles falaram que tínhamos que ouvir a Rádio Farroupilha ondas curtas e seguir as orientações do deputado Leonel Brizola.[65]

Apesar do seu pouco envolvimento com a organização, Davino Miguel da Rocha sustenta que a atuação dos Grupos dos Onze não saiu da teoria:

Eles falavam que tínhamos que nos preparar e aguardar ordens, mas veio o golpe e não chegou nenhuma instrução, muito menos armas. Fui pra São Paulo e vivi na clandestinidade por dois anos, até que chegou o pessoal do Exército aonde eu trabalhava e arrebentou tudo e prendeu os outros que trabalhavam comigo como comunistas. No interrogatório me perguntaram se eu era do Grupo dos Onze. Eu disse que não, mas o policial me mostrou um papel com meu nome que eu havia assinado no Rio. Depois fiquei preso no Dops no Rio por um bom tempo.[66]

Paulo Ferreira Campos também contesta a origem desse documento. Para ele, foram produzidas provas pelo grupo de oposição ao governo:

Esse negócio aí que você falou das instruções secretas é tudo invenção. No dia do golpe, ainda consegui reunir uns quatro ou cinco do nosso grupo. Saímos pelas ruas perdidos, sem armas, sem saber o que fazer. Ainda ouvi Brizola dizer no rádio, isso no dia 1º ou 2 de abril, acho que lá do Rio Grande do Sul: "Eles ganharam o primeiro round, mas vamos ver quem tem mais banha pra gastar." Sei que na época existiam muitos Grupos dos Onze na cidade. O povo queria reagir, mas não havia orientação, não havia um comando. Nós nos dispersamos. Depois do golpe é que houve essa coisa de tomar o poder, mas antes nós queríamos resistir ao golpe e lutar pelas reformas de base. Não foi adiante porque a gente se organizou, politizou as pessoas, mas não chegaram orientações.[67]

Na opinião de João da Silva Rios havia a expectativa de uma ação armada contra um possível golpe, mas seu grupo não foi preparado para isso e a única arma que ele usou no dia do golpe foi "roubada" do destacamento da fábrica FNM.

> Fui pra represa do Garrão sozinho. Chegando lá encontrei o vigia da represa que ouvia tudo que estava acontecendo pelo radinho de pilha. Ele olhou para mim e disse: "Meu filho, não vai acontecer nada, é melhor você voltar para casa." Não dei ouvido, mas amanheceu e eu continuava ali, e ninguém apareceu do Grupo dos Onze para me render ou trazer armamento. Me senti feito bobo. Resolvi voltar para a fábrica. Quando cheguei próximo, tava toda tomada pelo Exército, era tudo verde-oliva. Muita gente estava sendo presa. Consegui escapar. Eu estava armado com um fuzil, mas não sabia usar. Passei por debaixo da ponte e circulei o morro em volta da fábrica, até chegar ao acampamento de solteiro, onde morava. No caminho, consegui me livrar da arma. Acho que consegui escapar também porque não assinei nada, mas fui mandado embora.[68]

Existiam membros dos Comandos Nacionalistas que eram favoráveis ao confronto armado com grupos conservadores que intentassem contra o regime democrático. No entanto, o que se percebe é que eram poucos e não tinham preparo para a luta armada.

Os depoimentos demonstram que era muito difícil formar um exército revolucionário com pessoas despreparadas e com a escassez de armas, conforme relataram os entrevistados. Apesar de as "Instruções secretas" indicarem que a falta de armamento "seria suprida pelos aliados militares que possuímos em todas as Forças Armadas",[69] não houve por parte desses militares a introdução de armas para os Comandos Nacionalistas.

Corroborando com esses depoimentos, Fernando Gabeira, um dos redatores do jornal *Panfleto* e também um ex-integrante de um dos Grupos dos Onze, revelou: "Dizia-se às células que procurassem resistir ao golpe. Mas como? Com o quê? Os grupos haviam sido organizados às pressas; não tinham nenhum treino ou equipamento."[70]

Ainda de acordo com as "Instruções secretas", os Comandos Nacionalistas escolheriam os alos dos ataques. Estes deveriam ser: "Simultâneos, desfechados contra as centrais telefônicas, rádios-emissoras e, onde houver, de TV, casas de armas, pequenos quartéis militares das PMs e de outras Forças Armadas isolados em locais interioranos etc."[71] E ainda: "Municípios, vilas, distritos e povoados, todas as autoridades públicas, tais como juiz de direito, prefeito, delegado de Polícia, vereadores, presidente da Câmara, políticos influentes e outras personalidades."[72]

No entanto, a parte mais impactante desse documento trata da execução dos indivíduos (autoridades como prefeitos, delegados, juízes e políticos) que por acaso estivessem em poder dos Comandos Nacionalistas.

> No caso de derrota de nosso Movimento, o que é improvável, mas não impossível, dado as certas características da situação nacional, e temos que ser verdadeiros em todos os nossos contactos com os Comandos Regionais e esta é uma informação para uso somente de alguns Companheiros de absoluta e máxima confiança, os reféns deverão ser sumariamente e imediatamente fuzilados, a fim de que não denunciem seus aprisionadores e não lutem, posteriormente, para sua condenação e destruição.[73]

Informado sobre o conteúdo dessas "Instruções secretas", Trajano Ribeiro, ex-líder estudantil secundarista do Colégio Júlio de Castilhos, em Porto Alegre, foi enfático ao dizer que este documento é "totalmente inverídico. Eu posso te garantir que isso não partiu de Brizola. Isso foi feito pela ditadura. Isso não é real. O Grupo dos Onze era um grupo de discussão política e de mobilização popular, só. Não tinha pretensão de tomar o poder. Nada disso".[74]

Indagado também sobre a existência desse documento, Alípio de Freitas disse desconhecê-lo completamente:

O citado Preâmbulo ultrassecreto do qual eu só tive conhecimento através da sua pergunta é uma das muitas mentiras que o golpe militar de 1964 espalhou no Brasil para se autojustificar. A FMP, e posso afirmar também, o Partido Comunista, nunca, ao menos nesse tempo, se propuseram chegar ao poder por outros meios que não fossem os institucionais. E a prova está em que o golpe não encontrou qualquer tipo de resistência armada em qualquer lugar do Brasil.[75]

Os depoimentos desmentem a veracidade das "Instruções secretas" utilizadas para justificar as perseguições daqueles que viam na figura de Brizola um líder trabalhista autêntico, bem como aos G11. Nesse sentido, o conteúdo do documento foi produzido e utilizado para estabelecer um consenso coletivo de significação ideológica,[76] refletindo-se nas práticas sociais que, por sua vez, reforçaram esses conceitos como algo real, que era ou que merecia ser verdadeiro.

Os entrevistados dessa pesquisa declararam ter assinado as listas de adesão aos Comandos Nacionalistas para apoiar as reformas de base e se preparar para o golpe que estava se armando. Essas pessoas construíram também um conjunto de conceitos que propunham o rompimento de um sistema político contrário à defesa da democracia.

Minha perspectiva é a de que muitos dos que assinaram as listas de adesão o fizeram numa expectativa de melhoria de vida. Essas pessoas encontraram na figura de Leonel Brizola o fator determinante para a tomada de posição em favor das reformas de base e do trabalhismo.

Portanto, Brizola representou para os indivíduos que ingressaram nos Grupos dos Onze Companheiros ou Comandos Nacionalistas a possibilidade de solução para a crise política e econômica em que o Brasil estava mergulhado, e, ao mesmo tempo, assumiram o trabalhismo que Brizola carregou como estandarte durante sua trajetória política.

As consequências após o golpe para eles foram muito duras. Todos foram acusados de militância comunista, independente da facção partidária a que cada um pertencia. Além disso, eles relatam que, depois do dia 1º de abril de 1964, sofreram uma mudança brusca em suas vidas e que tiveram dificuldade para conseguir emprego e sustentar suas famílias, como conta Milton Lopes da Costa:

> Fomos convocados para depor num inquérito militar na delegacia, hoje 59ª DP de Caxias. O inquérito estava sendo dirigido por um capitão de fragata ou corveta, não me lembro. Queriam saber qual a nossa ligação com o Grupo dos Onze. Ficamos só um dia detidos, e fomos soltos por insuficiência de provas. Mas fui perseguido durante muito tempo. Fiquei queimado, sem emprego, meus filhos não podiam estudar porque tive que me mudar de residência várias vezes. Ficava três meses num lugar, quatro em outro. Minha vida mudou. Em 1981 fui anistiado.[77]

Não é difícil imaginar a associação que o governo militar fez entre os membros dos Grupos dos Onze e o comunismo, mesmo que muitos destes nem fizessem parte do PCB. Mas o nome de Brizola representava o que mais à esquerda existia naquele momento, fato que causava apreensão aos militares golpistas e aos setores civis conservadores da sociedade. Para João da Silva Rios não foi diferente.

> Sofri muito por pertencer ao Grupo dos Onze. O clima ficou tão tenso lá na fábrica que as pessoas não conseguiram mais se reunir. Fui excluído pelos colegas, eles tinham medo dos pelegos. As pessoas foram sendo demitidas. Fiquei queimado. Não consegui mais emprego. Quando viam minha carteira da Fábrica Nacional de Motores, ninguém queria me dar trabalho.[78]

Outras pessoas não tiveram a sorte de escapar da prisão. Foram levadas presas sem ter tempo de avisar aos familiares. Outro funcionário da FNM, Amyntas Enrique de Araújo, de 78 anos, mesmo dizendo não lembrar de como foi sua passagem pelo Grupo dos Onze, contou que no dia em que a fábrica foi invadida pelo Exército, ele e outros colegas de trabalho que faziam parte da organização foram levados de ônibus para a delegacia de Caxias. "Não lembro direito se foi no dia 31 de março ou 1º de abril. Fiquei incomunicável durante um mês. Sem falar com minha família. Quando saí fiquei respondendo inquérito por muito tempo. Depois fui anistiado na primeira leva."[79]

Para o petebista Nélio Menezes, que ajudou na "arregimentação de pessoas para o partido", pior do que a prisão foi "a tortura psicológica" que passou. Ele fala que até hoje sofre "dos nervos" por causa dos maus-tratos que sofreu nas dependências do Dops.

> No dia 31 de março fomos presos eu e o Uberahy Gonçalves, que era presidente do CGT aqui da área. Fiquei três meses na rua dos Inválidos com rua da Relação, um dos setores do Dops. Ali juntava tudo: Polícia Federal, Cenimar, SNI, Aeronáutica, Polícia Militar. A gente não sabia quem era quem.[80]

Nesse momento, Nélio Menezes interrompeu a entrevista, emocionado. "Hoje sou homem nervoso", revela. Ele acredita que algumas tragédias que aconteceram com sua família, depois que a ditadura terminou, possam estar ligadas com aquele tempo de repressão. "Mesmo com o fim da ditadura, eu tive um filho assassinado e uma neta de 12 anos sequestrada, que até hoje não apareceu." Perguntado se ele acha que esses dois episódios têm alguma referência com sua militância no PTB, ele responde com dúvida. "Como a gente vai saber?" Seu Menezes hoje mora sozinho e sobrevive de "bico", aguardando a hora de ser "anistiado" para receber sua aposentadoria. "Me acostumei a viver longe da família, para não prejudicá-la mais. Conserto uma coisa aqui, outra ali pra ganhar algum dinheiro. Nunca mais consegui trabalho como repórter fotográfico."

No caso de Paulo Ferreira Campos, sua prisão se deu anos mais tarde, quando já pertencia a outra organização esquerdista. Segundo ele, os Grupos dos Onze foram desmantelados, mas a consciência política permaneceu.

> Vimos Brizola pela última vez no comício da Central do Brasil. Veio o golpe e fui mandado embora da fábrica de tecido como agitador e não arrumei mais emprego. Na época não tinha nada de tomar o poder. Isso

começou depois do golpe com outros grupos que surgiram. Fui preso em 73 por participar de uma outra organização, a VPR[81], assim como outros ex-integrantes do grupo, que acabaram entrando para outros movimentos. Mas tudo começou com o Grupo dos Onze. Fiquei quarenta dias preso na Barão de Mesquita. Disseram que eu participei da invasão de um quartel em Barra Mansa e matei três soldados. Tudo mentira. Até hoje luto por uma indenização do Estado. A Dilma também fez parte da organização e foi indenizada.[82]

Para Dênis de Moraes, o trabalhismo brizolista, divulgado e ao mesmo tempo fortificado pelos meios de comunicação de massa, atravessou o movimento estudantil e sindical, a baixa oficialidade das Forças Armadas, aglutinou setores mais radicais do movimento nacionalista, atraiu a AP, a Polop, o Grupo Compacto do PTB e setores mais à esquerda do PCB. "Com o golpe, acabou o contato, acabou o grupo, mas muitos continuaram. Mas tudo começou com o Grupo dos Onze."[83]

A repercussão do golpe civil-militar não foi a mesma para todos os membros da organização brizolista. Durante meu encontro com a viúva de Miguel Armony, ela se mostrou surpresa ao saber que muitos dos integrantes do Grupo dos Onze foram presos. Referindo-se ao marido, ela disse: "Ele achava que ninguém tivesse sido preso." Rejane contou que ele acreditava que destruindo o material do Grupo dos Onze, em Brasília, os militares não prenderiam ninguém relacionado à organização. "Ele foi indiciado no processo 57/66 da 1ª auditoria militar e julgado em 1970 por formação de partido ilegal, que prescreveu, e por conspiração armada, mas foi absolvido. No entanto, essas acusações não tinham relações com seu envolvimento com os Grupos dos Onze."[84]

Os chamados Grupos dos Onze Companheiros ou Comandos Nacionalistas atuaram no imaginário do povo. As crenças produzidas pelas esquerdas contribuíram "no processo de alimentar certezas, de arregimentar e reforçar utopias",[85] sendo utilizadas como argumentos pela conspiração direitista para a deposição de João Goulart. Os conspiradores viam nas figuras de Jango e de Leonel Brizola as principais portas de entrada do comunismo no Brasil.

A vinculação desses "grupos" com os comunistas geralmente era feita de forma genérica, tanto por parte da Igreja Católica, como por setores conservadores civis e militares. Mas o próprio manifesto dos Grupos dos Onze era um referencial para todas as facções da esquerda brasileira. Segundo o texto, a

> FMP (Frente de Mobilização Popular), CGT (Comando Geral dos Trabalhadores), sindicatos, UNE (União Nacional dos Estudantes) e suas organizações, FPN (Frente Parlamentar Nacionalista), organização dos "Sem-Terra" e "ligas camponesas" e outras organizações populares, locais ou regionais, dentro do objetivo de consolidar e cimentar a unidade das forças populares e progressistas, de nacionalistas civis e militares, de todos os getulistas e trabalhistas que se consideram convocados pela Carta de Vargas (...).[86]

A mobilização das esquerdas a favor das reformas de base e a crise política e econômica que o Brasil vivia se passaram no contexto da Guerra Fria. Havia também a repercussão da Revolução Cubana, que aumentava ainda mais os temores dos militares e dos grupos conservadores. Nesse contexto, Brizola incorporava atitudes cada vez mais anti-imperialistas pela via do trabalhismo radical, despertando a reação dos setores conservadores da sociedade. De acordo com Marli Baldissera:

> Esses grupos formados abertamente e amplamente divulgados pela rádio e pela imprensa suscitaram as mais diversas reações: para uns, autênticas células comunistas, grupos revolucionários que estariam prontos para instalar o comunismo no país; para outros, grupos nacionalistas para a defesa da pátria e para a realização das Reformas de Base; para outros, ainda, uma forma de receber terras, tratores, sementes e ajuda do governo.[87]

Palavras finais

Os discursos contundentes de Brizola ficaram guardados na memória daqueles que o admiravam como verdadeiro nacionalista e se uniam em torno do projeto nacional-estatista. Por outro lado, o imaginário produzido na época pelos setores conservadores da sociedade e propagado pela imprensa comparou os Grupos dos Onze a células comunistas.

Mas na compreensão dos integrantes desses grupos, a questão era outra. Ao organizarem células de 11 companheiros, eles entendiam que a meta principal da organização seria a de mudar o país para uma política mais justa, como afirma João da Silva Rios: "Não queríamos revolta, mas lutar pelos nossos direitos. Muita gente entrou nessa acreditando que poderia mudar a situação dos trabalhadores e ajudar na implementação das reformas de base."[88]

Na memória de Paulo Ferreira Campos, as reuniões de que participou com seu grupo também refletiam o entusiasmo das pessoas em se tornarem conscientes da situação em que se encontrava o país.

> Politizávamos as pessoas, esclarecíamos o que estava acontecendo, pois sabíamos que um golpe estava em marcha. Havia ainda a expectativa de que Brizola se candidatasse à Presidência, o que era proibido pela Constituição. Chegamos a fazer manifestação na Mayrink Veiga para que Brizola pudesse se candidatar a presidente.[89]

Não podemos descartar a possibilidade de esse movimento organizado por Brizola conter um caráter político-eleitoral. Hipótese que não pode ser excluída, uma vez que é sabido que nos planos do líder político estava o de concorrer à Presidência da República. Segundo interpretações, os G11 seriam o embrião de um partido revolucionário que Brizola planejava fundar.[90]

No conjunto de depoimentos desses ex-integrantes, observa-se que a entrada dessas pessoas para o movimento foi movida por um sentimento de luta por melhores condições de vida. E, diferentemente dos documentos apresentados pela Comissão de Investigação da Polícia Política, os Grupos dos Onze construíram-se sem nenhum preparo.

Independente do destino que cada integrante do Grupo dos Onze tomou, observa-se, na maior parte desses depoimentos, que o crime do qual essas pessoas foram acusadas foi o de atender aos apelos de Brizola, fato que os levou a serem perseguidos ou presos e torturados. O que se sabe é que, após o golpe, não houve nenhuma resistência armada dos Comandos Nacionalistas em nenhuma parte do Brasil. Nas fontes pesquisadas no Arquivo Público do Estado do Rio de Janeiro, nas publicações que falam a respeito do tema e nas entrevistas realizadas, podemos concluir que esses grupos não estavam armados e não apresentavam nenhuma intenção nessa direção, muito menos estavam capacitados para uma intervenção paramilitar no país, tanto que, após o golpe, não se registrou nenhum caso de resistência armada dos Grupos dos Onze em nenhuma parte do país. O objetivo para eles era lutar pelas reformas de base e mobilizar a população para resistir a um possível golpe preparado pelos militares e civis conservadores. A falta de preparação desses grupos também pode ser observada no depoimento de Moniz Bandeira ao Cpdoc, que revelou:

> Ninguém sabia o que fazer com aquilo. Um dia, o Neiva Moreira, caminhando comigo na rua São José, me perguntou: "O que nós vamos fazer com o Grupo dos 11, Moniz? Me diga o que nós podemos fazer." Ele não sabia o que ele ia fazer. Foi uma tirada dele para se criarem grupos de resistência etc., mas não tinha nem estrutura nem nada para dar.[91]

Acredito que os Grupos dos Onze foram usados como justificativa para a radicalização política das direitas que resultou no golpe civil-militar de 1964. O desfecho foi a desmobilização de um movimento que não chegou a alcançar um nível de amadurecimento capaz de resistir ao golpe, como lembra ainda Paulo Ferreira Campos.

> No dia que se deu o golpe ficamos aguardando orientações sobre uma possível ação. Acreditei que nos procurariam. Fomos para a rua, uns qua-

tro ou cinco integrantes do grupo à procura de outros, mas ninguém apareceu. Não era possível enfrentar aquela situação sem um comando maior?[92]

Assim, as representações que acompanharam os Grupos dos Onze, associando-os a células comunistas e a grupos armados contra as instituições democráticas brasileiras, serviram de pretexto para a direita golpista intensificar a campanha contra o governo e conseguir convencer setores da sociedade de que a guerra revolucionária estava em curso no Brasil.

Dessa forma, os Grupos dos Onze foram formados dentro de um contexto político já radicalizado e contribuíram para aumentar esse clima de radicalização. Foram vistos pelas classes conservadoras e pelos militares conspiradores como uma prova da ameaça comunista que estaria invadindo o Brasil e utilizados para justificar o golpe.

O próprio Brizola admitiu logo após o golpe, exilado no Uruguai, que o Grupo dos Onze era uma organização aberta, de base popular. Segundo ele, sem nenhuma pretensão radical que viesse a alterar a ordem vigente no Brasil daquela época, a não ser a de lutar contra aquela que se programava para derrubar a democracia no país, como mostra a matéria "Bate-Boca no Uruguai", publicada pela revista *O Cruzeiro*, em julho de 1964.

A matéria é sobre uma entrevista que Leonel Brizola concedeu por telefone ao jornalista Júlio César Cabalero, do programa de televisão *Sala de Julgamento*, como mostramos a seguir:

J.C. Sr. Brizola, qual a tendência e as ligações dos Grupos dos Onze?
L.B. A organização dos Grupos de Onze era de base popular, de conteúdo fundamentalmente democrático, porque com uma finalidade expressa, aberta, pública, de lutar contra qualquer golpe, qualquer interrupção da ordem constitucional, e de bater-se por uma democracia autêntica e pelas reformas de base. Não era uma organização clandestina. Era uma organização aberta, pública. Não havia nenhuma organização escusa nem uma organização secreta, nacional ou internacional. Puramente de conteúdo nacionalista e democrático.[93]

A reportagem segue com Brizola confirmando a Cabalero o envio de "instruções" pelos Correios aos Grupos de Onze e "diz que não há nada de mais nelas". E continua: "Permita-me, senhor: instruções, que foram remetidas pelos Correios, instruções que foram publicadas pela imprensa. Tudo foi publicado na imprensa, inclusive seu conteúdo. Tudo mais que se disser é improcedente."[94]

Os Grupos dos Onze, fossem do campo ou da cidade, seguiam o projeto nacional reformista de Leonel Brizola e lutavam pelos mesmos interesses, que eram: resistir ao golpe orquestrado pelos militares e civis conservadores da sociedade e lutar pela implementação das reformas de base, que trariam melhorias para suas vidas.

Para esses trabalhadores, Brizola representava a conquista de seus direitos. No entanto, existia entre eles um objetivo comum, decorrente de um projeto trabalhista iniciado com a política de Getúlio Vargas, conforme discorre Jorge Ferreira: "Com base no difuso ideário getulista, e indo além dele, a geração de trabalhistas liderada por Goulart 'refundou' o PTB, tornando-o um partido com feições reformistas que, até 1964, somente tenderia a radicalizar."[95]

Assim, concluo que a estruturação do Grupo dos Onze não foi uma organização visando a luta armada, mas, em todo o país, tinha o objetivo de apoiar as reformas de base e o governo de João Goulart contra um golpe dos conservadores e, ainda, articular os grupos de esquerda em torno da candidatura de Leonel Brizola à Presidência. Daí sua insuficiência para resistir ao golpe ou disputar o poder com o governo militar, o qual passou a reprimir estas organizações, inviabilizando o projeto de esquerda nacional-estatista.

Notas

1. Alípio de Freitas é ex-padre. Ainda como religioso foi para a cidade de São Luís do Maranhão, em 1957, onde se chocou com a miséria do lugar. Na região, ajudou na organização de associações de moradores, lecionou na Universidade Federal e participou da Organização dos Trabalhadores Rurais por meio das Ligas

Camponesas de Francisco Julião. Em 1962, após participar de um comício, organizado pelo PCB a favor das reformas de base, no Rio de Janeiro, foi repreendido pela Igreja Católica e resolveu abandonar a vida religiosa. Meu encontro com Alípio de Freitas ocorreu em janeiro de 2013, na redação do jornal *Nova Democracia*, no bairro de São Cristóvão, no Rio de Janeiro, depois de várias tentativas de entrar em contato com ele. Na ocasião, Freitas se preparava para uma reunião, antes de voltar para Portugal no dia seguinte, mas se comprometeu a enviar seu depoimento por e-mail e aproveitou o momento para esclarecer que "não existe entre mim e a Igreja qualquer tipo de ligação, a não ser aquelas velhas amizades que sempre se mantêm apesar das diferenças políticas e ideológicas". Disse ainda que seu "conhecimento com Brizola inicia-se logo após a formação da Cadeia da Legalidade", se tornando uma "grande amizade", e que mesmo não fazendo parte dos quadros do PTB deu "suporte político à resistência popular ao golpe militar-fascista, que se preparava para tomar conta do país". Com a ditadura militar, Freitas ficou preso entre 1964 e 1981, e perdeu suas nacionalidades (portuguesa e brasileira). Desde 1981 vive em Portugal. Conseguiu de volta sua cidadania portuguesa em 1985. Hoje, dirige a Casa Grande do Brasil, fundada por ele em Portugal, em 2004, para atender às necessidades das comunidades brasileiras no país.

2. Depoimento de Alípio de Freitas à autora por e-mail em janeiro de 2013.
3. Depoimento de Alípio de Freitas à autora por e-mail em 30/1/2013.
4. Depoimento de Alípio de Freitas à autora por e-mail em 30/1/2013.
5. Depoimento de Alípio de Freitas à autora por e-mail em 30/1/2013.
6. "Organização dos Grupos dos Onze Companheiros ou Comandos Nacionalistas". Disponível em: <http://www.brasilrepublicano.com.br/fontes/8.pdf>. Acesso em 10/11/2012.
7. FERREIRA, Jorge. "Leonel Brizola, os nacional-revolucionários e a Frente de Mobilização Popular". *In*: FERREIRA, Jorge; AARÃO REIS, Daniel. *As esquerdas no Brasil. Nacionalismo e reformismo radical (1945-1964)*. (Coleção As esquerdas no Brasil). Rio de Janeiro: Civilização Brasileira, 2007, p. 557.
8. Organização dos Grupos dos Onze Companheiros ou Comandos Nacionalistas". Disponível em: <http://www.brasilrepublicano.com.br/fontes/8.pdf>. Acesso em 10/11/2012.
9. *Idem.*
10. *Idem.*
11. FERREIRA, Jorge. *Op. cit.*, 2007, p. 557.
12. *Idem.*
13. SCHILLING, Paulo. *Como se coloca a direita no poder.* São Paulo: Global, 1979, pp. 28-29.

14. BALDISSERA, Marli. "Onde estão os Grupos de Onze?" Disponível em: <http://www.revistadehistoria.com.br/secao/artigos-revista/onde-estao-os-grupos-de--onze>. Acesso em 10/10/2012.
15. Modelo de ata. Disponível em: <http://www.brasilrepublicano.com.br/fontes/8.pdf>. Acesso em 10/10/2012.
16. Depoimento de Nélio Menezes à autora em 24/7/2012.
17. Depoimento de Nélio Menezes à autora em 24/7/2012.
18. Depoimento de Alípio de Freitas à autora por e-mail, em 30/1/2013.
19. SCHILLING, Paulo. *Op. cit.*, p. 243.
20. FILHO, F. C. Leite. *El Caudilho Leonel Brizola: Um perfil biográfico*. 1. ed. São Paulo: Aquariana, 2008, p. 255.
21. SZATKOSKI, Elenice. "Os Grupos dos Onze. Política, poder e repressão na região do médio alto Uruguai – RS 1947/1968". Passo Fundo: Dissertação de mestrado, UPF, RS, 2003, p. 64.
22. Aperj, caixa "Comunismo 66". Não é possível identificar o número da folha.
23. Aperj, caixa "Comunismo 66". Não é possível identificar o número da folha.
24. FERREIRA, Jorge. *Op. cit.*, p. 559. A palavra "gorila" era usada por Brizola para identificar o militar como "inimigo do povo" e "entre o 'espécime', alega, existiam elementos civis, sendo Carlos Lacerda a maior expressão. Contudo são os militares que oferecem os maiores contingentes ao 'gorilismo'". *Idem*, p. 552.
25. *Idem*, pp. 559-60.
26. *Idem*.
27. SZATKOSKI, Elenice. *Op. cit.*, p. 107.
28. Depoimento de Nélio Menezes à autora em 24/7/2012.
29. Depoimento de Trajano Ribeiro à autora em 26/4/2013.
30. BALDISSERA, Marli de Almeida. *Op. cit.*, p. 12.
31. FERREIRA, Jorge. "A estratégia do confronto: A frente de mobilização popular". *Revista Brasileira de História*, v. 24. São Paulo, n° 47, 2004, p. 197. Disponível em: <http://www.scielo.br/pdf/rbh/v24n47/a08v2447.pdf>. Acesso em 11/9/2012.
32. BALDISSERA, Marli. "Onde estão os Grupos de Onze? Disponível em: <http://www.revistadehistoria.com.br/secao/artigos-revista/onde-estao-os-grupos-de--onze>. Acesso em 10/10/2012.
33. *Idem*.
34. LEITE FILHO, F. C. *Op. cit.*, p. 252.
35. De acordo com o livro *El Caudilho Leonel Brizola: Um perfil biográfico*, escrito por Leite Filho (p. 255), O *Panfleto, o jornal do homem da rua* possuía uma

tiragem de 400 mil exemplares. O jornal era distribuído em locais de grande aglomeração, inclusive pelos próprios militantes dos Grupos dos Onze. Suas publicações traziam artigos e conclamações de Brizola e de outros membros da FMP. Sobre o jornal, ver: FERREIRA, Jorge. "Panfleto – as esquerdas e o 'jornal do homem da rua'". In: *Varia História*, v. 26, n. 44, 2010.
36. Depoimento de Milton Lopes à autora em 24/7/2012.
37. Idem.
38. Depoimento de João da Silva Rios à autora em 24/7/2012.
39. Idem.
40. A represa do Garrão fica no distrito de Xerém, em Duque de Caxias.
41. Idem.
42. Depoimento de Davino Miguel da Rocha à autora em 24/7/2012.
43. Idem.
44. Idem.
45. Idem.
46. Nilson Venâncio é presidente da Anapap. Concedeu entrevista à autora em 24/7/2012.
47. Depoimento de Nilson Venâncio à autora em 24/7/2012.
48. Idem.
49. Brizola tinha intenção de concorrer ao cargo de presidente da República e por isso decide lançar sua candidatura às eleições de 1965 com o slogan "Cunhado não é parente, Brizola pra presidente", referindo-se ao impedimento constitucional contra a candidatura ao cargo por parte de parentes consanguíneos e afins de chefes do Executivo.
50. Depoimento de Paulo Ferreira Campos à autora em 24/7/2012.
51. Citado em FERREIRA, Jorge, "A estratégia do confronto...". *Op. cit.*, p. 190.
52. ARMONY, Miguel. *Linha justa. A Faculdade Nacional de Filosofia nos anos 1962-1964*. Rio de Janeiro: Revan, 2002, p. 65.
53. Idem.
54. Idem.
55. ARMONY, Miguel. *Op. cit.*, p. 65.
56. Idem.
57. Idem.
58. Depoimento de Rejane Armony à autora em 16/11/2012.
59. ARMONY, Miguel. *Op. cit.*, p. 74.
60. Idem, p. 68.
61. Aperj, caixa "Comunismo 66". Dossiê nº 1. Instruções secretas, folha 28.
62. Aperj, caixa "Comunismo 66". Dossiê nº 1. Instruções secretas, folha 28.

63. Aperj, caixa "Comunismo 66". Dossiê n° 1. Instruções secretas, folha 27.
64. *Idem.*
65. Depoimento de Milton Lopes da Costa à autora em 24/7/2012.
66. Depoimento de Davino Miguel da Rocha à autora em 24/7/2012.
67. Depoimento de Paulo Ferreira Campos à autora em 24/7/2013.
68. Depoimento de João da Silva Rios à autora em 24/7/2012.
69. Aperj, caixa "Comunismo 66". Dossiê n. 1. Instruções secretas, folha 24.
70. KOSHIYAMA, Alice Mitika. "O jornalismo e o golpe de 1964". Disponível em: <http://www.portcom.intercom.org.br/revistas/index.php/revistaintercom/article/>. Acesso em 12/12/2012.
71. Aperj, caixa "Comunismo 66". Dossiê n. 1, Instruções secretas, folha 24.
72. Aperj, caixa "Comunismo 66". Dossiê n. 1, Instruções secretas, folhas 20 e 24.
73. Aperj, caixa "Comunismo 66". Dossiê n.1, Instruções secretas, p. 24.
74. Depoimento de Trajano Ribeiro à autora em 26/4/2012.
75. Depoimento de Alípio de Freitas à autora por e-mail em 30/1/2013.
76. BALANDIER, Georges. *A desordem: Elogio do movimento*. Rio de Janeiro: Bertrand Brasil, 1997, p. 144.
77. Depoimento de Milton Lopes da Costa à autora em 24/7/2012.
78. Depoimento de João da Silva Rios à autora em 24/7/2012.
79. Depoimento de Amyntas Enrique de Araújo à autora em 24/7/2012.
80. Depoimento de Nélio Menezes à autora em 24/7/2012.
81. A Vanguarda Popular Revolucionária (VPR) foi formada em 1966, a partir da união dos dissidentes da Polop com militares remanescentes do Movimento Nacionalista Revolucionário (MNR).
82. Depoimento de Paulo Ferreira Campos à autora em 24/7/2013.
83. MORAES, Dênis de. *A esquerda e o golpe de 64*. Rio de Janeiro: Espaço e Tempo, 1989, p. 259.
84. Depoimento de Rejane Armony à autora em 16/11/2012.
85. FERREIRA, Jorge. "A estratégia de confronto...". *Op. cit.*
86. "Manifesto do Grupo dos Onze". Disponível em: http://www.brasilrepublicano.com.br/fontes/8.pdf. Acesso em 11/9/2012.
87. BALISSERA, Marli de Almeida. "Onde estão os Grupos de Onze? Os Comandos Nacionalistas na região do alto Uruguai/RS". Universidade de Passo Fundo, Rio Grande do Sul, 2003, p. 150.
88. Entrevista de João da Silva Rios à autora em 24/7/2012.
89. Depoimento de Paulo Ferreira Campos à autora em 24/7/2012.
90. FERREIRA, Jorge. *Leonel Brizola, os nacional-revolucionários e a Frente de Mobilização Popular. Op. cit.*

91. *Luiz Alberto de Vianna Moniz Bandeira*. Depoimento dado em 2003. Rio de Janeiro, CPDOC, 2010, 93p. fita 2 – B. p. 49. Disponível em: <www.fgv.br/cpdoc/historal/arq/Entrevista746.pdf>. Acesso em 11/10/1012.
92. Depoimento de Paulo Ferreira Campos à autora em 20/2/2013.
93. A revista se encontra no arquivo da Associação Brasileira de Imprensa no Rio de Janeiro (ABI). Publicação de 11/7/1964, pp. 10-11.
94. *Idem.*
95. FERREIRA, Jorge. *João Goulart: uma biografia*. 2. ed. Rio de Janeiro: Civilização Brasileira, 2011, p. 138.

CAPÍTULO 4 A Frente de Mobilização Popular em
Una – Bahia (1963-1965)*
Soanne Cristino Almeida dos Santos

A ideia de conhecer a experiência da Frente de Mobilização Popular (FMP) na cidade de Una, no sul da Bahia, surgiu a partir da análise de fontes que revelaram a existência de novos atores sociais na história do município, onde o poder político e econômico da família Almeida parecia imensurável, do início do século XX até os anos 1960.

Na década de 1950, 80% dos habitantes de Una moravam e trabalhavam no meio rural. A partir dos anos 1960, o município começou a se transformar: o centro da cidade ganhou um sentido positivo, e houve uma forte migração do campo para a área urbana, em função da chegada de novas instituições, tais como o Banco da Bahia, o fórum, órgãos estaduais e federais.

No entanto, também neste espaço, a família Almeida não deixou de mostrar seus símbolos de poder. A construção do casarão dos Almeida, no ponto mais alto da sede do município, representava o desejo de manter o domínio na área rural, mas também estendê-lo ao espaço que viria a urbanizar-se. Enquanto havia festas no casarão de Manuel Almeida,

---

*O capítulo é o resultado parcial de minha dissertação de mestrado intitulada "Nacionalismo de esquerda: FMP de Una (1963-1965)", defendida no Programa de Pós-Graduação em História Regional e Local da Uneb, em 2010.

os trabalhadores viviam explorados em suas fazendas e no comércio de sua empresa Polycultora, a única autorizada a comercializar produtos agrícolas no município, com a grande produção de seringa, cacau, coco e dendê para exportação.

A partir do momento em que a cidade foi recebendo trabalhadores migrantes e o comércio se diversificou e ampliou, no início da década de 1960, o centro da cidade passou a chamar cada vez mais a atenção das pessoas. Algumas residências foram erguidas, também com tijolos; surgiram mais casas comerciais e residenciais com dois pavimentos, tornando-se tão altas quanto o casarão dos Almeida. Apesar de carregar um peso simbólico, a construção imponente passou a ser uma obra marginalizada e já não impressionava como outrora.

O capítulo trata da organização da FMP e do enfraquecimento político da família Almeida em Una. A fundação da FMP na cidade sinalizou uma tendência política de luta pelas reformas de base, ideário que vinha ganhando apoio dos movimentos sociais no Brasil. Basta ver o texto publicado em *O democrata*, jornal que expressou os ideais da FMP e o primeiro que foi impresso em Una, sob a direção de Victor Paes de Barros Leonardi, em 1963.

> Realizemos a democracia, entregando o governo aos que trabalham e produzem. Ergamos uma justiça autônoma e independente. Promovamos a educação intensiva da massa popular, generalizando o culto pelo direito e teremos assim operado a verdadeira e legítima reconstrução político-social do Brasil. Deem ao camponês, ao assalariado rural, ao operário os direitos que eles têm e estarão sanadas estas diferenças.[1]

A nota demonstra o anseio para que fossem realizadas as reformas de base no Brasil durante o período compreendido entre 1961-1964, momento em que tais reformas foram uma das metas do governo João Goulart, compartilhadas no campo do nacional-estatismo.

Analisar o projeto nacionalista da FMP de Una nos ajuda a compreender melhor as inúmeras interpretações conferidas ao projeto das esquerdas nacionalistas no Brasil.[2] É necessário observar a peculiaridade

A FRENTE DE MOBILIZAÇÃO POPULAR EM UNA – BAHIA (1963-1965)

com que foi formada a FMP de Una e reconhecer suas especificidades. Devido a isso, ressaltamos que não há qualquer intenção de ajustar a experiência local àquelas que se desenvolveram nos grandes centros urbanos do Brasil, especialmente no Rio de Janeiro. Não obstante, caso se tentasse dissociá-la do processo em que estava envolvida, perderíamos seu significado. Mas não ficaremos condicionados a modelos externos, reproduzindo o equívoco de muitos estudos voltados à história regional, quando, ao pretender escrever a história dos trabalhadores em nível local, após breves considerações teóricas, limitam-se a descobrir no estudo os equivalentes à história dos trabalhadores de São Paulo e do Rio de Janeiro.[3]

Desta forma, a investigação sobre a formação e a atuação da FMP em Una permite discussões em torno da importância de se pensar atores sociais, muitas vezes esquecidos pela historiografia, como foi o caso desta organização de esquerda.

As entrevistas com ex-integrantes da FMP de Una foram essenciais para perceber os anseios do grupo, naquele determinado momento. Entrevistamos seis dos membros da FMP, a saber: Victor Paes de Barros Leonardi, de 67 anos de idade, aposentado pela Universidade de Brasília como professor universitário da área de História, que hoje se dedica à atividade de escritor no Rio de Janeiro. Lino Fontes, morador da cidade de Una, onde exercia a profissão de seringueiro em 1963, e professor da escola João XXIII, organizada pela FMP. Adayrton Costa Leite, funcionário da receita da Prefeitura Municipal de Una no período, hoje com 65 anos. Themir Batista outro entrevistado, que reside em Salvador, atualmente com 70 anos de idade, exerceu a profissão de advogado na cidade. José Carlos da Silva, residente na cidade de Ilhéus, exercendo a profissão de advogado. Luís Neto, escritor de uma coluna no jornal O *Democrata*, na época tinha 18 anos; foi preso em 1967 em Goiânia por "atividades subversivas". Os demais integrantes da FMP faleceram ou não foram encontrados. As entrevistas foram importantes para elucidar questões relativas às táticas utilizadas no dia a dia pelo grupo, e nos permitiram obter informações como esta expressa por Lino Fontes:

A população de Una ouvia atenta Brizola falar na rádio, estava todo mundo às oito horas ligado na rádio dele, parado nas esquinas, falava para todo o Brasil. Os ricos não gostavam de Brizola. A gente ficava indignado, porque aqui em Una o pessoal dos Almeida também era assim, queriam mandar em tudo o tempo todo. Mais naquela época a gente não tava mais disposto a aceitar isso, não é?[4]

As fontes que nos possibilitaram este estudo foram encontradas, em sua maioria, com os entrevistados. Victor Paes de Barros Leonardi mantém um arquivo com documentos sobre a organização em Una. Encontrei em sua casa, no Rio de Janeiro, por exemplo, a Carta de Princípios da FMP de Una e exemplares do periódico *O Democrata*, do qual ele era diretor. Não havia uma coleção completa do jornal, apenas os números de 1 a 5. Segundo o depoente, que não tem certeza sobre os motivos pelos quais não possui todos os exemplares, "as duas últimas edições ganharam tons tão agressivos que talvez depois do golpe de 1964 houvesse o medo de guardá-las", arrisca uma hipótese razoável.

Não há muitos estudos historiográficos sobre a organização de "pequenos" grupos de esquerda na Bahia. Ao explorarmos as fontes sobre a FMP de Una, percebemos que esta não foi a única a atuar no estado no período anterior a 1964. Apesar das fontes escassas, sabe-se que houve organizações diversas de caráter nacionalista e de esquerda em algumas cidades, a exemplo de Cruz das Almas.[5]

Os estudos sobre a FMP de Una permitem refletir sobre a atuação das esquerdas, principalmente na Bahia, desmentindo certa visão historiográfica que supõe ser a Bahia "lugar de atraso social" e estado de "segunda ordem", onde organizações de esquerda não existiram.[6]

Por muito tempo a pesquisa acadêmica rejeitou análises que dessem enfoque à atuação das esquerdas organizadas na Bahia. A pesquisa sobre a FMP de Una se insere na proposta dos novos estudos que recusam generalizações apressadas.

A revisão historiográfica colaborou para o desenvolvimento de estudos sobre a organização de grupos de esquerda no estado, confirmando

A FRENTE DE MOBILIZAÇÃO POPULAR EM UNA - BAHIA (1963-1965)

ter sido a Bahia um dos locais de maior militância dos grupos de esquerda antes e depois do golpe civil-militar de 1964.[7]

Do Rio de Janeiro a Una: a Frente de Mobilização Popular

Em Una, cidade do interior da Bahia, o discurso proferido em 25 de junho de 1963, no serviço de alto-falantes, levou à população o teor das discussões que estavam sendo travadas pelos integrantes da FMP da cidade. A organização foi criada em 7 de junho de 1963, seis meses após a fundação da FMP nacional, no Rio de Janeiro. O objetivo era lutar pelas reformas de base.[8]

> No terreno fértil da consciência dos brasileiros de Una, lançaremos as sementes dos ideais nacionalistas que germinarão e iluminarão o caminho que nos conduzirá a um Brasil melhor. Faremos desta terra uma seara de amor, progresso, onde as sementes da justiça social germinarão livremente, e crescendo já árvore forte abrigará, sob sua frondosa copa, estes filhos que por ela lutaram.

As discussões de propostas de cunho nacionalista estavam presentes na pauta de rádios, jornais e revistas de todo o Brasil da época. Os projetos nacionalistas estavam sendo defendidos pelos movimentos sociais e pelas frentes parlamentares e populares. O nacionalismo, neste momento, configura-se como um projeto de nação que surgiu, principalmente, a partir de meados dos anos 1950 e que teve significativa expressão na FPN.

Leonel Brizola é considerado a maior liderança do nacionalismo na esquerda brasileira neste período. Ele fundou a FMP no início de 1963, quando era deputado federal pela Guanabara. Muitos foram os partidos, organizações e movimentos sociais que integraram a FMP. Ruy Mauro Marini chega a qualificar a FMP como "parlamento das esquerdas", e Daniel Aarão Reis, como "miniparlamento alternativo" construído pelas forças populares alternativas.[9] A FMP nacional teve expansão em todo o Brasil, não se resumindo ao Rio de Janeiro, e isso fez com que Brizola e as esquerdas organizadas em torno da Frente ganhassem cada vez mais força e influência.

A FMP congregava organizações de esquerda que tinham como principal meta as reformas de base. Segundo Jorge Ferreira, em nível nacional, a Frente congregou a UNE e a União Brasileira de Estudantes Secundaristas (Ubes); os operários urbanos com o CGT, a CNTI, o PUA e a Confederação Nacional dos Trabalhadores nas Empresas de Crédito (Contec); o Comando dos Trabalhadores Intelectuais (CTI); os subalternos das Forças Armadas, como sargentos, marinheiros e fuzileiros navais por meio de suas associações; setores mais radicais das Ligas Camponesas; os grupos da esquerda revolucionária como a AP, o POR-T e os setores mais à esquerda do PCB; bem como políticos do Grupo Compacto do PTB e da FPN, parlamentares de esquerda do PSB e do PSP, o grupo político de Miguel Arraes, além dos nacional-revolucionários que seguiam a liderança de Leonel Brizola no PTB.[10]

As propostas formuladas pela FMP ganharam projeção não apenas nas grandes capitais, como também no interior do Brasil. Brizola, representando os anseios das esquerdas em 1963, utilizava a Rádio Mayrink Veiga para suas palestras semanais em nome da FMP.[11] Por meio desta rádio, da qual ele era sócio, o líder nacionalista conclamava: "onde se encontrasse um brasileiro consciente, um nacionalista, um patriota: nos bairros, nas cidades, nas fábricas, escritórios ou campos, o povo deveria se organizar". Brizola fazia discursos inflamados incitando a sociedade a se organizar e exigir as reformas de base para o país. A esta rádio somaram-se outras estações e, assim, seus discursos puderam ser ouvidos tanto nas capitais como no interior dos estados.

Na cidade de Una, os discursos pronunciados por Brizola reverberaram tanto, que em junho de 1963 formou-se a FMP na cidade, tomando como incentivos as palavras do ex-governador gaúcho e a necessidade de mudanças internas no município. Brizola convidava os ouvintes a colaborarem na criação de uma rádio de integração nacional, que refletiria a "opinião e as aspirações do povo". Pregava que a imprensa deveria ser livre, sem sofrer influências do imperialismo e do poder econômico, para levar informações e cultura ao homem da rua, organizando, desta forma, resistência ao imperialismo.

O fato é que Brizola se utilizou de diversos meios de comunicação para falar ao povo. Em fevereiro de 1964, surgiu *Panfleto: o jornal do homem da rua*.[12] Paulo Schilling, então secretário da FMP, em fevereiro de 1964 foi colaborador do jornal que circulou em quase todo o Brasil.[13] Nos meios de comunicação, Brizola incentivava a organização dos Grupos de Onze Companheiros ou Comandos Nacionalistas. Concebidos em outubro de 1963, por iniciativa de Leonel Brizola, a proposta é que fossem formados vários grupos de onze pessoas.[14]

A tática de utilizar diversos meios de comunicação tornou a FMP conhecida de quase todo o Brasil. Pelo rádio, as mensagens chegavam aos analfabetos, através do programa *Rede do Esclarecimento*. Jornais e panfletos também divulgavam os projetos políticos. Desta forma, a diversidade de organizações, inclusive a FMP, agregou e permitiu que grupos surgissem, tanto nas cidades como no campo.

Porém, a Frente de Una diferiu da FMP nacional em alguns aspectos. A começar pela composição. Os integrantes não pertenciam a partidos políticos, nem a movimentos sociais organizados. Eram homens que, além de atentar para os problemas nacionais, buscavam mudanças políticas, sociais e econômicas no próprio município. Congregar forças em torno da FMP era um meio de despertar nas pessoas o anseio para a busca de soluções dos problemas internos, como o analfabetismo, a falta de representação política dos subalternos e a centralização da renda em mãos de poucos.[15]

Diferentemente da FMP nacional, a FMP de Una buscou uma *política de compromissos* no município, ação esta inaceitável entre as esquerdas agrupadas na FMP em nível nacional. A peculiaridade da política em Una fez com que os seus integrantes utilizassem, inicialmente, a moderação política. Poucos foram adeptos da Frente, mas muitos concordavam com seus ideais, de maneira que eram sempre tecidas múltiplas alianças entre os integrantes da FMP e o poder local de caráter tradicional.[16]

A FMP em Una não se autodefiniu, inicialmente, como força política de esquerda. Apesar do caráter reformista, suas propostas poderiam "assustar" parte da população. A FMP era cautelosa quanto às posições que tomava, pois havia uma cultura política conservadora que criava resistência tanto a um novo arranjo político quanto à luta por mudanças estruturais. Era preciso ser prudente diante de tradições conservadoras longamente partilhadas na região.

Percebemos na matéria veiculada pelo jornal *O Democrata* como os militantes da FMP pensavam o "rompimento da ordem" no Brasil.

> As afirmações sinistras de Carlos Lacerda de uma próxima "agostada" não serão desta vez o sinal do mau agouro contra as instituições democráticas, todos os órgãos de vanguarda no país acham-se alertas para agir e reprimir qualquer investida contra a ordem vigente. Seja da direita, seja da esquerda, qualquer alteração dos quadros dirigentes, ou reformulação do regime, com o desprezo dos processos estabelecidos na constituição, será irremediavelmente esmagada a ferro e fogo. Estamos irmanados para que não haja alteração da ordem pública.[17]

A Frente criticava a direita golpista representada por Carlos Lacerda, mas não fazia referência às esquerdas nem se via como tal. Definia-se apenas como organização de homens "progressistas" e nacionalistas, mas que não desejavam o rompimento com a democracia representativa instituída pela Constituição de 1946. Eles defendiam reformas sociais dentro da ordem democrática, tanto para o Brasil como para Una.

Una e a modernização econômica

O município de Una faz parte da região cacaueira, chegando a ser, em alguns momentos do século XX, o segundo maior produtor de cacau da Bahia. No entanto, não é o cacau que aparece como produto de maior importância no terreno econômico. O que destacou o município e fez com que recebesse menções em jornais ao longo dos anos foi sua grande capacidade no cultivo e exportação da seringa. Segundo matéria do *Diário da Tarde*, de 10 de fevereiro de 1943, "Una, a capital da seringa, teve sua borracha examinada pelo presidente do Conselho de Economia Nacional, que a classificou como uma das melhores que existem no mundo".[18]

A fama de "capital da seringa" se alastrava e o município recebia cada vez mais pessoas advindas de outras regiões, além de novas instituições. A partir da leitura dos jornais, percebemos que mais proprietários de terras se instalavam na região e, com isso, novos empregadores. Manuel Pereira de Almeida, fazendeiro e uma das principais lideranças políticas da Una, começou a perder espaço econômico e político. O estado vendia a preços baixos terras ainda devolutas, quando não as doava, na tentativa de aumentar e favorecer a produção de seringa e incentivar empresários a montarem fábricas. Com efeito, após o governo estadual ter doado terras a empresários, foram criadas as fábricas Dunlop e Pneus Generais, que empregaram muitos trabalhadores, colaborando para o aumento da população e da rotatividade econômica de Una. A partir desse momento, diversas pessoas começaram a chegar estimuladas pela oferta de emprego no campo e na produção de pneus.

Com o início de atividades fabris, fez-se necessário um controle mais rígido por parte do estado quanto à arrecadação municipal. Isso promoveu a chegada de instituições fiscalizadoras, que representavam a presença dos governos federal e estadual na cidade. A forma como as pessoas se tratavam foi alterada, e até o tom e o conteúdo das discussões políticas mudaram, o que, segundo Victor Leonardi, deu à cidade um ar de modernidade.[19] Manuel Almeida já não era mais o "doutor" daquelas terras, pois o Poder Judiciário instalado ali em 1958, com o início das atividades no fórum, trazia outros "doutores", os quais detinham poderes legais de julgar e prender quem quer que fosse, inclusive os "coronéis". Os juízes de paz, que eram nomeados pelo prefeito nos distritos, tiveram seus poderes reduzidos e passaram a ficar sob tutela do governo do estado, a partir de 1958. Também a ida e vinda de pessoas se intensificava, gerando, assim, a necessidade de melhoramento nas estradas que ligavam a região do cacau, inclusive as que se limitavam com Una (Ilhéus, Itabuna, Canavieiras, Camacan e Buerarema).

Mapa 1 – Município de Una no estado da Bahia

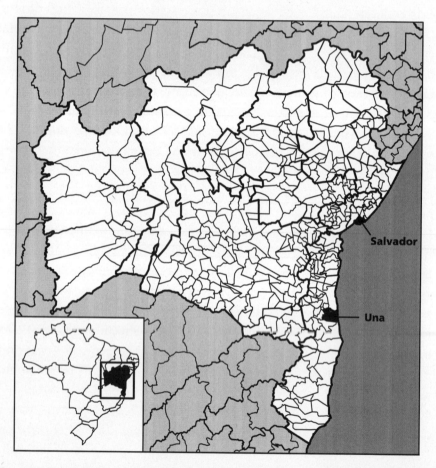

Fonte: Instituto Brasileiro de Geografia e Estatística – IBGE. Divisão territorial do Brasil e limites territoriais. 1º de julho de 2008. Acesso em 4/3/2015.

A partir do melhoramento das vias e dos meios de transporte, foi possível criar e manter uma agência de Correios e Telégrafos em Una,

A FRENTE DE MOBILIZAÇÃO POPULAR EM UNA – BAHIA (1963-1965)

facilitando sobremaneira a circulação, o envio e o recebimento de jornais e informações. O desenvolvimento da região atraiu instituições diversas, tanto da esfera pública quanto privada, que se estabeleceram na cidade. Às coletorias Federal e Estadual, instaladas a partir de 1960, e responsáveis pela arrecadação de tributos e impostos (que antes eram arrecadados pelos funcionários da prefeitura), em 1961 veio se juntar o Banco da Bahia, inauguração de grande importância para os pequenos produtores e comerciantes que desejavam expandir seus negócios e poderiam, agora, pleitear empréstimos junto à nova instituição financeira. O dinheiro, então, já não seria mais emprestado pela empresa Polycultora, cujos sócios pertenciam à família Almeida, o que também colaborou para a diminuição da influência econômica e política do clã.[20]

O estado doou terras devolutas a imigrantes belgas e japoneses para que estes pudessem plantar, colher e comercializar produtos agrícolas. Em vista desta política de concessão de terras e incentivo à imigração, levas de estrangeiros chegaram a Una, perfazendo um contingente de mais de quarenta famílias. Ao produzir e exportar diversos produtos agrícolas, principalmente a seringa, essas famílias contribuíram para interromper o monopólio que a empresa Polycultora detinha até aquele momento, o que consequentemente reforçou a perda do poder da família Almeida.[21]

A chegada de empresários e comerciantes à cidade teve como resultado a criação de empregos e a oportunidade de formação de novos elos políticos. Quando predominava o monopólio da família, havia apenas a possibilidade de trabalhar para Manuel Almeida, o que significava o estabelecimento de um vínculo econômico e, em consequência, a "fidelidade política". O resultado era a existência de uma rede clientelista de apaniguados e correligionários. Novas pessoas, novas empresas e novos órgãos administrativos representavam a chegada de poderes paralelos que podiam interromper a preponderância dos políticos tradicionais. O poder de decisão passou a sofrer cada vez mais a interferência de homens que falavam em nome de autoridades públicas das esferas estadual e federal.

É possível perceber que, no início da década de 1960, esses indivíduos, vindos de cidades diferentes, trazendo sua heterogeneidade, levaram o conhecimento e introduziram as discussões sobre as reformas de base que estavam sendo propostas para o país. No município de Una, trabalhadores urbanos e rurais, camponeses e estudantes passam a organizar encontros nos quais debatiam essas ideias que começavam a ganhar o Brasil.

A necessidade de realização das reformas política, agrária, educacional e as reivindicações por mais democracia e transparência no jogo partidário e eleitoral eram pontos de pauta constantes dos encontros.[22] Jovens e adultos de diferentes perfis passaram a questionar, a partir da realidade local, a ausência de componentes democráticos na política municipal. E organizando-se politicamente, aqueles que antes não tinham voz passaram a reivindicar mudanças locais, sem, no entanto, deixar de fazer críticas e sugestões a aspectos políticos, sociais e econômicos no âmbito da Bahia e do Brasil. A esta organização foi dado o nome de Frente de Mobilização Popular, formada por diversos articuladores unenses e simpatizantes que estavam de passagem e que terminaram por contribuir para que mudanças viessem a ocorrer, sendo decisivas na configuração de alternativas para a constituição de novas formas de exercício do poder.

Una e sua vida política no início dos anos 1960

O município de Una contava com 18.009 habitantes em 1963, segundo dados do IBGE, sendo o maior contingente representado por moradores das áreas rurais.[23] Nas eleições municipais, não havia de fato escolha por parte da população, uma vez que somente uma legenda participava do pleito, sem candidatos alternativos. Este quadro foi alterado apenas nas eleições de 1962, quando dois candidatos disputaram o Executivo, apoiados por forças políticas diferentes.

Não havia partidos políticos consolidados em Una. A União Democrática Nacional (UDN), o PTB e o Partido Social Democrático (PSD) exerciam praticamente a função de legendas presentes para a organização do processo eleitoral, pois os agrupamentos políticos se conformavam mesmo em torno de pessoas e não de partidos, como se pode perceber pela organização política ao redor da figura de Manuel Almeida.

Importavam pouco as propostas políticas encampadas pelos partidos em nível nacional, já que, no plano local, eles serviam apenas para legitimar o processo. Por exemplo, nas eleições de 1962, Manuel Almeida apresentava-se como presidente da UDN, e Armil Almeida, seu filho, presidente do PTB, que seria o partido de oposição. Dois partidos que no plano nacional representariam polos divergentes, mas que, em Una, se encontravam coligados em torno da liderança política de Manuel Almeida. Desse modo, ficava garantido que as eleições se desenvolveriam conforme os interesses do grupo político predominante. O fato de controlar os partidos no município conferiu o pleno comando da política à família Almeida por muito tempo. Para a maioria dos membros do PTB em Una, a base doutrinária da ideologia parecia pouco importar.[24]

Com este jogo partidário de manter controle sobre partidos cujas bases ideológicas teoricamente seriam diferentes, a família Almeida conseguiu eleger todos os prefeitos até pelo menos 1962, quando foi surpreendida pela entrada em cena de um novo partido, o Partido Democrata Cristão (PDC), que, alheio às alianças formadas pelos grupos tradicionais da cidade, criou oportunidades para um novo arranjo político municipal, e abriu caminho para a eleição de candidatos fora da esfera de influência dos Almeida.

O PDC de Una organizou-se sob a liderança de Libberalino Barbosa Souto, considerado por Rosilane Macielo "divisor de águas" na política da cidade.[25] Barbosa trabalhava como escrivão no Cartório de Registro Civil no distrito de Arataca e, em 1959, foi eleito vereador pela UDN. Durante seu mandato no Legislativo, angariou apoio suficiente para lançar sua candidatura a prefeito de Una no mandato de 1963-1967.

O PTB e a UDN, partidos controlados pelo grupo dos Almeida, surpreendidos com uma eleição em que de fato haveria disputa entre concorrentes, não estavam de acordo sobre quem deveria ser lançado como candidato a prefeito, e "isto causou discórdia e divisão no grupo".[26] Mesmo sem consenso, petebistas e udenistas, em aliança, resolveram lançar-se na candidatura de Antônio Andrade, um grande detentor de terras no município.

No entanto, o vencedor foi Libberalino Barbosa, eleito pelo PDC. Tomou posse na Prefeitura em 7 de abril de 1963, e contava com uma base de apoio bastante heterogênea, com fazendeiros, operários e funcionários públicos do Banco da Bahia, da Coletoria Estadual, dos Correios etc. Barbosa foi capaz de conquistar apoio entre pessoas recém-chegadas a Una, as quais detinham influência em razão de funções e cargos que ocupavam. Elas tomaram parte em sua campanha e mais tarde vieram a integrar a Frente de Mobilização Popular.

Uma de suas primeiras medidas teve um caráter principalmente simbólico. Logo que assumiu a Prefeitura mandou derrubar um pé de tamarindo que era símbolo da presença de Manuel Almeida na cidade: a árvore, que havia sido plantada por ele, era seu lugar principal de descanso. Os moradores mais antigos da cidade ainda se lembram do fato.

> Quando derrubaram o pé de tamarindo do dr. Almeida, ih! Aí foi que ele percebeu que perdia o controle da cidade. Libberalino mandou derrubar para construir a ponte que liga Una a Canavieiras, ela ficava bem na cabeceira, podiam ter deixado lá, mais ai! Neste dia eu vi o coronel se ajoelhar, levantar a calça e as mangas da camisa, levantar as mãos pro céu e chorar como criança.[27]

O pé de tamarindo naquele momento representava uma memória política que devia ser apagada, pois outros símbolos de poder seriam criados, sob a égide de um novo grupo. No lugar da árvore foi construída uma obra, a cabeceira da ponte, representando algo de novo e moderno.

O prefeito eleito não havia se manifestado a favor ou contra as reformas de base, mas para muitos foi considerado "um homem de visão mais progressista".

A Frente de Mobilização Popular em Una

Em Una, as atividades da FMP, comparadas ao movimento nacional, iniciadas naquele ano de 1963, possuíam singularidades. Ao nos debruçarmos sobre as ações dos membros da organização e as peculiaridades do lugar onde elas se desenvolveram, perceberemos que a FMP realizou atividades que podem ser consideradas radicais para o lugar, tais como a criação da Escola João XXIII, dedicada à alfabetização de adultos pelo método Paulo Freire, e a distribuição da Carta de Princípios da FMP nas feiras livres. Entre os preceitos defendidos no documento estavam: a) fim do pauperismo e da subnutrição; b) superação do atraso cultural; c) controle do custo de vida; d) necessidade da reforma constitucional quanto ao direito de propriedade; e) extinção do latifúndio e do minifúndio; f) expropriação da propriedade improdutiva; g) necessidade da reforma agrária na proximidade dos grandes centros; e h) combate à atual política econômico-financeira e às relações desiguais com o capital estrangeiro.

A FMP de Una também possuía uma variada composição social abrigando membros de diferentes lugares e de distintas classes sociais. Havia aqueles que eram patrões, mas também os que eram empregados; havia quem quisesse reconhecimento político e também aqueles que lutavam por mudanças políticas, econômicas e sociais; havia quem pretendesse reformas profundas e aqueles para quem pequenas mudanças eram suficientes; havia os jovens, ciosos por novidades, e os nem tão jovens, encantados pelas possibilidades de outro futuro; enfim, a FMP em Una, como de resto a organização nacional, era formada por pessoas de diferentes origens sociais, que representavam uma diversidade de anseios e de expectativas.

Mas que não se pense que tudo que dizia respeito à FMP era novidade. As pessoas já ouviam Leonel Brizola e outros líderes de esquerda através do rádio. Victor Leonardi diz que "poucas pessoas tinham rádio naquela época, mas, às oito da noite, boa parte delas, curiosas, iam para o bar de Bacelar escutar o Brizola falar". O rádio, no entanto, não era o único meio pelo qual elas obtinham informações. As pessoas também passaram a ter acesso a alguns números de periódicos como o *Política Operária*, editado pela Polop. "A circulação se dava através de dois ou três jornais que nós, estudantes, levávamos pra Una, muitos não conseguiam, pois era difícil o acesso", afirmou Leonardi.[28] Além do periódico da Polop, o jornal *Brasil Urgente*, publicado sob a liderança do dominicano frei Carlos Josaphat, colaborou para despertar o debate em torno dos ideais nacionalistas que tiveram maior expressão na formação da FMP de Una.[29]

Antes mesmo que a FMP se tornasse oficial, seus futuros membros apelaram para a criação de um jornal chamado *O Democrata*, que veio a se constituir como importante instrumento de propagação das ideias da FMP, mas não o único. *O Democrata* foi lançado em 7 de abril de 1963, data da posse do prefeito Libberalino Barbosa Souto. "Empossado novo prefeito", esta foi a manchete do primeiro número organizado por aqueles que mais tarde comporiam a FMP de Una.

O jornal é considerado por Victor Leonardi porta-voz da FMP. Segundo suas palavras, "apesar de a Frente ter sido organizada em ata somente no mês de junho de 1963", o periódico já antecipava as ideias nacionalistas. *O Democrata* teve sete edições: da 1ª à 4ª foi quinzenal; da 5ª à 7ª teve sua periodicidade estendida para mensal, pois "começou a ganhar um tom mais radical e assim foi faltando patrocínio".[30] Cada exemplar tinha quatro páginas e custava quinze cruzeiros. Os editores recebiam patrocínio de comerciantes, mas a maior parte dos recursos vinha dos próprios integrantes da Frente. Os anunciantes eram em geral integrantes e simpatizantes que colaboravam com a FMP e faziam propaganda de seus negócios no jornal.

Alguns exemplares eram enviados para Ilhéus e deixados com colegas de faculdade de Leonardi que se encarregavam de distribuí-los. No entanto, a publicação circulava principalmente no município de Una e a distribuição era realizada pelos próprios editores. Victor Leonardi, presidente do periódico e estudante do curso de Direito em Ilhéus, era quem se encarregava de levar o jornal para ser impresso na gráfica e pegá-lo depois de pronto para providenciar a distribuição.

A FRENTE DE MOBILIZAÇÃO POPULAR EM UNA – BAHIA (1963-1965)

As colunas mais importantes do jornal eram: "Tribuna livre", "Nossa opinião", "O mundo em comentários" e "Fatos e sociedade". Nos dois primeiros números, surgidos entre 10 e 25 de maio de 1963, as principais notícias veiculadas foram sobre os novos planos políticos, sociais e econômicos para Una e para a Bahia depois da posse dos novos dirigentes Libberalino Barbosa e Lomanto Júnior, respectivamente prefeito de Una e governador do estado. Expõe-se também o problema do êxodo rural que Una vinha sofrendo, já que, segundo a matéria, "os trabalhadores estavam indo embora para o sul do país, porque vinham sofrendo com as péssimas condições de vida, habitação, saúde e instrução". Diziam eles que "a solução só pode ser dada pelos fazendeiros, quando arrefecerem seu espírito de lucro e despenderem um pouco mais com seus trabalhadores".[31]

Na primeira edição, Leonardi escreveu uma carta ao povo, falando dos princípios do jornal e esclareceu que "não pertencemos a nenhuma facção política e não temos outra ideologia que não a da ordem e do progresso".[32] Percebe-se neste discurso a intenção do jornal em não se alinhar a nenhum grupo político em Una. No entanto, as aspirações sociais sobre as quais escreviam os afastavam dos partidários do grupo político da família Almeida. Não obstante, em nenhum momento, as matérias agrediram moral ou verbalmente os correligionários da família.

Quando da eleição de Libberalino Barbosa em 15 de novembro de 1962, a FMP ainda não existia. Entretanto, percebemos que, apesar de não ter havido apoio oficial dos futuros integrantes da Frente a Libberalino, a maioria o apoiou e confiou em sua política, conforme se pode observar pelas notícias veiculadas no jornal e pela matéria sobre a posse de Barbosa.

Na segunda edição de *O Democrata*, de 25 de maio de 1963, destaca-se a notícia sobre o plano de Libberalino Barbosa para a construção de rede de água e esgoto para os distritos de Arataca, Itatingui e da sede. Além desta matéria, também chama atenção artigo sobre a "política municipalista em ação". O articulista destaca o "espírito democrático" do novo prefeito ao convocar a população para fazer um relatório dos principais problemas do município na área de saúde, educação, transporte, justiça e investimento, para enviar ao governo do estado.

No setor da saúde, descreveu-se a precariedade das instalações médicas quanto a prédio, material e pessoal. No setor educação, verificou-se a situação calamitosa do ensino. Havia apenas 12 escolas, nas quais, dos 22 professores, dois são formados e 20 são leigos. A justiça reivindicou a construção de um fórum que atualmente funciona num lugar impróprio, além da construção de um quartel e uma cadeia pública. No setor rodoviário, solicitou-se a restauração das estradas Una-Canavieiras, Una-Ilhéus e Una-São José e, no setor crédito, reivindicou-se a instalação de um Banco do Brasil para Una.[33]

As notícias em destaque foram estas, mas não se deixou de informar alguns problemas que vinham ocorrendo na área da política, da justiça e da economia no plano nacional.

Como a FMP de Una foi organizada oficialmente em 6 de junho de 1963, então somente a partir da terceira edição de *O Democrata*, lançada em 15 de junho, foi que surgiram notícias relacionadas com o principal objetivo da FMP: a realização das reformas de base. A reportagem em destaque neste número foi: "Goulart presencia discussão em Vitória da Conquista: egoísmo dos cacauicultores e elogio às classes trabalhadoras." A notícia era sobre a ida de João Goulart no dia 30 de maio a Vitória da Conquista para inaugurar a BR-4, Rio-Bahia. A principal crítica foi sobre o posicionamento da comitiva da região cacaueira, cujos integrantes "foram apenas defender seus exorbitantes lucros". Para a redação do jornal, "os únicos dignos de elogios foram os trabalhadores, que entregaram memorial ao presidente reivindicando obras de interesse coletivo, ao contrário da classe produtora".[34]

A defesa por melhores condições de vida e trabalho para os trabalhadores de diversas categorias ganhou destaque nas páginas do jornal, assemelhando-se com as reivindicações que a FMP expressa na Carta de Princípios da organização.[35] Outra reportagem que nos demonstra a valorização dos trabalhadores: "Amazônia: seringalistas andam de

Impala – seringueiros explorados morrem de fome." Na matéria, Djalma Bahia faz revelações acerca da sua viagem ao estado do Amazonas, onde realizou conferências sobre a produção de seringa. Outras notícias também foram veiculadas, demonstrando que o posicionamento político da FMP estava afinado com o discurso das reformas reivindicadas nacionalmente.

Da mesma forma, por meio das páginas de *O Democrata*, os integrantes da FMP buscavam demarcar espaço com os seus adversários políticos mais diretos. Assim explicitava-se que, para eles, os partidários da UDN eram "corvos agoureiros", como na matéria "Queixa contra Carlos Lacerda: governo de orgia". A crítica à política conservadora do governador do Rio de Janeiro, um dos principais representantes da direita no Brasil naquele momento, nos ajuda a entender a posição política da Frente.

Na quarta edição do jornal, de 6 de julho, iniciou-se com mais frequência a divulgação das atividades da FMP. Neste número, destacam-se dois discursos de tons nacionalistas que haviam sido lidos no serviço de alto-falantes de Una por membros do grupo.

> Exmo. Sr. Presidente da Frente de Mobilização Popular, colegas nacionalistas, povo de Una! O Brasil abriga em seu território num mesmo momento histórico as mais absurdas, incongruentes e revoltantes diferenças entre o nível de vida das classes trabalhadoras e das classes produtoras; diferenças injustas e inexplicáveis entre o homem que trabalha e o homem que explora, entre o que dá o suor e o que dá o capital, entre o que tem a fome e o que recebe o prazer, entre o que vive na miséria e o que desfruta do luxo, o que não frequenta escolas e o que é doutor. Acabemos com os privilégios internacionais (...). Deem ao camponês, ao assalariado rural, ao operário os direitos que eles têm e estarão sanadas estas diferenças. Não podemos mais continuar de braços cruzados, conservadores, anônimos indiferentes e acovardados, usufruindo de nossos privilégios. Porque nós também somos privilegiados, por um acidente biológico nascemos num meio que nos permitiu adquirir conhecimento e cultura, para que hoje chegássemos a uma posição melhor. A esta mesma hora, outros milhares de brasileiros levantam as suas vozes con-

tra a injustiça social em nossa pátria. As Frentes Nacionalistas de todo o país, estão unidas, aliadas e irmanadas a esta Frente Nacionalista de Una, e numa só voz ergueram o seu grito de revolta, clamando em tom uníssono pelas reformas de base que urge sejam feitas em nossa terra.[36]

Rapidamente o ambiente se radicalizou. Os integrantes da FMP em Una, nesse momento, não falavam mais em garantir a "ordem pública", mas denunciavam a exploração dos trabalhadores e os privilégios do capital estrangeiro, bem como exigiam reformas imediatas. Ganhando tom cada vez mais contundente sobre a necessidade das reformas de base, a quinta e última edição de *O Democrata*, à qual tivemos a oportunidade de ter acesso, estampou em primeira página crítica a Carlos Lacerda. Com o título "O 'corvo' agoureiro", o texto afirmava que ele dispensa apresentações, "por suas inúmeras traições, e sua representação na vanguarda da extrema direita" da política no Brasil daquele momento. Carlos Lacerda era o pior inimigo da nação para aqueles que se consideravam herdeiros de Getúlio Vargas, tais como Brizola e João Goulart.[37]

Nesta edição, a posição nacionalista estabelecida a favor dos grupos que defendiam as reformas de base e a aliança com políticos que eram tidos como líderes de esquerda, como Leonel Brizola, Miguel Arraes e o presidente da FPN, Sergio Magalhães, foi exposta através da reprodução de três telegramas recebidos pela Frente.

O anúncio sobre a estreita relação que a FMP de Una mantinha com a FMP nacional começou a "assustar" simpatizantes das ideias daquele grupo de homens que eram inicialmente "progressistas", mas depois, como descreve o senhor Mauro Marcolino, "viraram tudo comunista".[38]

A partir do sexto número, o jornal teve sua tiragem diminuída, "por causa do tom insistente e mais radical das propostas da FMP". O radicalismo de esquerda em Una acompanhava o contexto político nacional. Não foi possível encontrar nenhum exemplar do sétimo número: "aquele foi o pior, produzimos discursos bem inflamados a favor das reformas", afirma Leonardi.[39] Vale lembrar que em nenhuma das cinco edições analisadas, curiosamente, Leonel Brizola é citado. João Goulart, por sua vez, é considerado um empecilho para as reformas, de maneira similar à que faziam Brizola e as esquerdas agrupadas na FMP.

Em âmbito nacional, o jornal *Panfleto* e a Rádio Mayrink Veiga foram os responsáveis pelas propostas da FMP, enquanto em Una o periódico *O Democrata* e o programa de rádio chamado *A Voz da Frente* cumpriram papéis semelhantes. A programação na rádio em Una era transmitida todas as noites, durante trinta minutos. Isto aconteceu até o mês de outubro de 1963, quando o programa foi impedido de ir ao ar. Como o serviço pertencia à Prefeitura de Una, o prefeito Barbosa "proibiu que o programa fosse levado adiante".[40]

Barbosa, que apoiou a programação no início de suas transmissões, de repente proibia. Isto significa que o poder local, naquele momento, mesmo representando uma "nova" política no município, deixava ver que era regido pelo caráter conservador das gestões anteriores. O ambiente político era de polarização crescente e o prefeito, demonstrando prudência, estava evitando se envolver com projetos radicais da esquerda. A FMP de Una passou a enfrentar dificuldades nos últimos meses de 1963, como a falta de apoio para o jornal *O Democrata* e a proibição do funcionamento do *Voz da Frente*. Contudo, apesar dos problemas, a Frente criou outras iniciativas para "conscientizar" a população de Una. A inovação foi na área educacional, com a fundação da Escola João XXIII, que tinha como principal objetivo alfabetizar adultos. Lino Fontes, professor de Português e integrante da FMP, descreve o que significou a formação da escola para ele.

> A gente fundou logo a Escola João XXIII e estavam no auge as ligas camponesas e as encíclicas, não é? Eu estou agora lembrando da gente lá dando aula, era bom demais. Quando eles ficaram sabendo vieram me perguntar. Um dia, Armil Almeida chegou para mim e disse: "que escola é essa aí que vocês estão dando aula, hei?" Eu só respondi que era uma escola normal, e ele era o capitão dali. O Dr. Almeida estava velhinho demais, quase uns 80 anos já. Era ele que mandava mesmo, os outros depois eram mais maleáveis (...). A escola era para os jovens, uns iam, outros não iam não, porque ain-

da tinham medo. Era uma escola pra orientar politicamente. A gente conseguiu promover uma abertura política. (...) Porque antes tudo gravitava em torno dos Almeida, a Prefeitura era uma extensão dos negócios da família. A população era sufocada (...) existia ali uma dominação plena e absoluta.[41]

As aulas na escola eram noturnas, pois a maioria dos alunos trabalhava na área rural. O espaço utilizado pertencia à Estação Experimental, cujo diretor era Djalma Bahia; e o material para estudo era doado. O nome do papa João XXIII, com que foi batizada a escola, dá-nos uma indicação de sua relação com os novos ideais religiosos surgidos dentro da Igreja Católica, com o chamado "clero progressista", do qual João XXIII foi considerado um dos precursores.

No início da década de 1960, há o fenômeno da aproximação de setores católicos com o marxismo. A organização de grupos como a Juventude Universitária Católica (JUC) e Ação Popular (AP) dentro da tradição católica aproxima religião e política neste momento no Brasil.[42] O jornal *O Democrata* reflete esta relação ao comunicar a indignação dos membros da FMP quanto ao aprisionamento do padre Alípio, vindo de Portugal, e que no Brasil colaborou com as atividades da AP. A matéria intitulada "Preso e incomunicável o padre Alípio" dizia:

> Tendo em vista a recente prisão e expulsão do país do padre Alípio de Freitas, líder católico nacionalista e progressista, que no Nordeste batalhava pelos direitos do povo, seguindo as próprias normas e diretrizes da Igreja Católica promulgada pelo papa, os estudantes baianos, através do seu órgão máximo, UEB, enviaram material ao presidente João Goulart. Nele expressam sua repulsa pela medida tomada pelo ministro da Guerra, Amauri Kruel, causador do aprisionamento dos valores do povo, num flagrante desrespeito às liberdades democráticas. Os estudantes baianos unem-se ao povo e exigem a imediata restituição da liberdade do sacerdote e sob nenhuma hipótese permitirão a sua expulsão do país. Os estudantes estão alertas, unidos aos operários, camponeses e católicos, em face das tentativas golpistas das forças reacionárias e entreguistas do país, e exigem sua total liberdade de pensamento, garantias de nossa constituição.

A FRENTE DE MOBILIZAÇÃO POPULAR EM UNA – BAHIA (1963-1965)

A união entre operários, camponeses e católicos é destaque nos textos escritos para o jornal sobre a situação política do Brasil.

Outro importante documento é a "Carta de Princípios da FMP de Una". Nela, estava exposta a compreensão da Frente em torno dos seguintes aspectos: povo, inflação, desenvolvimento econômico, defesa do monopólio estatal, defesa das garantias do homem do campo, reforma agrária, remessa de lucros ao exterior e as opiniões sobre o capitalismo e a imprensa. A carta foi assinada por oito membros e distribuída em forma de panfleto para a população, no dia 6 de junho de 1963, quando foi formalizada a organização da FMP de Una.[43]

A FMP de Una e seus líderes

Beroaldo Dalto de Castro chegou a Una em 1957, como presidente da Coletoria Federal. Ele era responsável pela arrecadação de impostos que antes eram cobrados por funcionários públicos municipais, e também foi o presidente da FMP na cidade onde morou até 1964. Durante o tempo de atuação da FMP, Castro foi o único presidente da organização, sendo o responsável pela parte burocrática do grupo, por organizar as atas, enviar telegramas, solicitações e convites à Câmara Municipal e à população em geral.

Os cargos de presidente e secretário eram os únicos que existiam na composição da Frente. Luís Neto, estudante secundarista, foi secretário da FMP em 1963, quando tinha 19 anos. Colaborador do jornal *O Democrata*, escreveu artigos falando da força dos estudantes e sua importância política. Da pena do jovem Luís Neto surgiu o texto abaixo:

> A mocidade estudantil nesta época já não se preocupa mais em ir para os seus cantinhos tradicionais cantar, prosar e, na boemia mansa dos cafés, poetizar as dores da nação. Hoje se preocupa firmemente, a ética, como a conquista do bem-estar social [sic]. Veja-se, por exemplo, a situação política atual da nossa pátria: necessitamos de reformas, principalmente a agrária. (...) É por isso que mesmo que não agrade aos se-

nhores da reação, a mocidade estudantil participa da vida pública. Ela é uma força a mais ao que está errado, ela não pode cruzar os braços e assistir ao enterro das últimas esperanças.[44]

Atualmente, Luís Neto reside no estado da Paraíba e diz não se lembrar muito das coisas que escrevia. Saiu de Una com Victor Leonardi, em março de 1964, para trabalhar em uma agência bancária, em São Paulo. Depois de 1965, resolveu ir também com o amigo Victor Leonardi para Anápolis, em Goiás, onde começou a participar das atividades da AP. Em 1967, foi preso por 27 dias acusado de pichar muros com frases do tipo "abaixo a repressão".

Depois que saiu da prisão, Luís Neto foi levado por Graciano Arantes, irmão de Aldo Arantes (presidente da UNE durante o governo João Goulart), para Minas Gerais. Passou uma temporada no estado em diferentes casas de parentes e amigos, pois sabia que estava sendo procurado. No início da década de 1970, voltou à região para trabalhar no Banco do Amazonas, na cidade de Itabuna, sendo surpreendido no ano seguinte por uma demissão do banco. "Quando procurei saber, era a Assessoria de Segurança e Informação – ASI que havia mandado me demitir, porque eles descobriram as acusações contra mim em Goiás."[45]

A atuação de estudantes de nível secundário e superior nas atividades da FMP unense foi constante, denotando que as discussões sobre as reformas sociais eram latentes em diversos espaços da sociedade. Ainda em 1963, há o anúncio sobre a organização do primeiro grêmio estudantil do Colégio Municipal Alice Fuchs de Almeida (CMAFA).[46]

> Encontra-se em franca atividade o grêmio de nosso ginásio sob a orientação ativa e eficaz do estudante José Carlos da Silva, aluno da quarta série daquele estabelecimento de ensino. Segundo entrevista com o líder estudantil José Carlos, sabemos de sua ideia de promover reuniões e debates com os estudantes, aumentando-lhes assim o espírito de grupo e incentivando-os ao estudo e à cultura. Pretendem fazer conferências de caráter cultural, de divulgação e inclusive visitas a outras cidades. Os

A FRENTE DE MOBILIZAÇÃO POPULAR EM UNA – BAHIA (1963-1965)

estudantes licenciados este ano irão em caravana no mês de julho para Minas Gerais e Rio de Janeiro.[47]

José Carlos da Silva chegou a Una em 1960, procedente de Ilhéus, para trabalhar como caixa no Banco da Bahia. Atuou na Frente como militante até o início do ano de 1964, quando resolveu voltar a sua terra natal para graduar-se pela Faculdade de Direito de Ilhéus (FDI). Durante o tempo que morou em Una, participou da confecção do jornal *O Democrata*, foi seu redator-chefe e um dos fundadores do periódico. Ele descreve assim sua atuação:

> Ah, era um tempo bom, a gente menino ainda, estudante. Aquele clima no Brasil. Pense aí eu saindo de Ilhéus e chegando a Una. (*Risos.*) (grifo nosso) Tomei um susto. Era algo inacreditável aquela política. Era um feudalismo o que viviam ali. Mas nós tínhamos consciência do que acontecia em Una. A gente só queria provocar um pouquinho de mudanças. O jornal era a nossa distração naquele lugar. Quando cheguei lá, ainda bem que encontrei gente como o Victor Leonardi, o "cabeção". Lembro-me de Victor dizendo: vamos colocar um lema no jornal, algo que deixe eles (os Almeida) bravos, por isso ele escolheu, "no homem do campo estão as esperanças do povo". (...) Eu vim embora em 1964, Victor ainda ficou lá, ele agitava as massas, mas com o golpe militar tudo mudou, mas eu não me lembro de muita coisa não.[48]

Victor Paes de Barros Leonardi, a quem José Carlos Dias refere-se como o "cabeção", foi o diretor do jornal *O Democrata*. Chegou a Una em 1960, incentivado por seu pai, que tinha ouvido falar que em "Una tudo o que se planta dá". O pai, fora colega de Acyr Almeida (filho de Manuel Almeida) na Faculdade de Medicina da Bahia. Leonardi, então, obedecendo aos conselhos do pai, comprou uma fazenda em Una para plantar seringa. No entanto, a fazenda "não prosperou", pois ele "não tinha jeito para ser fazendeiro". Gostava mesmo era da área jurídica. Em Una, o jovem Leonardi resolveu cursar Direito na Faculdade de Direito de Ilhéus. Ia para Una sempre nos finais de semana. Na faculdade, participou do Diretório Acadêmico do curso e foi a diversas reuniões da UNE pelo Brasil. Desde o tempo da faculdade fazia parte das reuniões da Polop, mas apenas no início de 1964, já em São Paulo, tornou-se membro oficial da organização.

Leonardi saiu de Una entre fevereiro e março de 1964. Na ocasião, desistiu das atividades na fazenda, e se exilou em dezembro de 1964 no Uruguai, passando por diversos países da América Latina até chegar à França, onde trabalhou como intérprete do movimento estudantil daquele país.

Apesar de ter sido recebido em Una por um membro da família Almeida, Victor Leonardi não se aliou ou se submeteu a eles.

O perfil de Themir Batista nos proporciona observar como as relações políticas em Una tornavam-se mais tênues. Batista foi advogado da Prefeitura de Una ainda na gestão de Carlos Cincurá (1959-1962). Trabalhou também em prol das iniciativas da FMP e colaborou principalmente nos trâmites legais de organização do Sindicato dos Trabalhadores do Campo e do Sindicato dos Trabalhadores da Construção Civil de Una.

Quando se analisam os vários integrantes da FMP, como Celso da Conceição, funcionário concursado da agência dos Correios, ou Paulo Fontes, nomeado Coletor Estadual, pode-se perceber que na composição da Frente havia heterogeneidade. Estes homens, mesmo que desenvolvessem funções diferentes em atividades bastante diversas, se uniram em prol de um projeto de nação e de cidade. Em março de 1964, tiveram suas atividades políticas paralisadas e cerceadas pelo golpe civil-militar daquele ano.

Algum tempo depois, em dezembro de 1965, alguns integrantes da FMP foram vítimas de acusações diversas por um grupo político que, apesar de ter perdido influência, ainda existia na política unense.

Una após o golpe civil-militar de 1964

Após o golpe de 1964 a FMP de Una se desestruturou. O jornal *O Democrata* não foi mais editado, *A Voz da Frente* havia sido fechada pelo

A FRENTE DE MOBILIZAÇÃO POPULAR EM UNA – BAHIA (1963-1965)

prefeito Libberalino Barbosa Souto e alguns membros da organização já haviam deixado a cidade, como José Carlos Dias, Victor Paes de Barros Leonardi e Luís Neto. Além disso, a organização passou a ser taxada de comunista por alguns integrantes da Câmara de Vereadores, o que gerou discussões e rivalidades políticas.

Djalma Bahia, ex-integrante da FMP, vereador eleito para o mandato de 1963-1966, diante de acusações sobre o caráter subversivo da FMP, fez a seguinte defesa na Câmara, no dia 7 de abril de 1964, primeira sessão ordinária depois do golpe civil-militar de 1964.

> Aqueles que neste município acompanhavam as diretrizes traçadas pelo governo federal destituído do poder pelas forças democráticas da nação, no campo político, administrativo, econômico e social o faziam de boa--fé, pelo engrandecimento do município, não adotando jamais a ideia *comunizante* do país. O que realmente desejavam e tudo faziam era no sentido de reivindicar para Una recursos e providências capazes de acelerar o seu desenvolvimento, consequentemente a prosperidade do seu povo. As suas atividades nada mais eram do que reivindicações justas e admissíveis em prol do município, como seja a criação de uma agência do Banco do Brasil na nossa cidade e outras semelhantes, de vital interesse para o município e para sua população laboriosa e ordeira, cuja preocupação constante é o trabalho. De maneira alguma refletiam nas suas atividades ideias *comunizantes*, pois, além de não rezar pela cartilha dos vermelhos, pertencia a outra sociedade que condena veemente o comunismo. E lança o seu protesto contra as insinuações capciosas naturalmente arquitetadas, por quem nada tem feito e nada quer fazer por este município e a tudo se opõe (grifos nossos).[49]

Logo em seguida, João Queiroz, vereador e presidente do Partido Democrata Cristão, argumentou sua defesa em favor dos integrantes da FMP.

> Há tempos atrás, um grupo de homens progressistas tiveram [sic] a ideia de fundar aqui uma organização denominada Frente de Mobilização

Popular. Dentro do espírito que orienta aquela organização desejavam tão somente reivindicar benefícios para esta terra, levando em consideração o que constantemente anunciavam o governo e os seus porta-vozes pelo rádio. Alheios, talvez, aos verdadeiros propósitos que animavam as autoridades da república na sua maioria ou políticos altamente colocados na esfera política. Deste modo, eles reivindicavam para o município tudo que pudesse trazer benefício para seu povo. Bateram-se na criação de uma agência do Banco do Brasil nesta cidade para facilitar ao pequeno agricultor, bateram-se pela construção do nosso ginásio; movimentaram-se pela construção da nossa hidrelétrica etc. Acredito que nenhum deles tinha parte com os vermelhos. Tanto assim que, após os acontecimentos que puseram nus fatos contrários a nossa formação moral e cristã, satisfeitos ficaram por ver o Brasil livre de uma lepra: o comunismo. Agora o que devemos é trabalhar tranquilos dentro da nova ordem, para prosperar e engrandecer o Brasil, a Bahia e a terra onde vivemos, hipotecando também irrestrita solidariedade aos governadores Ademar de Barros, Carlos Lacerda, Magalhães Pinto e Ney Braga, sobretudo às nossas gloriosas Forças Armadas, que patrioticamente defenderam a Democracia brasileira.[50]

Após o golpe, a situação alterou-se radicalmente com a instalação de um clima de perseguição que, ao mesmo tempo que reprimia constantemente as organizações de esquerda, proibia qualquer manifestação de apoio e solidariedade às lutas e aos movimentos populares. Quem seguisse nessa direção era taxado de comunista. Uma verdadeira batalha discursiva de acusação e defesa estabeleceu-se entre vereadores da política tradicional e vereadores que compunham ou eram simpatizantes da FMP. Muitas destas acusações mais tarde serviram também para menosprezar o governo de Libberalino Barbosa Souto, sendo a Câmara lugar privilegiado dessa disputa.

Os vereadores que não apoiavam a administração enviavam constantes notas aos jornais denunciando práticas de improbidade administrativa da gestão de Libberalino Barbosa Souto, acirrando as discussões no plenário da Câmara. A primeira denúncia contra o prefeito foi feita em 17 de junho de 1964, quando o major comandante da Guarnição

Federal de Ilhéus visitou o município requerendo as prestações de contas do prefeito.[51]

Os cinco vereadores fizeram o pedido de impeachment. Os fatos foram comunicados à Promotoria Pública, que imediatamente dirigiu-se a Ilhéus para informar ao juiz substituto, para que fossem tomadas as providências devidas. O afastamento de Libberalino Barbosa ocorreu no dia 4 de dezembro de 1965.

Considerações finais

Naquela experiência histórica, a FMP de Una representou o esforço conjunto de um grupo de pessoas que, mesmo sendo de diferentes partidos, resolveu lutar pelo ideal nacional-reformista. A denominação como Frente revelou-se uma tática interessante, ao permitir a reunião não apenas de adeptos de diversos partidos como também de várias pessoas sem vinculação partidária.

Destacamos ainda as nuances entre a FMP de Una e a FMP nacional. Percebemos que uma *política de compromissos* em Una foi possível, importante e necessária, considerando-se as características da cidade e o predomínio de uma população conservadora. A FMP de Una e a FMP nacional estiveram em comum acordo quanto às iniciativas das reformas de base. No início das atividades em Una, a FMP usou um tom moderado nos primeiros meses, para obter o reconhecimento da população. Logo após, radicalizaram e afinaram seus discursos ao da FMP nacional.

Lembremo-nos também que, em Una, apesar de o nome de Leonel Brizola ter aparecido poucas vezes no jornal *O Democrata*, seus pronunciamentos no rádio eram acompanhados pelos integrantes do movimento, ou seja, Brizola foi reconhecido neste cenário como um importante líder da FMP nacional, como o centro de forças para a qual todas as frentes do país deveriam se unir.

Finalizando, cumpre-nos reafirmar a importância da FMP de Una como mais uma organização de esquerda que, embora afinada com as ideias e projetos gerados nos grandes centros políticos do país, não foi mero reflexo ou extensão deles. A FMP de Una tinha suas próprias especificidades que estavam além da experiência do eixo Rio-São Paulo.

Notas

1. *O Democrata*, n. 4, Una, 6/7/1963.
2. HOBSBAWN, Eric. J. *Nações e nacionalismo desde 1780: Programa, mito, realidade*. Rio de Janeiro: Paz e Terra, 2008, p. 18.
3. PETERSEN, Silvia Regina Ferraz. "Cruzando fronteiras: As pesquisas regionais e a história operária brasileira". In: ARAÚJO, Angela M. C. (org.). *Trabalho, cultura e cidadania: Um balanço da história social brasileira*. São Paulo: Scritta, 1997, pp. 85-103.
4. FONTES, Lino da Silva. Entrevista concedida a Soanne Cristino Almeida dos Santos em 30/5/2007.
5. OLIVEIRA, Heber José Fernandes. "A Frente Nacionalista em Cruz das Almas". Comunicação apresentada no XXIII Ciclo de Estudos Históricos. Universidade Estadual de Santa Cruz, 2009.
6. SAMPAIO, Consuelo Novais. *Poder e representação: O Legislativo da Bahia na Segunda República, 1930-1937*. Salvador: Assembleia Legislativa, 1992, p. 57.
7. Sobre a esquerda na Bahia, ver os trabalhos de: SERRA, Sonia. "*O Momento*: História de um jornal militante". Salvador: Dissertação de mestrado, UFBA, 1987; VAZQUEZ, Petilda Serva. "Intervalo democrático e sindicalismo. Bahia – 1942/1947". Salvador: Dissertação de mestrado, FFCH/UFBA, 1986; DIAS, José Alves. "Poder local e repressão na conjuntura do golpe civil-militar de 1964". In: AGUIAR, Edinalva Padre (Org.). *Política: O poder em disputa: Vitória da Conquista e região*. Vitória da Conquista: Museu Regional de Vitória da Conquista/Uesb, 1999. Sobre trabalhos que contemplam os projetos de esquerda na Bahia, ver: DIAS, José Alves. "A subversão da ordem: Manifestações de rebeldia contra o regime militar na Bahia 1964-1968". Salvador: Dissertação de mestrado, UFBA, 2001; BRITO, Maurício. "Capítulos de uma história do movimento estudantil da UFBA". Salvador: Dissertação de mestrado, UFBA, 2003, 133 f; SANTOS, Andréa Cristiana. "Memórias da resistência: Perfil biográfico dos desaparecidos políticos baianos na guerrilha do Araguaia". Salvador: Dissertação de mestrado, UFBA, 2001, 145 f; SANTANA, Cristiane Soares. "Maoismo na Bahia (1967-1970)". Salvador: Dissertação de mestrado, UFBA, 2009, 135 f; SILVA,

Albione Souza. *O caráter socialista da gestão de Euclides Neto no município de Ipiaú (1963-1967)*. Ilhéus: UESC, 2003; FERREIRA, Muniz. "O golpe de 1964 na Bahia". *Clio: Revista de Pesquisa Histórica*. Recife: UFPE, vol. 1, n. 22, 2004, pp. 85-101; SENA JÚNIOR, Carlos Zacarias F. de. "Os impasses da estratégia: Os comunistas e os dilemas da união nacional na revolução (im)possível (1936-1948)". Recife: Tese de doutorado, UFPE, 2007; LINS, Marcelo da Silva. "Os vermelhos nas terras do cacau: A presença comunista no sul da Bahia (1935-1936)". Salvador: Dissertação de mestrado, UFBA, 2007, 135 f.

8. Pronunciamento reproduzido no jornal *O Democrata* de Una, edição de 6/7/1963. Sua circulação teve início no município em 10/5/1963.
9. A expressão "parlamento das esquerdas" encontra-se citada em DELGADO, Lucília de Almeida Neves. *PTB. Do getulismo ao reformismo (1945-1964)*. São Paulo: Marco Zero, 1989, p. 236; e a definição da FMP como parlamento alternativo está em *In*: FERREIRA, Jorge; REIS FILHO, Daniel Aarão (Orgs.) em *Nacionalismo e reformismo radical (1945-1964)*. (Coleção As esquerdas no Brasil, vol. 2). Rio de Janeiro: Civilização Brasileira, 2007, p. 35.
10. FERREIRA, Jorge. "A estratégia do confronto: A Frente de Mobilização Popular". *Revista Brasileira de História*. Dossiê: Brasil, do ensaio ao golpe, 1954-1964. São Paulo: Associação Nacional de História, ANPUH, n. 47, 2004, pp. 181-212.
11. Bandeira, Moniz. *Brizola e o trabalhismo*. Rio de Janeiro: Civilização Brasileira, 1979.
12. Sobre o jornal *Panfleto*, ver: FERREIRA, Jorge. "*Panfleto* – as esquerdas e o 'jornal do homem da rua'". *Varia História*, vol. 26, n. 44, 2010.
13. SCHILLING, Paulo. *Como se coloca a direita no poder*, vol. 1. Os protagonistas. São Paulo: Global, 1979.
14. Sobre o Grupo dos Onze, ver: FERREIRA, Jorge. "Leonel Brizola, os nacional-revolucionários e a Frente de Mobilização Popular". *In*: FERREIRA, Jorge e AARÃO REIS, Daniel. *As esquerdas no Brasil. Nacionalismo e reformismo radical (1945-1964)*. *Op. cit*.
15. Trago o conceito de subalterno aqui, segundo a concepção de GRAMSCI, A. *Cadernos do cárcere*. 2. ed., vol. 5. Rio de Janeiro: Civilização Brasileira, 2002. Caderno n° 25, pp. 131-45.
16. O uso da tática é a arte dos fracos. CERTEAU, Michel de. *A invenção do cotidiano*: 1. Artes de fazer. Petrópolis: Vozes, 1994, p. 101.
17. "O CORVO agoureiro". *O Democrata*. Una, 6/7/1963.
18. "UNA, a capital da seringa". *Diário da Tarde*, 10/2/1943, p. 3.
19. LEONARDI, Victor Paes de Barros. Entrevista concedida a Soanne Cristino Almeida dos Santos em 8/12/2008.

20. A empresa Polycultora foi fundada em 1924 por Manuel Pereira de Almeida na cidade de Una, mas teve filial em Salvador. Detinha o monopólio da venda de produtos agrícolas para exportação, e funcionou até 1966, quando declarou falência.
21. Cf. RUSCIOLELLI, Alexandre. *Os belgas na cidade de Una*. Ilhéus: Uesc, 2002. TCC em História, 130 f.
22. LEONARDI, Victor Paes de Barros. Entrevista concedida a Soanne Cristino Almeida dos Santos em 8/12/2008. Assim como no de Victor Paes, a informação também foi confirmada nos depoimentos de Lino Fontes, Adayrton Leite e José Carlos da Silva.
23. Instituto Brasileiro de Geografia e Estatísticas – IBGE. Mostra também que destes 18.009, estavam divididos entre 2.545 moradores urbanos e 15.464 na zona rural. E no total o município tinha 3.648 domicílios.
24. Assim como em Una, nas eleições para o estado da Bahia não foi diferente. Lomanto Júnior (governador eleito para o período de 1963-1967) organizou uma campanha na qual também agrupou a UDN e o PTB, principais adversários na política nacional.
25. SILVA, Rosilane Maciel. "O coronel Manuel Pereira de Almeida e a formação do município de Una". Ilhéus: Uesc, 2001. TCC em História, p. 35.
26. O trecho entre aspas faz parte do discurso de Carlos Antônio Cincurá de Andrade, último prefeito que se elegeu (1959-1962) com o apoio hegemônico da família Almeida e de seus correligionários.
27. SOUSA, Natan Mendes. Entrevista concedida a Soanne Cristino Almeida dos Santos em 5/5/2007.
28. Victor Paes de Barros Leonardi foi integrante da FMP de Una e estudante de Direito em Ilhéus. Depois do golpe civil-militar, Leonardi ingressou na Polop. Voltou ao Brasil em 1979 com a lei da anistia e passou a lecionar no curso de História da Universidade de Brasília (UnB). Escreveu 14 livros no Brasil, muitos deles traduzidos no exterior.
29. *Brasil Urgente* foi um jornal lançado em 17/3/1963, editado em São Paulo por freis dominicanos com ideais de esquerda que provocaram mudanças progressistas dentro da Igreja Católica.
30. LEONARDI, Victor Paes de Barros. Entrevista concedida a Soanne Cristino Almeida dos Santos em 8/12/2008.
31. *O Democrata*. Una, 10/5/1963, p. 3.
32. Texto de Victor Leonardi escrito para *O Democrata*.
33. *O Democrata*. Una, 25/5/1963, p. 2.
34. *O Democrata*. Una, de 15/6/1963, p. 1.
35. Carta de Princípios da Frente de Mobilização Popular de Una, 15/6/1963.

36. O primeiro discurso proferido no dia 18 de junho está transcrito no jornal *O Democrata*, na p. 2. E o segundo discurso foi realizado no dia 25 de junho às 20h30 no serviço de alto-falantes e encontra-se na p. 3.
37. SCHILLING, Paulo. *Op. cit.*, p. 15.
38. MARCOLINO, Mauro. Entrevista concedida a Soanne Cristino Almeida dos Santos em 10/4/2009.
39. LEONARDI, Victor Paes de Barros. Entrevista concedida a Soanne Cristino Almeida dos Santos em 8/12/2008.
40. _____. Entrevista concedida a Soanne Cristino Almeida em 8/12/2008.
41. SILVA, José Carlos. Entrevista concedida a Soanne Cristino Almeida dos Santos em 21/11/2007.
42. A Juventude Universitária Católica (JUC) passa a questionar aspectos das ideias dominantes na Igreja, como a passividade política diante da ordem estabelecida, sendo influenciada por discussões teóricas dentro da própria Igreja. Cf. Ridenti, Marcelo. "Ação Popular: cristianismo e Marxismo". *In*: RIDENTI, Marcelo e AARÃO REIS, Daniel (orgs.). *História do marxismo no Brasil: Partidos e organizações dos anos 1920 aos 1960.* Vol. V. Campinas: Editora da Unicamp, 2007. Quanto à Ação Popular, vale destacar que foi formada a partir dos quadros da JUC, constituindo-se em fevereiro de 1963, em Salvador, a realização do seu primeiro congresso e a publicação de seu documento-base, que traz as propostas políticas do grupo. Cf. REIS FILHO, Daniel Aarão e SÁ, J. F. de. *Imagens da revolução: Documentos políticos das organizações clandestinas de esquerda de 1961-1971.* São Paulo: Expressão Popular, 2006.
43. A Carta de Princípios da Frente de Mobilização Popular de Una foi encontrada em arquivo pessoal de Victor Paes de Barros Leonardi.
44. *O Democrata*. Una, n° 5, 10/8/1963.
45. Luís Neto. Entrevista concedida a Soanne Cristino Almeida dos Santos em 7/6/2010.
46. OLIVEIRA, Magali. *O Colégio Municipal Alice Fuchs de Almeida.* Ilhéus: Uesc, 2006. TCC em História, 70 p.
47. "GRÊMIO do ginásio em plena atividade". *O Democrata*. Una, n° 2, 25/5/1963, p. 2
48. SILVA, José Carlos. Entrevista realizada em 21/11/2007.
49. Ata da Câmara Municipal de Una, 7/4/1964, livro n° 5, f. 27.
50. Ata da Câmara Municipal de Una, 7/4/1964, livro n° 5, f. 28.
51. "MAJOR da Guarnição Federal visita o município de Una". *Diário da Tarde*, 17/6/1964, p. 8.

CAPÍTULO 5 As duas faces de Jano: As esquerdas
trabalhistas de San Tiago Dantas e Brizola
Gabriel da Fonseca Onofre

Sim, caro leitor. Jano. Mas bem poderia ser as duas faces de Jango, ou melhor, as duas faces do governo do presidente João Goulart diante do movimento trabalhista. Ou ainda, poderíamos dizer, as duas expressões do PTB em sua Presidência. Mas, primeiro, vamos explicar o porquê de escolher a figura mitológica de Jano para ilustrar o título do capítulo. Exceção no panteão romano, uma vez que não possui correspondente na mitologia grega, este deus apresenta em todas as suas representações uma imagem com duas caras que apontam em direções opostas. Revela-se assim uma figura ambivalente de rostos contrapostos. A forma singular de Jano estava relacionada à sua função: era o porteiro do céu. Era identificado, dessa forma, como um deus dos começos, das transições e passagens. Guardião das portas divinas, seu prestígio levou seu nome aos calendários de Numa Pompílio, ao juliano e ao gregoriano, nomeando o mês de janeiro. Capaz de olhar para dois lados simultaneamente, Jano situa-se na posição de conectar duas realidades distintas, de fazer a mediação entre duas esferas diferentes ou dois caminhos. É neste sentido, com suas duas faces mirando direções opostas e seu papel como o mediador entre dois caminhos, que o escolhemos como metáfora para a hipótese de nosso capítulo: Jango é Jano.

Ou melhor, João Goulart pode assim ser interpretado por ter buscado desempenhar, sem sucesso, no final do ano de 1963 e início de 1964, o papel de mediador entre as duas vertentes principais do trabalhismo do período – o nacionalismo revolucionário de Leonel Brizola e o reformismo liberal-democrático de San Tiago Dantas,[1] intentando com isso preservar sua posição de liderança das forças populares; lugar este cada vez mais ameaçado. O trabalhismo reformista de San Tiago Dantas diferenciou-se basicamente do trabalhismo revolucionário de Brizola pela defesa da aprovação das reformas pelo Congresso Nacional como meio e da democracia representativa como fim em seu projeto político.

O objetivo aqui será menos analisar a atuação de Jango – suas ações, estratégias e hesitações – do que examinar os dois lados da esquerda para os quais ele se voltou. Interessa-nos investigar as duas esquerdas que disputavam espaço no campo trabalhista, centrando para isso o estudo nas figuras de Brizola e San Tiago Dantas, suas rivalidades e disputas – políticas e ideológicas. Tentaremos demonstrar também a tensão existente entre as duas correntes trabalhistas e seu papel na dinâmica política e na correlação de forças do governo, crucial para os rumos adotados pelo presidente Goulart, bem como pela oposição conservadora.

Apontaremos que, num primeiro momento, Jango aproximou-se de San Tiago, decidindo se por um processo de reformas pactuadas e negociadas pelos partidos políticos no Congresso. Nesta empreitada, produziu duas investidas: uma no plano da economia, o Plano Trienal, e outra na política, a Frente Progressista. Veremos que com o insucesso da estratégia reformista mais moderada, em parte provocada pela oposição dos setores brizolistas, mas principalmente resultado da hostilidade dos setores conservadores, Jango, temendo perder a liderança das forças populares e de esquerda, voltou-se para Brizola. No presente capítulo, o foco estará nas disputas entre as duas esquerdas trabalhistas e seu impacto sobre os rumos do governo João Goulart.

O governo João Goulart

No dia 7 de setembro de 1961, João Goulart tomou posse como o 24º presidente da história brasileira. Sua chegada ao poder despertou a esperança de grande parte da esquerda. Superada a crise militar em torno da disputa pela Presidência após a saída de Jânio Quadros, Jango rapidamente passou a sofrer com a pressão dos grupos nacionalistas e de esquerda pela implementação de reformas sociais e econômicas. De acordo com Jorge Ferreira,[2] ao assumir o governo, Jango teve que responder ao programa histórico das esquerdas, defendido por ele próprio desde o início de sua carreira política nos anos 1950: as reformas de base. Muito difundida, discutida e polêmica, a expressão "reformas de base" significava um conjunto de iniciativas que tinham como objetivo revolucionar as estruturas políticas, econômicas e sociais do país, promovendo o desenvolvimento econômico independente e a justiça social. Assim, a ascensão do PTB ao cargo político mais importante da nação acabou por alimentar a ambição das esquerdas por transformações nas estruturas do país.

Entretanto, se o objetivo das reformas era compartilhado pelas esquerdas, o caminho até elas não era unanimidade. Entre as esquerdas, podemos estabelecer uma divisão entre os defensores de uma proposta de transformação política, econômica e social mais profunda – mesmo que, para isso, fossem atropeladas as instituições democráticas da Constituição de 1946 – e os que sustentavam a necessidade de reformas negociadas pelos partidos políticos no Congresso Nacional e efetivadas de maneira consensual entre o Executivo, o Legislativo e o Judiciário. Defendo que estas duas esquerdas desempenharam papel de destaque no governo João Goulart, rivalizando entre si e buscando influenciar o governo. Diversos eram os partidos e movimentos que compunham as esquerdas, mas o PTB predominava, tanto no Congresso Nacional, compondo a segunda bancada, quanto no movimento sindical em parceria com o Partido Comunista Brasileiro (PCB). A proposta, aqui, é demonstrar o papel político de Brizola e San Tiago Dantas, respectivamente, no PTB e no trabalhismo, o primeiro defendendo o nacionalismo *revolucionário*, e o segundo, o *reformismo democrático*. As suas propostas reformistas foram materializadas na construção de duas frentes políticas: a *Frente de Mobilização Popular* de Brizola e a *Frente Progressista de Apoio às Reformas de Base* de San Tiago. Não desconsideramos, ressalte-se, a importância de uma série de outros fatores para entendermos a crise que desembocou no golpe civil-militar de 1964.³

O foco de nosso estudo, contudo, será a rivalidade entre os grupos políticos de Brizola e San Tiago Dantas, as disputas pelos significados do trabalhismo e seus impactos sobre os rumos do governo João Goulart. Veremos também a atuação do presidente que, num primeiro momento, se posicionou mais próximo de Dantas, mas terminou por aderir às propostas de Brizola, fato que foi crucial para o desenrolar dos acontecimentos do ano de 1964. Vamos falar agora um pouco dos dois grupos de esquerda no interior dos quais surgiram os trabalhismos citados.

O nacionalismo revolucionário de Leonel Brizola

As esquerdas revolucionárias defendiam uma estratégia de ação política ofensiva, entendendo que as reformas deveriam ser executadas a despeito da vontade dos setores conservadores e do próprio Congresso Nacional, visto como incapaz de aprovar as reformas de base. Segundo a concepção das esquerdas, o presidente não deveria esperar soluções negociadas, uma vez que não podia depender do Congresso – para eles, uma instituição dominada por conservadores e, por isso, pouco suscetível a aprovar as reformas. Em virtude disso, advogavam uma ruptura com os setores ditos "reacionários" e "entreguistas", pondo um fim à chamada "política de conciliação", ou seja, a aliança do PTB com o Partido Social Democrático (PSD), estimulada por Goulart. A esquerda radical, que defendia um governo baseado apenas no seu próprio apoio político, compreendia: o grupo de extrema esquerda que, no PTB, seguia a liderança de Leonel Brizola (os nacional-revolucionários); parlamentares do PSB; o Partido Comunista Brasileiro (PCB); setores das Ligas

Camponesas; o bloco parlamentar que compunha a Frente Parlamentar Nacionalista; o movimento sindical representado pelo CGT; organizações dos subalternos das Forças Armadas, com destaque para os sargentos do Exército e da Aeronáutica e os marinheiros, cabos e fuzileiros da Marinha; os estudantes da UNE; os trotskistas reunidos no Port; além de um amplo grupo de intelectuais e artistas organizados no Comando dos Trabalhadores Intelectuais (CTI). Havia também o grupo político do governador de Pernambuco, Miguel Arraes.

Ainda que não devam ser analisados como um bloco homogêneo, mas como uma reunião de grupos políticos nos quais cada um possui a sua especificidade, esses agrupamentos se uniram pela defesa das reformas políticas, econômicas e sociais independente das instituições vigentes, ou seja, do Congresso Nacional, acusado de servir apenas aos interesses dos grandes grupos econômicos e dos setores mais favorecidos da sociedade, como os latifundiários. Nesta esquerda radical ganhou destaque a figura de Leonel Brizola e os *nacional-revolucionários*, forma como os seguidores do político gaúcho se intitulavam. Com o início do ano de 1963 e as seguidas crises políticas, Brizola despontou como liderança desta esquerda, principalmente após o lançamento da Frente de Mobilização Popular.

Engenheiro civil, formado na Universidade Federal do Rio Grande do Sul, Leonel de Moura Brizola ingressou na política quando se filiou ao PTB em 1945. Eleito deputado estadual em janeiro de 1947 e reeleito três anos depois, decidiu abandonar a carreira como engenheiro e entrar de corpo e alma na política. De personalidade forte, o gaúcho de Passo Fundo teve uma ascensão política meteórica. Em 1954, foi eleito deputado federal e, no ano seguinte, prefeito de Porto Alegre. Com a popularidade em alta, não teve dificuldade nas eleições de 1958, quando se elegeu governador do Rio Grande do Sul, com mais de 55% dos votos válidos.

Poucos dias após a posse no governo do estado, emitiu um decreto para encampação da Companhia de Energia Elétrica Rio-Grandense (Ceerg), filial no Rio Grande do Sul da companhia norte-americana Eletric Bond and Share, que, por sua vez, era uma subsidiária da American and Foreign Powers Company, que monopolizava o serviço de distribuição de energia elétrica em Porto Alegre e em cidades da Região Metropolitana. A estatização da empresa estrangeira ao valor simbólico de um 1 cruzeiro fortaleceu a posição de Brizola como um dos principais políticos nacionalistas do período, mas provocou também a reação de diferentes setores conservadores, além de críticas do governo dos Estados Unidos.

Todavia, a projeção de Brizola como liderança nacional das esquerdas se deu com a crise sucessória aberta pela renúncia de Jânio Quadros, em 1961. Com uma atuação central na Campanha da Legalidade, garantiu a posse do então vice-presidente João Goulart. Fortalecido politicamente, concorreu ao cargo de deputado federal pelo estado da Guanabara, tendo obtido uma votação recorde, o que o credenciou ao papel de liderança das esquerdas. À medida que aumentava seu prestígio político e sua popularidade, passou a rivalizar com Jango pela liderança do campo popular, nacionalista e de esquerda.

O trabalhismo dos nacional-revolucionários de Brizola valorizava a chamada democracia popular, que começava a ser experimentada em Cuba. Brizola e Fidel neste período, cada um a sua maneira e partilhando um discurso nacionalista e anti-imperialista, representavam projetos revolucionários de transformações econômicas e sociais e defendiam, se preciso fosse, a ruptura institucional.

Percebendo a efervescência política da esquerda, mas notando sua pouca articulação, Brizola lançou a FMP no início de 1963. A ideia do político gaúcho era formar um movimento que reunisse as principais organizações de esquerda para pressionar Jango a assumir imediatamente o programa das reformas de base. Nela estavam presentes os setores mais à esquerda do PTB, a Frente Parlamentar Nacionalista, os sargentos e marinheiros das Forças Armadas, a UNE, a Ubes, o CGT, a CNTI, a organização intersindical PUA, setores das Ligas Camponesas, os grupos da esquerda revolucionária como a AP, o Port, os militantes da extrema esquerda do PCB, os parlamentares de esquerda do PSB e do Partido Social Progressista (PSP) e o grupo político de Miguel Arraes.

A proposta da FMP, segundo Jorge Ferreira,[4] era convencer Goulart a implementar as reformas de base unicamente com o seu apoio, desconsiderando as demais forças políticas, vistas como reacionárias. Para os setores envolvidos na frente, qualquer diálogo de Jango com o PSD era "conciliação". Considerado o termo mais ofensivo entre as esquerdas na época, simbolizava a hesitação e a moderação que deveriam ser abandonadas em favor de uma posição política mais enérgica e combativa. Neste sentido, entendia-se que a FMP seria o instrumento que as esquerdas usariam para pressionar o governo a colocar em marcha o programa das reformas de base.

Importante destacar que Brizola contribuía para a agitação do campo político, mas também era influenciado por esse processo, radicalizando suas posições e se aproximando das propostas revolucionárias experimentadas em Cuba. Se num primeiro momento defendeu reformas dentro dos trâmites institucionais, logo passou, nos anos de 1963 e 1964, a sustentar o plano de uma insurreição popular, caso o Congresso obstruísse as reformas.

Apesar de forte e atuante, a FMP não era a única voz das esquerdas do período. Rivalizando com ela, no PTB e no governo, San Tiago Dantas formou, a pedido de João Goulart, a Frente Progressista de Apoio às reformas de base. O presidente desejava manter a aproximação do PTB com o PSD, na tentativa de formar uma maioria no Congresso Nacional para aprovar as reformas de base. Jango sabia que nesta empreitada não podia contar com Brizola e sua frente política; e, por isso, no final de 1963, se voltou para San Tiago Dantas.

O trabalhismo democrático de San Tiago Dantas

Antes de abordarmos a atuação de Dantas na Frente Progressista e na crise política do governo Jango, vale a pena voltar um pouco no tempo para entendermos a trajetória do intelectual petebista e seu papel no partido.

Nascido no bairro de Botafogo, Rio de Janeiro, em outubro de 1911, Francisco Clementino de San Tiago Dantas formou-se em Direito pela Faculdade Nacional em 1932. Corpulento, mas não gordo, com pouco cabelo, mas não calvo, o carioca de raízes mineiras – gostava de lembrar as origens de sua família, oriunda da longínqua Paracatu, distante mais de 500 quilômetros de Belo Horizonte – com pouco tempo de diplomado se tornou professor catedrático, especialista em Direito Civil.

Bem-sucedido como professor e advogado – durante a década de 1940 enriqueceu trabalhando para importantes multinacionais –, decidiu ingressar na política e escolheu o PTB para isso. San Tiago resolveu se filiar no ano de 1955, momento crucial para o partido. Após a morte de Getúlio Vargas e o desempenho decepcionante dos trabalhistas na eleição de 1954, do ponto de vista eleitoral o PTB passava por uma crise, ao não conseguir capitalizar o prestígio de Vargas.[5] Ainda assim, Dantas escolheu o partido convencido de que o PTB podia reproduzir o sucesso do Partido Trabalhista Inglês. Mesmo sem adotar o princípio socialista dos ingleses, foi influenciado por suas lutas na esfera da legislação social e trabalhista, assim como por seu apreço pela estabilidade das instituições políticas.

Sua chegada ao partido foi marcada pela desconfiança dos setores mais à esquerda. Seu passado de advogado das multinacionais provocava hesitações nos setores nacionalistas.[6] Com o tempo, o *professor*, como era chamado pelos amigos, ganhou destaque, preenchendo um vácuo deixado pelas mortes de Lucio Bittencourt e Alberto Pasqualini, ambos ideólogos do trabalhismo.[7] San Tiago teve o papel de desenvolver um corpo doutrinário para o trabalhismo que se aproximasse do grupo janguista, ao qual se filiou. Sua entrada no partido, é bom dizer, só foi possível graças à intervenção de João Goulart na seção mineira, e após ter sido rejeitado por Lutero Vargas no PTB do Distrito Federal. Assim, o ingresso de Dantas fortaleceu o grupo janguista nas intensas disputas intrapartidárias.[8] Aliado de primeira hora, San Tiago Dantas permanecerá ao lado de João Goulart, tornando-se o principal formulador do projeto trabalhista do grupo janguista. Na Presidência da República, Goulart teve em Dantas seu conselheiro e aquele que escrevia seus discursos.

Eleito deputado federal, em 1958, Dantas ingressa, no ano seguinte, na Executiva Nacional do PTB, o que o alçou à candidatura da Vice--Governadoria na chapa encabeçada pelo pessedista Tancredo Neves. Aqui, podemos ver melhor a construção da figura política de Dantas. Em documento de apresentação para a disputa do cargo, define-se para o eleitorado como um homem capaz de combinar o papel do *político* e do *intelectual*, um indivíduo de *ideias* e *ações*, e, mais importante, como alguém capaz de transformar suas ideias em ações.[9] Colocava-se também como "um dos homens mais identificados com Jango", além de "o trabalhista mais amigo do PSD". A escolha do PTB mineiro para Dantas se deu não só por conta do seu histórico familiar, mas também pela possibilidade de aliança, fruto do bom convívio de San Tiago com a elite política mineira, com uma das regionais mais fortes do PSD. Essa aproximação com os setores ditos de centro do espectro político, todavia, sofrerá cada vez mais contestações pelas alas mais à esquerda do partido.

A trajetória política de San Tiago foi marcada pelas dificuldades de uma personalidade conciliadora em tempos de radicalização. Se, por um lado, o respeito e o fácil contato com as diferentes forças políticas o habilitavam como forte articulador do partido, por outro, levantavam suspeitas nos setores mais radicais da esquerda, especialmente no PTB e no PCB.

Entre o final dos anos 1950 e início dos anos 1960, as disputas internas no PTB se acirraram. Fernando Ferrari, formulador do programa partidário das últimas convenções petebistas (1955 e 1957), declarou guerra ao grupo janguista. Na batalha pelo controle da máquina partidária e da orientação programática, San Tiago, reconhecido intelectual, tornou-se peça-chave para Goulart. Com a saída de Ferrari e seu grupo,[10] Dantas passou a se dedicar à formulação teórica do trabalhismo e à organização do partido.

O trabalhismo democrático de San Tiago baseava-se em um projeto de reforma social que buscava combinar a estabilidade com as mudanças, "ligar o novo ao passado", em uma tentativa de promover soluções graduais, progressivas, para os problemas que afligiam o país. Perseguindo sempre o consenso, refutava soluções intransigentes. Para ele, as posições extremistas "conduzem ao verbalismo ideológico, afastando-se de soluções históricas capazes de representar resultados progressistas".[11] Eram, por isso, "atitudes ideológicas, de sentido pseudorrevolucionário" que "retardam, em vez de acelerar a superação das contradições".[12] Defendia, assim, "uma autêntica revolução brasileira", sem lugar para extremismos, para a qual seria necessário "um mínimo de confiança entre as classes", na realização de um processo de sucessivas reformas conjunturais e estruturais, respeitando, para isso, as instituições legais e democráticas.[13]

Sua filosofia política centrava-se na tríade *Democracia–Paz–Reformas*, argumentando que a manutenção da estabilidade das instituições democráticas passava pela preservação da paz e pela eliminação das desigualdades. Em discurso no Congresso Nacional, renunciando ao mandato de deputado federal para assumir como delegado permanente do Brasil na ONU, afirmou:

> Se quisermos salvar, no mundo de hoje, as instituições democráticas, em primeiro lugar, devemos preservar a paz; mas, em segundo lugar, e de modo igualmente imperativo, o que devemos é obter, no plano internacional e no plano interno, a abolição, tão pronta, quanto possível, das tremendas desigualdades econômicas que ainda se abatem sobre os povos e que, se tiverem de perdurar nas condições em que hoje se apresentam, não tornarão apenas difícil, mas impossível, a subsistência das características do regime democrático no mundo moderno. Salvar a democracia é eliminar desigualdades.[14]

Conciliando tradição e mudança, San Tiago preferia reformas a revoluções; preocupando-se com a transformação gradual, recusava o que dizia serem extremismos que colocavam em risco a construção institucional histórica e os ganhos conquistados. Sua defesa da combinação do novo com o velho, do futuro com o passado, revela a influência da filosofia burkiana e do trabalhismo inglês, em seu apego pelo traço de continuidade que permeia um gradual e sucessivo processo de reformas.

Parte I – Tempo do nacionalismo revolucionário
(1961-1964)

Douglas Alexandre/O Cruzeiro/EM/DA Press

Em fevereiro de 1961, Leonel Brizola, no governo do Rio Grande do Sul, concede entrevista a jornalistas.

Leonel Brizola e outros políticos almoçam com Getúlio Vargas na fazenda Itu. São Borja, 1950.

Leonel Brizola e o general Machado Lopez conversam no Palácio Piratini, após entendimentos que resultaram na defesa da legalidade e da posse de João Goulart na Presidência da República. Porto Alegre, 2/9/1961.

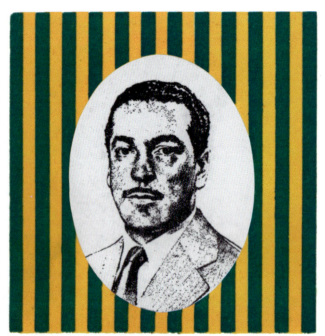

Cartaz da campanha eleitoral de Leonel Brizola para deputado federal pelo estado da Guanabara. Eleições de outubro de 1962.

Ata dos Comandos Nacionalistas publicada no jornal *Panfleto*. Rio de Janeiro, 17/2/1964.

Em novembro de 1963, a revista *O Cruzeiro*, dos Diários Associados, atacava duramente Brizola. A reportagem era ilustrada por uma imagem em que Brizola mostrava uma foto de manifestação de trabalhadores. Mas de acordo com o texto, o político dispunha de um exército formado por milhares de Grupos de 11 em todo o país. Rio de Janeiro, 12/11/1963.

No comício na Central do Brasil, Brizola critica o Congresso Nacional e defende a realização de plebiscito sobre a convocação da Assembleia Nacional Constituinte. Rio de Janeiro, 13/3/1964.

Leonel Brizola participa de evento em solidariedade a Cuba. Rio de Janeiro, 19/3/1963.

Antonio Ronek/O Cruzeiro/EM/DA Press

Leonel Brizola tenta mobilizar o povo contra o golpe militar. Da sacada da prefeitura, ele discursa convocando a população à resistência. Porto Alegre, 4/4/1964.

Parte II – Tempo do trabalhismo democrático
(1979 - 2004)

Em junho de 1994, Leonel Brizola participa de debate durante sua campanha à Presidência da República. Brasília, 9/6/1994.

Leonel Brizola em campanha eleitoral para o governo do Rio de Janeiro. Ilha do Governador, Rio de Janeiro, 14/9/1982.

Durante Convenção Nacional do PDT, Brizola confraterniza com Mário Juruna, deputado federal do mesmo partido, único índio a se eleger na história do país. Com o PDT, Brizola tinha o projeto de "organizar os desorganizados", como índios, negros e mulheres. Brasília, 1989.

Em seu primeiro governo, Leonel Brizola construiu a Passarela do Samba. Com Darcy Ribeiro, o idealizador do projeto, assiste ao término da obra. Rio de Janeiro, 9/12/1983.

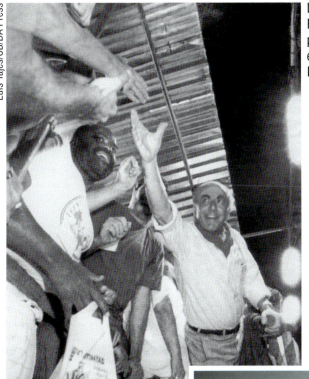

Leonel Brizola, candidato à Presidência da República pelo PDT, cumprimenta eleitores durante comício. Rio de Janeiro, 20/10/1989.

Adversários nas eleições de 1989 e 1994, no pleito de 1998 Brizola concorreu como vice na chapa liderada por Lula. Com a eleição deste à Presidência da República em 2002, Brizola tornou-se seu opositor. Brasília, 7/3/1996.

Luiz Morier/CPDoc JB

No funeral de Leonel Brizola, carro do Corpo de Bombeiros passa em frente ao Ciep Tancredo Neves, o primeiro construído em seu governo, em 1985, no bairro do Catete. Rio de Janeiro, 23/6/2004.

Desse modo, para Dantas, democracia e reforma social faziam parte de uma correlação inquebrantável.[15]

Em fins de 1963, San Tiago Dantas percebeu o isolamento do presidente João Goulart, o risco de colapso das instituições democráticas e a impossibilidade de aprovação das reformas de base devido ao ambiente de radicalização política. Para dar ao presidente uma base de sustentação parlamentar, isolar os radicais de direita e de esquerda e aprovar as reformas de base, Dantas lançou a proposta de criação de uma frente: a Frente Progressista de Apoio às reformas de base. Ela seria formada pelo PTB janguista, o PSD e partidos menores de centro, como o Partido Democrata Cristão (PDC). Jango teria, assim, uma sólida maioria parlamentar. Mas San Tiago Dantas queria uma frente de centro-esquerda. Para isso, ele convocou líderes esquerdistas dispostos ao diálogo, como Luís Carlos Prestes e Miguel Arraes. A presença do PCB e do governador de Pernambuco na Frente Progressista era fundamental para dar à Frente Progressista um caráter de centro-esquerda.

No entanto, Dantas enfrentava obstáculos a seu projeto de reformas. Os conservadores desconfiavam dele devido à sua atuação como ministro das Relações Exteriores na defesa da política externa independente. As esquerdas revolucionárias o atacavam porque consideravam seu programa de reformas insuficiente e que só servia à manutenção do *statu quo*. Mas seu maior rival era Leonel Brizola. Adversário não só no plano das ideias, mas também na arena política.

Brizola *versus* San Tiago: a disputa pelo processo de reformas

O confronto entre as duas lideranças trabalhistas estava relacionado diretamente ao papel desempenhado por San Tiago nas estratégias política e econômica do presidente João Goulart. Defendemos que após o primeiro ano de governo – marcado pelos problemas gerados pelo regime parlamentarista, pela intensificação dos conflitos nas cidades e no campo e pela deterioração do quadro econômico – a vitória esmagadora no plebiscito na primeira semana de 1963 com o consequente retorno do presidencialismo colocou Jango novamente na dianteira dos acontecimentos. Animado pelo novo momento, o presidente traçou duas frentes de ação – uma na economia e a outra no plano político-partidário – para as quais San Tiago seria seu homem de confiança. E, em ambas as campanhas, Dantas e Jango amargaram a resistência de Leonel Brizola e outros líderes de esquerda.

À proporção que San Tiago ganhava destaque no governo e encampava um projeto reformista mais moderado, aumentavam os ataques desferidos por Brizola.

A estratégia de Jango na economia: o Plano Trienal

No início do ano de 1963, pressionado pela iminente crise econômica e financeira, Goulart convidou Celso Furtado, ministro extraordinário do Planejamento, e San Tiago Dantas, ministro da Fazenda, para elaborarem um plano de estabilização econômica e de desenvolvimento do país. O Plano Trienal tinha como objetivo estabelecer regras e instrumentos rígidos para o controle do déficit público e o combate à inflação, sem comprometer, contudo, o desenvolvimento econômico. Após as primeiras medidas de cunho ortodoxo e o consequente controle da inflação, seguiriam reformas estruturais – administrativa, bancária, fiscal e, principalmente, agrária. Novidade para a época, pela primeira vez um plano de estabilização econômica seria acompanhado por reformas estruturais e de cunho social.

Lançado no último dia do ano de 1962, o plano tinha, segundo Argelina Figueiredo,[16] em primeiro lugar, o objetivo de angariar o apoio político dos grupos conservadores e da opinião pública no delicado momento da transição para o regime presidencialista. Além disso, esperava-se ganhar a confiança dos credores internacionais, o que asseguraria o refinanciamento da dívida externa e permitiria captar uma ajuda financeira adicional. Em virtude disso, o plano assentava-se nas seguintes políticas: restrição salarial; limites de crédito e preços; cortes nas despesas governamentais. Afetavam-se, portanto, os interesses de capitalistas e trabalhadores.

Apesar de despertar alguns apoios, o plano logo atraiu a antipatia das classes patronais e dos movimentos de trabalhadores. Os principais golpes, ainda assim, brotavam da esquerda brizolista. Liderando a oposição ao Plano Trienal, Brizola atacava preferencialmente San Tiago: "A política financeira do atual governo, que tem como mentor o Sr. San Tiago Dantas, não tem nada de original, sendo apenas uma repetição do que já foi preconizado e executado tradicionalmente."[17]

Após a definição oficial do CGT contra o plano, ao que seguiram crescentes reivindicações salariais, as entidades patronais que ainda o apoiavam, como a Confederação Nacional da Indústria (CNI) e a Federação das Indústrias do Estado de São Paulo (Fiesp), juntaram-se às críticas. Diante das pressões das esquerdas, dos trabalhadores e dos empresários, o governo abandonou o Plano Trienal.

Além do insucesso do plano econômico, San Tiago, agora, precisava lidar com um problema bem mais grave: um câncer no pulmão começava a afetar seriamente sua saúde. Depois da saída de Celso Furtado do ministério, Dantas, bastante debilitado, renunciou ao cargo, em junho de 1963, reassumindo a cadeira de deputado federal. Mas os meses seguintes foram de reclusão. Acometido pela doença, San Tiago só retornou ao cenário político no final do ano, a pedido de Jango.

O fracasso do Plano Trienal tornou impreterível a execução de uma estratégia bem-sucedida no âmbito político. Se a alternativa de consenso em torno de um programa econômico de interesse multiclassista foi abandonada pelo governo devido à falta de suporte político, restava a Goulart a iniciativa política de construir uma coalizão de apoio a um amplo programa de reformas. A estratégia política, naquele momento, seguia a mesma orientação: a busca pelo consenso em favor de uma alternativa reformista, moderada e de centro-esquerda. Mais uma vez, as esquerdas lideradas por Brizola seguiram em outra direção.

A estratégia de Jango na política: a Frente Progressista

À deterioração dos números da economia somou-se o agravamento da radicalização política na segunda metade do ano de 1963. A rebelião dos sargentos em Brasília, a entrevista bombástica de Lacerda ao jornal norte-americano *Los Angeles Times* insultando o presidente e as Forças Armadas e o frustrado pedido de estado de sítio pelo Executivo, recusado pelas direitas e pelas esquerdas, isolaram completamente João Goulart no cenário político.

Se as forças conservadoras atacavam o presidente que nunca aceitaram, as esquerdas revolucionárias não davam menos trabalho. Rechaçando as tentativas de aproximação com o PSD, Brizola declarou, no final de 1963: "que o centro não passa de uma ficção e que as falsas lideranças constituem o maior drama das forças populares". Não economizando críticas ao presidente, afirmou ainda que Jango "se define apenas em palavras a favor do povo, mas que [na verdade] compactua com o processo de espoliação e com as injustiças sociais".[18] No mês seguinte, as esquerdas organizadas na FMP, após a renúncia do ministro da Fazenda Carvalho Pinto, iniciaram intensa campanha pela nomeação de Brizola para o cargo.

Embora a favor de um programa reformista, Goulart sabia que colocar o líder gaúcho no Ministério da Fazenda era dar um tiro no próprio pé. Com Brizola ditando a política econômica, Jango seria um presidente com poderes tolhidos, assim como ocorrera no parlamentarismo dois anos antes, quando o haviam feito engolir a perda de parte de seus poderes e contra a qual havia lutado tanto. A nomeação do ex-presidente do Banco do Brasil Nei Galvão decepcionou as esquerdas. De Brizola podia-se esperar a continuação dos ataques: "Nei Galvão representa os setores da extrema direita do país e sua nomeação contraria as forças de esquerda."[19]

Isolado, João Goulart investiu na formação de uma ampla frente política de centro-esquerda, cuja liderança caberia a San Tiago. Fiel escudeiro e sem pretensões políticas maiores, em virtude de sua grave doença, o intelectual trabalhista atuava como o homem da nova articulação política do governo. A Jango incumbia supervisionar as negociações em curso. A Frente Progressista, formada por Dantas, constituiu-se na tentativa de criar uma coalizão de centro-esquerda voltada para a aprovação de um programa mínimo de reformas sociais por vias democráticas. Para isso, a frente política nasceu com o intuito de aproximar o governo das forças moderadas, isolando os grupos mais radicais de direita e de esquerda.

O raciocínio de San Tiago era simples: sua frente política romperia a polarização que inviabilizava uma saída para a crise ao colocar os grupos radicais de esquerda e de direita em uma situação delicada. Afinal, como não aderir a uma frente a favor das reformas e da estabilidade política? No seu entender, a nova coalizão a favor das reformas isolaria as iniciativas conspiratórias e golpistas. Os eventos que se seguiram aos esforços de Dantas mostraram, contudo, que a realidade era mais complicada.

Para o presidente Goulart, a formação da Frente Progressista o colocava novamente na liderança do processo reformista, posto que parecia perder para Brizola. A liderança de San Tiago não era problema para o presidente; era, na verdade, vantajoso. Primeiro, porque, fiel aliado, o intelectual trabalhista não tinha pretensões políticas. Segundo, ao entregar para Dantas a posição de principal articulador, Goulart aumentava sua margem de manobra, não se comprometendo com possíveis fracassos da frente.

A Frente Progressista foi organizada, portanto, por San Tiago para ser um movimento de união nacional em defesa das reformas de base e das instituições democráticas. Em sua opinião, registrada em seus discursos no Congresso e em seus escritos, havia setores de esquerda dispostos a apoiar esse projeto político, o que permitiria constituir uma alternativa política para o governo. Estes representariam o que ele denominou "esquerda positiva", em contraposição ao que considerava "esquerda negativa", forma como chamou os grupos da esquerda revolucionária, principalmente a ala brizolista. San Tiago demarcava, assim, seu campo político, utilizando a estratégia de rotular negativamente as esquerdas que defendiam as reformas a despeito da preservação das instituições democráticas.

Em vista disso, sua frente política, como vimos anteriormente, buscou agrupar os setores de centro-esquerda, do PTB moderado ao PCB, passando pelo PSD e Miguel Arraes, em torno de um programa comum de reformas. Em janeiro de 1964, foi publicada a primeira versão do programa da Frente Progressista. No mês seguinte, em entrevista coletiva no Palácio Tiradentes, San Tiago apresentou à imprensa a versão final do seu programa de reformas.[20] No documento, propunham-se três tipos de reforma: as que exigiam mudanças constitucionais; as que poderiam ser executadas por meio de legislação ordinária; e as que seriam realizadas por "Atos do Executivo". Programa bastante extenso, apontamos basicamente as principais reformas:

I) Emendas à Constituição
 1. Extensão do direito de voto aos analfabetos;
 2. Elegibilidade dos alistáveis, com exclusão dos analfabetos, e com inclusão dos militares de qualquer categoria, desde que passem para a reserva ao registrarem suas candidaturas;
 3. Abolição da vitaliciedade dos professores catedráticos;
 4. Reforma do artigo 141, parágrafo 16, e do artigo 147 da Constituição, para permitir a desapropriação de terras por interesse social, e o pagamento da indenização com títulos da dívida pública.

II) Leis ordinárias
 1. Aprovação de uma nova legislação de greve;
 2. Reforma progressista do sistema tributário;
 3. Anistia para os graduados e praças das Forças Armadas, e para todos os presos por motivos políticos;
 4. Reajustamento geral e periódico dos salários e vencimentos.

III) Atos do Executivo
 1. Para a reforma agrária: desapropriação, por interesse social, da faixa marginal às rodovias e ferrovias; seleção anual de áreas para a reforma agrária; apoio à sindicalização no campo;

2. Para a reforma urbana: construção de habitações populares e criação de mecanismos para conter a especulação imobiliária;
3. Para a reforma financeira: negociação da dívida externa; contenção progressiva da inflação;
4. Fortalecimento da Petrobras e do monopólio estatal do petróleo;
5. Defesa da indústria nacional;
6. Reforma educacional: medidas para a erradicação do analfabetismo, para a expansão da rede de escolas públicas e para a renovação do ensino superior;
7. Para a política externa: manutenção da Política Externa Independente; defesa do princípio da autodeterminação dos povos e da não intervenção; apoio à coexistência pacífica entre os países capitalistas e socialistas.

Na organização da Frente Progressista, San Tiago Dantas procurou de imediato os grupos do PTB considerados moderados, janguistas e distantes da influência de Brizola. Conversou com Luís Carlos Prestes, procurando convencê-lo a atrair o PCB. Conversou também com Miguel Arraes e lideranças do PSD. Correu atrás ainda do apoio do PSB, do PDC e até mesmo da ala mais progressista da UDN – a chamada Bossa Nova; além disso, empenhou-se em conseguir o apoio dos sindicatos que não seguiam a orientação do CGT, no que entendia ser essencial para articular um apoio extrapartidário ao governo. Rapidamente, conseguiu os apoios dos grupos do PTB e do PSD. Os comunistas chegaram a apresentar sugestões para o programa da frente. Mas suas exigências eram tamanhas que inviabilizavam a entrada do PCB na Frente de Dantas

Forjada para isolar os grupos da esquerda brizolista, a Frente Progressista não demorou a sofrer represálias. No dia 17 de fevereiro, a Frente de Mobilização Popular, por meio de seu jornal, *Panfleto*, reagiu às movimentações de San Tiago. Acusando-o de ser um político de "formidável capacidade de manobra e engodo", o jornal questionava a Frente Progressista, afirmando ser absurdo reunir em uma mesma coalizão política o que há de "mais autêntico no quadro partidário – CGT,

UNE, FMP, FPN e outros grupos de esquerda – com as velhas raposas do PSD". Na mesma reportagem, declarava não fazer sentido "o presidente João Goulart, com livre acesso às áreas populares, escolher San Tiago como intermediário de seu projeto de reformas".[21]

Segundo Jorge Ferreira, San Tiago, ao lado de Lacerda, foi o personagem mais atacado nas páginas de *Panfleto*. Seus artigos desferiam duras críticas ao intelectual petebista. Suas charges frequentemente o ridicularizavam. Líder de uma esquerda moderada, Dantas era um inimigo a ser batido pelas esquerdas revolucionárias.

Ainda na edição de 17 de fevereiro, Paulo Schilling fez sérias acusações contra San Tiago em sua passagem como ministro da Fazenda. Na matéria, o petebista foi responsabilizado pelo cancelamento de acordos bilaterais entre EUA e Brasil, assinados no governo Jânio Quadros, o que teria beneficiado financeiramente o embaixador norte-americano e prejudicado os cofres brasileiros.

As críticas a San Tiago por sua condução da economia não começaram com o *Panfleto*. O debate da esquerda brizolista, principalmente de Brizola, com Dantas percorreu o ano de 1963 e se acirrou nos primeiros meses de 1964. Foram inúmeras as sessões no Congresso Nacional nas quais políticos de cada um dos lados trocaram acusações. No dia 12 de junho, por exemplo, em sessão longa e tensa, o ministro da Fazenda prestou esclarecimentos sobre a compra de companhias concessionárias de Serviços Públicos de Energia Elétrica e de Telecomunicações e a promulgação da Instrução 239, que estabelecia uma forte desvalorização do cruzeiro. Deputados de esquerda reclamaram dos efeitos negativos da desvalorização da moeda para as classes populares. Em função dos ânimos exaltados e da importância do tema, a audiência foi estendida. Iniciada à tarde, desdobrou-se pela noite. Depois de uma segunda exposição do ministro, que durou uma hora e meia, Brizola subiu na tribuna e desferiu ataques duríssimos. Anunciando que se colocava em posição antagônica ao ministro, o que em suas palavras significava servir melhor aos interesses da nação, acusou-o de ser um "simples instrumento" dos traidores da pátria, um "cão que ladra" em função dos interesses estrangeiros.[22] Em resposta, Dantas defendeu as medidas adotadas pelo governo, principalmente a solução da compra das concessionárias estrangeiras. Argumentando ser compatível com os interesses do país, afirmou que havia apenas dois caminhos: a desapropriação ou a compra. Ao justificar a opção pela compra, atacou Brizola questionando a validade da estratégia da desapropriação. O ministro alegou que tal medida teria repercussões negativas, internas e externas, além de produzir efeitos nocivos no médio e longo prazos para a economia e a imagem do país; a partir deste raciocínio defendeu uma resposta conciliatória ao problema.

Nesse período, em conversa de duas horas com um grupo de jornalistas, Brizola mais uma vez teceu duras críticas a San Tiago, desaprovando as negociações do Ministério da Fazenda com os Estados Unidos. Perguntado se tinha sido favorável à nomeação de Dantas, o político gaúcho causou surpresa respondendo de forma afirmativa, para logo acrescentar que foi surpreendido pela gestão de San Tiago:

> Basta ver – disse – a atitude dos jornais brasileiros. Para os jornais, o San Tiago era um demônio antes da sua política financeira. Agora é uma esperança. Estão todos satisfeitos. Ora, os jornais brasileiros não mudaram, eu também não mudei. Quem mudou foi, portanto, o San Tiago.[23]

Voltando ao jornal *Panfleto*, as críticas a San Tiago ainda renderam muita tinta. Em matéria de página inteira, assinada por Makarius, e com o título "Esta é a sua vida", traçou-se o perfil de San Tiago em uma espécie de minibiografia bastante negativa. De forma tendenciosa, começa lembrando seu passado na Ação Integralista Brasileira (AIB) e continua acusando-o de "realizar negociatas" e ser um "advogado dos piores interesses estrangeiros". Com uma charge na qual San Tiago veste os trajes de um mágico, em cuja vestimenta carrega um símbolo do poder norte-americano, escreve que o intelectual petebista é um "professor catedrático do malabarismo", disposto a realizar mágicas que enganam as "plateias ansiosas por um espetáculo".

Com uma cartola com o desenho da bandeira dos Estados Unidos, além da calça e da varinha fazendo referências ao dólar – e ao símbolo integralista do sigma –, o jornal acusa-o de subserviência aos Estados Unidos e de ser sempre movido por interesses econômicos. Assim, no final do texto descreve-se o que chama de última cartada de San Tiago: a formação de uma ampla frente política, que não passaria de uma "versão recauchutada" de outros movimentos conservadores, nada mais que "um rótulo desenhado no laboratório do eminente professor".[24]

Os ataques contra San Tiago e sua Frente Progressista não ficavam só nisso. Brizola acusava-a de ser um instrumento "para manter o *statu quo*, o que não seria do interesse da esquerda revolucionária".[25] Neiva Moreira, integrante da FMP, qualificava a proposta de San Tiago como "um mero rótulo para garantir o domínio do PSD", que tinha o objetivo de "neutralizar o governo" e "anestesiar o povo".[26] Com um discurso agressivo, Brizola atacou Dantas e o que considerava sua política de "conciliação".

Em outra charge, retratando o líder da Frente Progressista em trajes femininos, o *Panfleto* ridiculariza-o apontando as inúmeras forças que a frente pretendia organizar. Sob o título "Frente Única", buscava-se mostrar a fragilidade da estratégia política.[27]

Dantas não ficou apenas na defensiva; de vez em quando, saía das cordas para distribuir seus golpes. Contra as graves acusações do jornal da Frente de Mobilização Popular, processou o jornal por calúnia e difamação. Em diversas oportunidades, o professor escreveu e discursou contra a "esquerda negativa", que a seu ver só contribuía para a agitação política e o enfraquecimento do governo, fomentando consequentemente as conspirações conservadoras.

O enfraquecimento de San Tiago e a opção por Brizola

Os meses de dezembro de 1963 e janeiro de 1964 foram de aparente avanço para San Tiago. Em matéria intitulada "Esquerdistas vão unir-

-se na Frente Progressista", o *Correio da Manhã* relatou o entusiasmo de Jango e a posição favorável do PSD, PSB, PCB, além de Magalhães Pinto e JK, ao esquema de Dantas.[28] No jornal *Ultima Hora*, Flávio Tavares escreveu que o PSD, em negociação com Dantas, já parecia disposto a algumas concessões, como apoiar a volta do PCB à legalidade.[29] *O Semanário*, expressão da FPN, apoiava a Frente-Dantas ao mesmo tempo que atacava Brizola.

Contudo, o mês seguinte foi marcado pelo recrudescimento da radicalização política e pelo esfacelamento da articulação política de San Tiago. Uma série de eventos culminou no fracasso da Frente: a decisão do PCB de não negociar mais com Dantas; a vitória dos setores conservadores na Convenção Nacional do PDC. De centro-esquerda, a Frente Progressista se tornaria assim apenas de centro: restaram o PSD e o PTB janguista. Faltava à Frente Progressista uma referência de esquerda. Pelo novo perfil, o ator principal da Frente Progressista seria o PSD, de quem Jango dependeria politicamente. E com isso o presidente ainda teria que romper com seus aliados de esquerda.

A minha hipótese é que, paradoxalmente, a proposta de formar um consenso geral em torno de um programa mínimo de reformas era, simultaneamente, a principal força e a maior fragilidade da Frente Progressista. Cada força política passou a sustentar uma posição diferente, com exigências específicas para apoiar o esquema desenvolvido por San Tiago. Sem ceder espaço ou flexibilizar suas crenças e disposições políticas, as esquerdas e o centro minaram, gradativamente, as iniciativas do intelectual trabalhista. Doente, San Tiago Dantas recolheu-se em sua casa na rua Dona Mariana no Rio de Janeiro. De lá, viu João Goulart voltar-se para uma aliança com Leonel Brizola, Luís Carlos Prestes, Miguel Arraes e os sindicalistas do CGT e adotar uma estratégia política ofensiva.

O cabo de guerra entre uma esquerda nacionalista revolucionária, cujo principal nome era Brizola, e uma esquerda reformista liberal-democrática, conduzida por San Tiago, teve seu vencedor. E, com isso, João Goulart, que esteve durante seu governo mais próximo de Dantas, apostando em uma solução política reformista e moderada, voltou-se para Brizola. Retornando à metáfora das duas faces de Jano, seu olhar em direção a um caminho de reformas mais comedidas e negociadas parecia agora obstruído. A outra face apontava para um novo caminho. E foi com ela que o presidente encarou os próximos desafios.

Sem o suporte da centro-esquerda, Jango temendo perder o apoio e a liderança entre as esquerdas e os grupos nacionalistas aproximou-se, portanto, das esquerdas lideradas por Brizola na FMP, do PCB, do CGT e do grupo político de Miguel Arraes. Radicalizando sua ação política, deu carta branca para a organização de comícios populares pelo país a favor das reformas de base. Como nos ensina Jorge Ferreira, quando Jango decidiu se alinhar com as esquerdas, em especial com Leonel Brizola, ele passou a compartilhar a crença de seus aliados: no momento do "desfecho", as forças populares sairiam vitoriosas. Era a hora de enfrentar os conservadores. A estratégia do confronto tinha hora e local marcado: 13 de março na Central do Brasil. À mobilização das esquerdas a favor das reformas responderam as direitas alarmadas. Primeiro, 500 mil pessoas marcharam com cruzes nas mãos contra o governo que nunca aceitaram. Dias depois, tanques de guerra capitaneados pelo general Olímpio Mourão Filho partiram de Minas Gerais para derrubar o governo democrático. Destampou-se a caixa: os demônios se soltaram. E vão assombrar o país por 21 anos.

Notas

1. Compreendendo que o conceito de democracia deve ser percebido em sua historicidade, utilizamos o adjetivo "democrático" para qualificar o conjunto de instituições que resultaram da Constituição de 1946.
2. FERREIRA, Jorge. "Leonel Brizola, os nacional-revolucionários e a Frente de Mobilização Popular". *In*: AARÃO REIS, Daniel e FERREIRA, Jorge. *Nacionalismo e reformismo radical (1945-1964)*. Rio de Janeiro: Civilização Brasileira, 2007 (As esquerdas no Brasil, vol. 2), pp. 545-46.
3. Para uma análise geral da literatura sobre o golpe de 1964, ver: FICO, Carlos. *Além do golpe*. Rio de Janeiro: Record, 2004; FERREIRA, Jorge e GOMES, Angela de Castro. *1964: O golpe que derrubou um presidente, pôs fim ao regi-*

me democrático e instituiu a ditadura no Brasil. Rio de Janeiro: Civilização Brasileira, 2014.
4. FERREIRA, Jorge. "A estratégia do confronto: a Frente de Mobilização Popular". *Revista Brasileira de História.* São Paulo: ANPUH, vol. 24, jan.-jun. 2004.
5. Para uma importante análise desta conjuntura, ver: GOMES, Angela de Castro. "Trabalhismo e democracia: O PTB sem Vargas". *In*: GOMES, Angela de Castro (org.). *Vargas e a crise dos anos 50.* Rio de Janeiro: Relume--Dumará, 1994.
6. Hércules Corrêa descreve em seu livro a antipatia sentida por muitos militantes do PTB e do PCB com relação a San Tiago. CORRÊA, Hércules. *Memórias de um stalinista.* Rio de Janeiro: Opera Nostra, 1994.
7. De acordo com Lucilia de Almeida Neves Delgado, o trabalhismo brasileiro, entendido como um corpo doutrinário de ideias, ainda que possa ser visto como homogêneo, possuía um eixo central marcado pelo nacionalismo, pelo distributivismo e pelo desenvolvimentismo. NEVES, Lucilia de Almeida. *PTB: Do getulismo ao reformismo (1945-1964).* São Paulo: Marco Zero, 1989.
8. GOMES, Angela de Castro. "Trabalhismo e democracia". *Op. cit.*
9. Manuscrito, sem data, provavelmente do ano de 1958, apresenta a candidatura de Dantas (Arquivo Nacional, Fundo San Tiago Dantas, AP 47, caixa 43, pacotilha 2).
10. Expulso do partido, Ferrari fundou o Movimento Trabalhista Revolucionário (MTR).
11. Discurso de San Tiago Dantas, em 25 de outubro de 1963, no Hotel Glória, durante o jantar em que foi homenageado pelo título "Homem de Visão 1963", prêmio concedido pela revista *Visão* (Arquivo Nacional, Fundo San Tiago Dantas, AP 47, caixa 46, pacotilha 1).
12. *Idem.*
13. *Idem.*
14. Discurso no Parlamento durante a sessão de 24 de agosto de 1961.
15. Para um estudo mais detalhado sobre San Tiago Dantas e seu *trabalhismo democrático*, ver: ONOFRE. Gabriel da F. *Em busca da esquerda esquecida: San Tiago Dantas e a Frente Progressista.* Curitiba: Prismas, 2015.
16. FIGUEIREDO, Argelina. *Democracias ou reformas?* São Paulo: Paz e Terra, 1993.
17. Citado em: FERREIRA, Jorge. *João Goulart: uma biografia.* Rio de Janeiro: Civilização Brasileira, 2011.
18. *Correio da Manhã,* Rio de Janeiro, 5/11/1963, p. 3.
19. *Correio da Manhã,* Rio de Janeiro, 21/12/1963, p. 12.

20. O documento de onze páginas do programa da Frente Progressista está disponível em sua versão integral no Fundo San Tiago Dantas (Arquivo Nacional, AP 47, caixa 43, pacotilha 3).
21. *Panfleto. O jornal do homem da rua.* Rio de Janeiro, 17/2/1964.
22. Disponível em Discursos Parlamentares. San Tiago Dantas. Brasília, Câmara dos Deputados, 1983. Sessão de 6 de junho de 1963.
23. BRANCO, Carlos Castello. *Introdução à Revolução de 1964.* Rio de Janeiro: Artenova, 1975.
24. *Panfleto. O jornal do homem da rua.* Rio de Janeiro, 24/2/1964.
25. FIGUEIREDO, Argelina. *Op. cit.*
26. *Panfleto. O jornal do homem da rua.* Rio de Janeiro, 17/2/1964.
27. *Ibidem.*
28. *Correio da Manhã*, Rio de Janeiro, 17/1/1964, p. 6.
29. *Ultima Hora*, Rio de Janeiro, 5/2/1964, p. 4.

PARTE II Leonel Brizola e o tempo do trabalhismo democrático (1979-2004)

CAPÍTULO 6 O fio da História: Leonel Brizola e a
renovação da tradição trabalhista no Brasil
contemporâneo (1980-1990)[1]

Américo Freire

Nos primeiros meses de 1986, na esteira do lançamento do Plano Cruzado, Leonel Brizola pintou-se para a guerra. Para o governador fluminense, então em fim de mandato, chegara a hora de subir o tom com vistas a liderar uma oposição sem trégua ao governo do presidente José Sarney e à "Nova República". Em um duro artigo publicado no *Jornal do Brasil*, sob o título "Divisor de águas", Brizola fixa os termos dos futuros embates contra o governo.

Segundo o líder trabalhista, o "pacote econômico" cumpriria o papel de "aprofundar o modelo econômico do autoritarismo, modelo que empobreceu o povo brasileiro, concentrou a renda, endividou escandalosamente a Nação e fez as mais lesivas concessões aos interesses internacionais, agravando a nossa dependência". E continua: "Trata-se, como é evidente, de um modelo econômico incompatível com a liberdade e a democracia. Só com um crescente autoritarismo conseguirá manter-se num país como o Brasil. Essa é a razão por que se procrastinam as eleições presidenciais."

Para Brizola, o "pacote econômico" definiu os campos, constituindo-se em "divisor de águas". De um lado, assevera, "estão o FMI, os bancos internacionais, as multinacionais, os grandes empresários daqui associados ao capital estrangeiro, os meios de comunicação da cumplicidade e, agora, sem nenhum disfarce, os políticos e tecnocratas solidários ou alinhados ao oficialismo federal".

De outro lado, conclui,

> está o povo brasileiro com suas penas e sofrimentos. Aturdido, mas não convencido. E, com ele, os que não se entregarão nunca e, por isso mesmo, levantam decididamente sua voz de advertência e de protesto. Não é sem razão, pois, que este lado seja aquele em que se encontra o governo do estado do Rio de Janeiro e o PDT [Partido Democrático Trabalhista], partido que o alicerça e lhe define os rumos. Queiram ou não as elites brasileiras, da direita ou dessa suposta esquerda que hoje integra o sistema de dominação: nós somos a continuidade da História.[2]

Os resultados dessa "guerra" são de todo conhecidos: o Plano Cruzado serviu de plataforma para uma vitória acachapante do governo e dos partidos que o apoiaram nas eleições de 1986, fenômeno que fez com que essas forças se tornassem hegemônicas no Congresso Constituinte e na consequente elaboração da nova Constituição, afinal promulgada em 1988. Em nível econômico a história foi outra. O Plano Cruzado teve fôlego curto; um novo ciclo de altos índices de inflação teve início e a popularidade de Sarney caiu, em proporção inversa aos números da inflação. Nesse contexto de crise, o nome de Brizola veio a se fortalecer para o pleito presidencial marcado para o ano de 1989.

Dez anos depois de retornar ao Brasil, candidatou-se à Presidência da República pelo seu partido, o Partido Democrático Trabalhista, em 1989. Fez boa figura: no primeiro turno, ficou em terceiro lugar, pouco abaixo do segundo, Lula da Silva, do Partido dos Trabalhadores. No segundo turno, compôs com a candidatura Lula.

E assim foi até sua morte em 2004 – *aos trancos e barrancos* – entre algumas poucas vitórias – como a reeleição para o governo do Rio de Janeiro em 1990 – e muitas derrotas – como nas presidenciais de 1994 e 1998 (agora como vice de Lula).³ No panorama político brasileiro contemporâneo ocupou uma posição *sui generis* – era figura de proa no debate político; líder inconteste de uma corrente política de tradição (a trabalhista), que, no entanto, não obteve sucesso em reunir os instrumentos políticos necessários e fundamentais para alcançar uma vitória presidencial. A criação de um partido político nacional foi um dos seus "calcanhares-de-aquiles", entre outros.

Nos últimos anos, na esteira da renovação dos estudos sobre o trabalhismo brasileiro, tem sido crescente a produção acadêmica e jornalística acerca da trajetória política de Brizola, seja como líder partidário, seja como chefe do Executivo estadual no Rio Grande do Sul e no Rio de Janeiro. No conjunto dessa produção, cabe destacar os trabalhos que se voltam para tratar da sua atuação como um dos líderes da esquerda trabalhista na conjuntura crítica de 1961-1964, quando Brizola apostou alto no peso e na força da sua liderança com vistas a levar adiante um projeto de mudanças radicais nas estruturas sociopolíticas brasileiras.⁴ Por outro lado, ainda são poucos os estudos que propõem uma leitura de conjunto de sua longa carreira de homem público, como também são raros os trabalhos que se baseiam nas proposições do próprio Brizola.⁵

Neste capítulo, que abre a segunda parte do livro, proponho uma abordagem panorâmica que levanta importantes aspectos da trajetória de Brizola como figura-chave da vida política fluminense e nacional dos anos 1980 e 1990. Para tanto, lido com três conjuntos de questões. Em primeiro lugar, trato das condições políticas do seu retorno ao Brasil e da maneira pela qual ele se posicionou como principal líder do campo político fluminense, nos anos 1980. Como governador do Rio de Janeiro, Brizola despontou como protagonista na sucessão presidencial de 1989.

Brizola nunca descurou do uso dos meios de comunicação. Como já vimos em capítulos anteriores, foi por meio deles que, em 1961, ele obteve sucesso em barrar o golpe civil-militar que tinha como objetivo impedir a posse de João Goulart. Três anos depois, essa estratégia não surtiu o mesmo efeito. Nas décadas de 1980 e 1990, valendo-se do prestígio do seu nome junto a correligionários trabalhistas, levantou recursos para publicar sistematicamente artigos na grande imprensa brasileira, os quais passaram a ser conhecidos como *tijolaços* ou *tijolões*. Durante cerca de 15 anos, Brizola usou e abusou daqueles espaços, seja combatendo seus inimigos políticos, estivessem eles à direita ou à esquerda, seja prestando contas de sua administração como governador do Rio de Janeiro, ou ainda divulgando o ideário nacionalista do "novo trabalhismo".

Como se pode verificar, os *tijolaços* se apresentam como fonte privilegiada para se examinar diferentes aspectos da "narrativa brizolista" – nosso segundo objeto de análise. Na pesquisa ora em curso, irei me deter em artigos da lavra de Brizola que se sobressaem seja pelo estilo próprio, seja por tratar de temas que se voltam para a defesa de preceitos fundamentais da sua corrente política, como nos moldes do artigo citado na abertura deste texto. Em suma, foco minha atenção na produção político-ideológica do líder trabalhista.

Por fim, acompanho sua participação em dois pleitos presidenciais, o de 1989 e o de 1998, quando, como já referido, esteve em disputa direta com Lula, em um primeiro momento, e, em outra ocasião, encontrava-se na chapa presidencial do candidato petista. Nesse segundo momento, sua liderança e seu partido viviam o ocaso político.[6]

Transição política e "novo trabalhismo"

Passemos agora a situar algumas questões que dizem respeito à atuação de Brizola e do "novo trabalhismo" no contexto da transição política brasileira. Como se sabe, a redemocratização brasileira, mesmo tendo sido conduzida pelo poder militar por meio de um conjunto desencontrado de medidas de caráter político-institucionais, nunca deixou de ser um processo complexo, de muitas idas e vindas, cujo resultado foi fruto da interação de diferentes atores políticos e sociais.[7] No campo oposicionista, uma vez liquidada a esquerda revolucionária, a liderança desse processo ficou nas mãos de grupos liberais mais ou menos comprometidos com o projeto de liberalização controlada do regime, projeto este apelidado pelos seus próceres de "distensão" ou "abertura". Em um quadro político pontuado por eleições plebiscitárias de soma zero, em que a cada pleito o crescimento da oposição também representava a perda de consistência política do partido oficial, a perspectiva institucional ganhou fôlego e se tornou o caminho preferencial para a luta democrática contra o regime.

Nesse mesmo contexto, em um fenômeno que surpreendeu governo e oposição, houve o início de um vigoroso ciclo de movimentos sociais que abriu caminho para mudanças substantivas na composição das lideranças e na condução política do movimento sindical. Uma vez que, no bojo desses movimentos, a legislação trabalhista do regime foi colocada frontalmente em xeque – postura essa que não condizia com a estratégia hegemônica congressual em curso –, foram poucas e isoladas as iniciativas da oposição parlamentar no sentido de estabelecer relações mais orgânicas entre a luta congressual e o movimento social que ganhava as ruas e os sindicatos. Em suma: é possível dizer que, em uma primeira aproximação, a dinâmica da transição política brasileira, ao contrário do que ocorrera em outros países, foi marcada pela falta de maiores vínculos políticos entre a luta oposicionista centrada no Parlamento e a de amplos setores dos trabalhadores que, naquela conjuntura, estavam constituindo o chamado "novo sindicalismo".

Dentre as tendências políticas não hegemônicas que buscavam fazer a ponte entre esses dois processos, cabe registrar nesse contexto o papel exercido pelas lideranças comunistas. No campo das lutas partidárias, as agremiações comunistas – PCB, PCdoB, MR-8 – há algum tempo desenvolviam a prática do "entrismo" no MDB e, em seguida, no PMDB, com base no diagnóstico comum de que a luta democrática passava fundamentalmente pela unidade das oposições representada pelo partido. Em função disso, denunciavam como "divisionistas" as estratégias de lideranças como Leonel Brizola e Lula da Silva de correrem por raia própria na luta democrática.

Pari passu, essas agremiações vinham também mantendo intensa atividade sindical, a qual começou a dar mais frutos exatamente na conjuntura do final dos anos 1970, quando as greves do ABC paulista começaram a mostrar novos caminhos e possibilidades para a luta sindical.

Duas foram as linhas básicas de ação das lideranças comunistas no âmbito do movimento sindical naquela quadra de mudanças. De um lado, atuaram no sentido de combater facções sindicais comprometidas com o regime militar, valendo-se para isso da militância e de um discurso em defesa da *autonomia sindical*. Por outro, trataram de comandar a formação de uma corrente sindical – a Unidade Sindical – que pudesse fazer frente à expansão de outras importantes tendências do novo sindicalismo, que tinham em Lula e no Partido dos Trabalhadores o seu centro de gravidade. Para isso, a Unidade Sindical, ao contrário das demais facções do "novo sindicalismo", propunha que fosse mantido o princípio da unicidade sindical, o que na prática significava que deveria continuar a existir apenas um sindicato por base territorial, como desde os tempos do corporativismo varguista.[8] Por óbvio, a proposta caminhava no sentido de agrupar em torno da liderança da Unidade Sindical amplos setores do sindicalismo que vicejaram durante décadas à sombra do poder público.

Em linhas gerais, é possível dizer que essas estratégias levadas adiante pelos comunistas surtiram efeito. No plano político-partidário, a transição política, mesmo sob pressão popular, seguiu o rumo por eles vislumbrado, haja vista a vitória da "frente democrática" no Colégio Eleitoral. Já no âmbito sindical, sua atuação por meio da Unidade Sindical – e depois por intermédio da Coordenação das Classes Trabalhadoras (Conclat) – serviu como importante instrumento de neutralização da expansão de um sindicalismo mais à esquerda, cada vez mais identificado com o PT e a Central Única dos Trabalhadores (CUT), estratégia essa que se encaixava na lógica partidária dos comunistas de *subordinar a ação sindical ao contexto e ao ritmo congressual da transição democrática*.

A respeito das demais facções do "novo sindicalismo", a lógica foi outra. Na verdade, bem outra, a se levar em conta, por exemplo, o papel de liderança exercido naqueles anos por Lula e o chamado "sindicalismo independente". Como a literatura tem apontado, o objetivo desse grupo, ao despontar no cenário nacional com as greves em São Bernardo e em outras cidades paulistas em fins dos anos 1970, se resumia, inicialmente, em afirmar uma posição clara contra as estruturas sindicais corporativistas, ao mesmo tempo que fizeram questão de rejeitar uma maior aproximação das estruturas partidárias, em particular dos tradicionais partidos de esquerda. Em 1983, os independentes, ao lado de outras facções sindicais à esquerda da Unidade Sindical, criaram a CUT, cuja principal orientação foi no sentido de defender, além da autonomia dos sindicatos perante o Estado, a garantia de mais liberdade quanto à formação das entidades sindicais, proposta essa que se chocava com a tese da unicidade sindical.[9]

Quanto ao plano político, essas correntes buscaram conciliar um discurso antipartidário com a formação de um partido de trabalhadores – o PT, concebido, à época, como uma estrutura democrática e não contaminada pelos vícios das demais agremiações partidárias. Na própria formação do partido, é nítido o predomínio de uma concepção "basista" e bem mais orientada pela *lógica sindical do que a da política partidária*. Mais adiante, retomaremos nossa análise em torno do PT.

Portanto, tendo em vista o que foi exposto, é possível afirmar que a condução da luta pela redemocratização brasileira se deu em torno de duas lógicas: a centrada na luta político-institucional que servia de referência geral para a oposição e para os sindicatos e movimentos que giraram em torno da Unidade Sindical, e a voltada para a construção de uma nova estrutura sindical, cujo braço político era representado pelo PT.

Diante desse quadro, não é difícil imaginar as dificuldades encontradas por Brizola para se movimentar nessa seara. Para levar adiante o seu projeto de correr em "raia própria" com vistas a alcançar o poder federal, ele deveria se mostrar capaz de colocar em xeque o projeto hegemônico de "unidade das oposições" em torno do PMDB, assim como fugir da crescente polarização nos meios sindicais entre tendências comunistas e petistas. Para isso, teve de afirmar um discurso e uma prática para além do institucional das estruturas corporativistas sindicais. Nessas circunstâncias, terminou por inventar um partido e um governo de base popular, fundados na sua liderança e no seu carisma.

Partido político e vitória eleitoral no Rio de Janeiro

Em junho de 1979, Brizola começou a pôr de pé seu partido: centenas de trabalhistas, vindos do Brasil e de muitas partes do mundo, reuniram-se na capital portuguesa para o relançamento do PTB – era o Encontro de Lisboa. No evento, o partido divulgou seu manifesto de lançamento – a Carta de Lisboa –, no qual é apresentado um conjunto de intenções e proposições que buscam produzir algum equilíbrio entre o necessário *aggiornamento* do partido e de sua principal liderança, tendo em vista a aproximação política com o socialismo democrático europeu, e a defesa da tradição do projeto nacional-estatista, de base getulista, das décadas de 1950 e 1960.[10]

Foi munido desse arsenal que Brizola desembarcou no Brasil em meados de 1979. Chegou munido também de um discurso pronto para contestar os que o viam como um empecilho à unidade das oposições e à democratização do país. Em seguidos pronunciamentos, mostrou-se como um homem sem mágoas, com os olhos voltados para o futuro e disposto a dar sua contribuição para o país pela via democrática.

Durante quase três anos, sua preocupação central foi a de transformar em realidade a criação da legenda trabalhista por todo o país, iniciativa essa que esbarraria em um sem-número de problemas. O mais visível deles foi o da perda da legenda para o grupo político liderado por Ivete Vargas, sobrinha de Getúlio e figura de confiança do regime militar. Em pouco tempo, porém, Brizola e seus adeptos deram a volta por cima ao criar um novo partido, o PDT, o qual não só reuniu condições de agregar a maior parte dos trabalhistas, como também de se apresentar à opinião pública como o verdadeiro sucessor do velho PTB.[11]

Seu maior problema político, no entanto, era outro. E bem mais sério. Desde meados dos anos 1970, a vida política brasileira girara em torno da polarização governo/oposição, fenômeno esse que, a cada pleito, tornava mais forte a frente oposicionista, o MDB, junto ao eleitorado das maiores cidades do país. Para romper com a lógica plebiscitária que dava fôlego ao projeto de poder do MDB, o general Figueiredo, no âmbito da "abertura política", tomou a iniciativa de fazer aprovar uma anistia parcial e uma reforma partidária, também parcial, com vistas a ganhar maior margem de manobra dividindo a oposição. Na prática, porém, essa iniciativa do regime não surtiu os efeitos esperados, uma vez que os grupos que controlavam o MDB, constituídos em sua maioria por liberais, se mostraram em condições de, por intermédio agora do PMDB, reunir uma numerosa bancada nas duas casas do Congresso, assim como manter o apoio de amplas parcelas da opinião pública. Para completar, havia outro dado que não se pode desprezar, ainda que por demais conhecido: a incontornável e profunda desconfiança dos grupos conservadores e de grande parte da grande imprensa em relação ao líder trabalhista. Portanto, nesse panorama de adversidades, tornava-se muito difícil o trabalho de arregimentação política levado a efeito por Brizola e por outros líderes dos novos partidos oposicionistas.

Em 1982, ao apresentar sua candidatura ao governo do estado do Rio de Janeiro, Brizola contava, portanto, com o apoio de uma legenda que começava a despontar e ganhar alguma musculatura política, ainda que seu raio de influência se concentrasse na capital e em algumas cidades das regiões metropolitana, serrana e sul do estado. Por outro lado, o líder pedetista se veria diante de adversários à frente de duas poderosas máquinas políticas: a federal, em associação com a corrente liderada pelo senador Amaral Peixoto, representada pela candidatura Moreira Franco; e a estadual, cujo candidato Miro Teixeira era apontado como sucessor de Chagas Freitas e de sua poderosa máquina política. Para enfrentá-los, ao arregaçar as mangas do seu uniforme de campanha – sua indefectível camisa azul – com vistas a dar início a uma nova *peleja*, Brizola dispunha fundamentalmente do seu carisma, do seu temido talento de mobilizar as massas e de sua histórica condição de "agitador político", fato esse que o levou a abandonar, ao menos temporariamente, o perfil de estadista moderado que encarnara nos últimos anos, desde o fim dos tempos do exílio.

No tocante à vitória de Brizola no pleito estadual de 1982, a qual terminou por assumir feições dramáticas em decorrência da descoberta de um sistema criminoso de fraude no processo de apuração dos votos, cabe aqui, ainda que brevemente, chamar a atenção para duas ordens de questões.

Uma delas diz respeito à *performance* do próprio Brizola. A literatura sobre o tema é consensual: Brizola, ao partir para o ataque, ao acionar uma estratégia ofensiva – em que um dos principais elementos foi a desqualificação dos seus adversários –, terminou por construir pessoalmente sua vitória. Para fazê-lo, valeu-se, por um lado, do espaço nos meios de comunicação, dominando os debates televisivos. Por outro, tratou de intensificar a política do corpo a corpo, fazendo questão de marcar presença em áreas de perfil popular, como a Zona Oeste carioca, chamando para si o atendimento de algumas das históricas reivindicações de moradores da região, como a de regularização dos loteamentos clandestinos. Paralelamente, Brizola firmaria ainda seu compromisso radicalmente contrário à política de remoção de populações faveladas.[12]

Outra face da sua estratégia ofensiva foi a de desferir duro combate a dois projetos de poder de nítida tendência *estadualista* – o chaguista, amplamente hegemônico na cidade do Rio de Janeiro e muito forte em várias áreas do estado; e o amaralista, com boa expressão em Niterói e no interior, devido à influência do ex-governador Amaral Peixoto. Em lugar disso, Brizola deliberadamente *nacionalizou as eleições*, fazendo questão de bater muitas vezes na tecla da tradição e da responsabilidade nacional do Rio de Janeiro para com o país. Portanto, por meio de apelos nacionalizantes e com a força do seu carisma, tratou de, com sucesso, promover uma *desrotinização* no campo político fluminense.[13]

Como sabemos, toda essa operação deu resultado: ao final da campanha, nos meses de outubro e novembro, as ruas da capital do Rio de Janeiro tomaram ares de festa cívica, de "celebração de adesões, identificações, expectativas e mobilização política", conforme assinalou em seu estudo o cientista político João Trajano Sento-Sé.[14] Com isso, em meio a uma verdadeira irrupção popular que pôs abaixo as poderosas estruturas que até então dominavam o estado, selou-se um pacto político entre o *protagonista* e amplas parcelas do eleitorado fluminense. Em março de 1983, no dia da posse do novo governador, uma festa popular nos jardins do Palácio Guanabara marcou o início da era Leonel Brizola no Rio de Janeiro.

A pregação cívica de Leonel Brizola

Passemos agora a nos deter na narrativa brizolista a fim de acompanhar alguns dos embates de ideias que o líder trabalhista gaúcho travou com seus adversários políticos. Nesta seção, como anteriormente registramos, nossa principal fonte de pesquisa são os artigos assinados por Brizola na imprensa – os chamados *tijolaços*.

Como ponto de apoio de minha análise, irei me valer de alguns registros de um texto do jornalista Ápio Gomes que foi publicado no site do PDT, em 4 de junho de 2010, sob o sugestivo título "Tijolaço para principiantes". Nele, o autor apresenta um balanço e um breve painel daquelas publicações que, segundo ele, serviam para "furar o bloqueio da grande imprensa (...) que, em coro uníssono, tinha como tarefa maior anular sua presença na política nacional".[15]

Especificamente sobre o estilo dos *tijolaços*, Gomes faz menção ao seguinte trecho do depoimento de Fernando Brito, assessor de Brizola e um dos redatores responsáveis pela coluna. Diz Brito: Os artigos eram

> moldados à semelhança da sua [de Brizola] oratória: períodos longos, metáforas, muitas referências históricas e uso de palavras que, conquanto expressassem corretamente a ideia, muitas vezes eram incompreensíveis ao leitor menos preparado: *contubérnio* (mancebia, convivência promíscua), *despifarro* (espanholismo que significa desperdício), *procrastinação* (protelação) e outras...[16]

Como se pode verificar, estamos diante de uma interessante questão para se começar a penetrar no universo simbólico brizolista. Senão, vejamos.

Gomes registra a função precípua dos *tijolaços* – a defesa do nome e do(s) governo(s) de Brizola. Para tal, a estratégia consistiu em adquirir e ocupar espaços no campo do próprio adversário, no caso a grande mídia. Ao mesmo tempo, temos um instrumento de comunicação que, conforme os dizeres de Brito, foge dos cânones do bom texto jornalístico, isto é, não se propõe a ser conciso, claro e de fácil acesso ao público. Portanto, é possível concluir que, à primeira vista, o que temos é um claro problema de comunicação – uma peça de oratória política ocupando um espaço nobre, caro e inadequado. Um mero equívoco.

Outra leitura possível, que reputo mais interessante e fértil, é pensar nos tijolaços como algo fora dos quadrantes teoricamente assépticos do texto jornalístico prenhe de informações e "dados objetivos". Seus propósitos e intenção eram outros, quais sejam o de alertar, mobilizar, tocar o leitor. Para tal, Brizola vale-se da melhor arma do seu arsenal: sua oratória agora transformada em texto. É exatamente isso que Brito está dizendo quando afirma que os tijolaços eram moldados à semelhança da oratória de Brizola.

Para lidar com esse fenômeno comunicativo e político ao mesmo tempo atraente e complexo, cabe preliminarmente, no meu modo de entender, tomar alguns cuidados de cunho metodológico para não cairmos em generalizações apressadas. Trata-se, afinal, de um amplo universo composto, segundo Gomes, por 456 tijolaços, dividido em 1.142 matérias que foram publicadas na imprensa entre os anos de 1984 e 1998. Entre outros procedimentos, é mister estabelecer tipologias, buscar recorrências temáticas, estudar mudanças e modulações no formato e nos conteúdos etc.

Em trabalho anterior, escrito em coautoria com Flávia Azevedo,[17] propus dividir os tijolaços em três tipos: informes, libelos e manifestos. Nos informes, Brizola "noticia realizações de governo, divulga avisos e esclarecimentos à população, desenvolve comentários curtos sobre um tema, aborda questões variadas, ao estilo da crônica". Já os libelos se apresentam

> como ferramentas de ataque de Brizola aos seus adversários políticos, ao Governo Federal, aos setores midiáticos e, em especial, às Organizações Globo. Ao mesmo tempo, são instrumentos de defesa recorridos pelo político para a proteção e preservação de sua imagem, popularidade e apoio civil diante das denúncias e críticas daqueles que o atacam. Os libelos são, portanto, a arma e o escudo dos *tijolaços*, sendo marcados por um tom moralista e permeados pela indignação.[18]

Por fim, nos manifestos, "os programas e plataformas do novo trabalhismo" são expressos e o passado nacional-varguista é resgatado. O ideário, projeto e objetivos trabalhistas se fazem presentes através da valorização do mercado interno, da ruptura com a intervenção do capital estrangeiro, da luta por um Estado democrático, do incentivo ao sistema educacional e da melhoria dos serviços públicos. A ideologia nacionalista se apresenta como fio condutor da linguagem desse tipo de tijolaço, mediante a utilização de termos e expressões como "Nação", "povo brasileiro", "soberania e consciência nacionais", "desenvolvimento" e "progresso".[19]

Em particular nos "libelos" e "manifestos", é possível verificar, mais frequentemente, uma estrutura narrativa comum e bastante marcada pelo uso recorrente de recursos linguísticos como a analogia e a comparação. A leitura desses textos nos sugere uma aproximação com gêneros literários cuja marca distintiva é a defesa e o ensinamento de valores morais, como na fábula, na parábola e no apólogo. Esses gêneros, na acepção de Mariza Borges Arantes, são, por excelência, *argumentativos*, isto é, são motivados pela intenção do locutor em "ir muito além de ensinar, ele quer mudar ou estabelecer o comportamento do seu interlocutor".[20] No meu modo de entender, era exatamente essa a finalidade última dos tijolaços. Vejamos dois exemplos.

Comecemos com o artigo intitulado "Dois patamares da História", publicado no dia 13 de julho de 1986, ou seja, em um contexto de tensão marcado ao mesmo tempo pela reforma econômica financeira ("Plano Real") e pela luta político-eleitoral que se avizinhava. Nele, Brizola estabelece analogias entre o tempo presente e os anos finais do Império. Para o autor, são muitas as semelhanças. Diz Brizola:

> Àquela época [no Império], *também* havia um modelo econômico, sustentado por um núcleo autoritário, voltado para a exportação, centralizador, concentrador de renda e, o que era essencial, fundado na exploração humana, a escravatura. E não faltavam, *também*, os envolvimentos financeiros e a dependência das cortes europeias e os bancos e agiotas internacionais. Sem o trabalho escravo seria inconcebível a existência do modelo econômico da Monarquia. Analogamente, sem a servidão de milhões de trabalhadores sob arrocho salarial, e a miséria e marginalização de intensos contingentes do nosso povo, *também* o atual modelo econômico não conseguiria subsistir.[21] [grifos do autor]

Nesse artigo, Brizola serve-se à larga de exemplos históricos para demonstrar reiteradamente – daí o uso frequente do advérbio de inclusão "também" – a incapacidade de nossas elites políticas em levar adiante projetos voltados para o atendimento dos interesses nacionais. O que temos, segundo ele, é a constituição de castas de privilegiados que controlam o poder por meio do estabelecimento de "modelos econômicos" que só servem para reproduzir o *statu quo*. Para Brizola, essa é a raiz de fundo da crise do Império, como também da chamada "Nova República". Vejamos como ele se refere a esse estado de coisas.

> Os sucessivos gabinetes também decretavam reformas. (...) Lutavam, desesperadamente pela continuação do regime. (...) A abolição desmantelou as bases do modelo econômico e fez ruir o autoritarismo monárquico. Eram impostergáveis as exigências democráticas da Nação. Tudo o que vinha dessas elites soava falso. Só a própria Nação, sob uma nova ordem republicana e democrática, é que poderia desatar o nó górdio que estrangulava a nacionalidade.

Ao concluir, Brizola reencontra os tempos atuais e assevera em tons proféticos:

> E em nossos tempos, o que ocorrerá? (...) Tramem as elites o que quiserem e o que puderem, como vêm fazendo agora. Trabalham para construir, não uma ordem democrática, mas um regime para manter e aprofundar o atual modelo econômico impatriótico e desumano. Mas, o futuro não será outro senão o de uma ordem republicana e democrática, impregnada do social e dos direitos humanos do povo brasileiro.

Passemos agora a um segundo texto que lida com outros temas, mas que apresenta uma estrutura e uma ordenação discursivas semelhantes. Trata-se do artigo "Parlamentarismo: de novo, um casuísmo", publicado em dezembro de 1992. Nele, Brizola promove uma leitura própria da nossa história política republicana, valendo-se, uma vez mais, dos recursos retóricos da analogia e do contraste. Para Brizola, há a demarcação de dois tempos históricos bem definidos: o da criação e afirmação do trabalhismo varguista, erguido sob a égide do presidencialismo, e os novos tempos pós-ditatoriais marcados pela crise, pela indefinição e pela ação conspiratória das elites contra o povo. Contra tudo isso coloca-se o projeto trabalhista, o único que se identifica com a histórica luta popular. Vejamos.

O mote desse segundo tijolaço é a crítica frontal ao movimento parlamentarista no Brasil, visto por Brizola como "mais um expediente cínico e traiçoeiro entre aqueles que as elites brasileiras têm utilizado para conservar o poder e evitar que a população defina, pela sua vontade soberana, os destinos do país". Segundo ele, essas mesmas elites têm agido historicamente, dentro do próprio sistema presidencialista, no sentido de invalidá-lo ou mesmo enfraquecê-lo como instrumento de transformações sociais, frustrando as expectativas e os direitos do povo brasileiro. Nas palavras de Brizola:

> nos últimos 40 anos – desde a eleição de Vargas –, o Brasil não tem a chance de eleger um governo coerente, cuja expressão eleitoral se reflita

na área parlamentar. Desde 1950, ou se elege um presidente com o Congresso já formado, ou se elege um presidente em meio a um mandato presidencial. Para um governante, sobreviver a um quadro desta natureza, só à custa de manobras, arranjos e concessões. Ainda mais agora, em meio a um sistema de comunicação avassalador, de natureza empresarial e monopolista, muito mais voltado para os interesses da manutenção do *statu quo* do sistema econômico neocolonial do que preocupado em defender os valores nacionais e os direitos e aspirações da população.[22]

Brizola via no próximo pleito, a se realizar em 1994, uma oportunidade ímpar para promover as alterações necessárias nesse estado de coisas, uma vez que seriam realizadas eleições simultâneas à Presidência da República, ao Congresso Nacional – havendo a renovação de 2/3 das cadeiras do Senado Federal – e aos governos de todos os estados. Daí, nas palavras de Brizola, "o povo brasileiro poderá eleger um governo comprometido, acima de tudo, com a população e que conte com a maioria do Congresso e o apoio de um sólido conjunto de governadores para executar um programa de transformações que tire, finalmente, o nosso país da crise a que o levaram".[23]

A campanha parlamentarista, registra o líder trabalhista, nada mais representa do que um casuísmo: um mecanismo de usurpação de um direito que negaram por tanto tempo ao povo brasileiro. Esse mesmo artifício, lembra ele, deu-se em 1961, quando seus artífices "precisaram esconder-se numa madrugada para violar a Constituição, a fim de impor aquele regime absurdo". Então, finaliza:

> seria impensável que a população fosse renunciar a essa chance, cassando a si própria o direito de instituir um governo que abra novos caminhos para o Brasil e para os brasileiros, deixando que, em seu lugar, ascendam ao poder os acordos, conchavos e arranjos parlamentares das elites brasileiras.[24]

Nesse artigo, a narrativa de Brizola vale-se de marcos históricos-referência para demarcar seu caráter argumentativo. São eles: a eleição de Vargas em 1950, a última a produzir um verdadeiro presidencialismo, e a implantação, às carreiras, do sistema parlamentarista, vista à época por Brizola como um embuste. Esses dois eventos históricos, de fundamental importância na construção da narrativa trabalhista, são mencionados para situar o argumento central do autor: o novo embuste proporcionado pela campanha parlamentarista que se desenvolve tendo em vista o plebiscito sobre sistema de governo a se realizar no primeiro semestre de 1993. Nos termos fortes em que Brizola lida com seus adversários nos anos 1990, percebe-se os ecos de suas palavras das lutas políticas desferidas contra esse mesmo inimigo – travestido de parlamentarismo – no início dos anos 1960.

Para além dessa clara linha de continuidade entre esses dois tempos, Brizola aponta em seu *manifesto antiparlamentarista* distinções entre o antes e o agora. A principal novidade é a constituição de um "sistema avassalador de comunicação" a servir de base política à ação retrógrada das elites oligárquicas e das classes dominantes. Para o enfrentamento desse estado de coisas, a receita é mais ou menos a mesma da de 1960: a defesa do ideário trabalhista na constituição de um governo federal forte, popular e soberano capaz de realizar as necessárias mudanças de fundo no país. Neste *manifesto*, como de resto em todos os demais, Brizola se detém nesse ponto, não segue adiante, não avança em proposições de cunho disruptivo e revolucionário que colocam em xeque a ordem vigente, como o fez às vésperas do golpe civil-militar de 1964, sob a alegação de que faltava legitimidade ao sistema político de então. Essa postura, cabe observar, mostra-se coerente com a linha adotada pelo partido trabalhista que, desde a divulgação da Carta de Lisboa, de junho de 1979 – considerada o documento fundador da agremiação – tornara explícita a defesa da via democrática para responder aos desafios do país. Por caminhos diversos, outras correntes das esquerdas brasileiras também fizeram o mesmo.

Nesses dois exemplos, temos alguns elementos centrais da narrativa brizolista das décadas de 1980 e 1990. Em Brizola, tudo se transforma em manifesto, em pronunciamento direto e frontal, independente do meio que usa e mobiliza para alcançar seus objetivos – a rua, a TV, o rádio ou mesmo a imprensa. Temos, portanto, nada mais, nada menos, do que um *tribuno* que se vale de um estilo particularíssimo para atingir seu público. Para tal, nada de marketing ou efeitos especiais. Apenas a palavra, a *pregação cívica*. Como veremos a seguir, esses recursos acabaram por se mostrar insuficientes para que o líder trabalhista alcançasse a Presidência da República.

Esquerdas em disputa e crise do projeto trabalhista

Dois partidos, o Partido dos Trabalhadores (PT), de Lula, e o PDT, de Brizola, polarizaram o campo das esquerdas no Brasil nos anos de 1980 e 1990. Tratemos, por ora, de nos concentrar no exame de alguns aspectos que marcaram a constituição e a trajetória do primeiro, com vistas a levantar algumas hipóteses de trabalho relativas à crise e ao declínio do projeto político do "novo trabalhismo".

Não sem razão, o PT tem sido a experiência partidária mais estudada pelas nossas ciências sociais e pelos historiadores, já que, desde os anos 1990, veio a se transformar em força hegemônica no campo das esquerdas e uma das siglas partidárias mais fortes do país. Em brevíssima síntese, há de se situar o PT como um "partido frente" que reuniu sindicalistas, líderes de movimentos sociais, setores da Igreja popular e ex-militantes da luta armada de diferentes organizações em torno de um projeto de cunho socialista a ser construído na prática. O PT constitui sua identidade em contraposição tanto à tradição conservadora da política brasileira, daí buscando firmar-se como um partido novo e classista, quanto ao que identificava como "os vícios" da "esquerda tradicional", seja ela comunista – seja ela "populista" –, e aqui o adversário é o trabalhismo capitaneado na época por Leonel Brizola.[25]

Lula é a face mais conhecida de uma agremiação de ampla capilaridade social, com crescente presença nos sindicatos da classe operária e de classes médias, nos movimentos urbanos e rurais, assim como nas comunidades eclesiais de base. Nos anos 1980, ocupa espaços à esquerda no espectro político, interpelando diretamente a condução da transição brasileira levada adiante pelos liberais em aliança com grupos conservadores. Ao mesmo tempo, a legenda não deixa de lançar candidatos a cargos executivos e legislativos, obtendo, ao longo da década, uma votação crescente nos grandes centros urbanos do país. Nessa primeira fase, o PT é bem mais uma frente político-social com expressão partidária do que o contrário.

No plano doutrinário, o partido mostra-se prenhe de questões que marcavam aqueles anos de crise da ditadura brasileira e de declínio do comunismo soviético. Em seus documentos, é explícita a tentativa de voltar-se para a criação do novo no plano partidário. O partido é autorreferente e volta-se constantemente para discussões acerca da democracia interna e da possibilidade de se assegurar liberdade às diversas facções e correntes internas. O objetivo é claro: o de contrapor-se à experiência do centralismo soviético, como à das organizações de extrema esquerda.

Todo esse debate interno teve importantes consequências políticas. Por um lado, ajudou a criar uma imagem do partido como uma agremiação moderna, marcada por princípios, intransigente e infensa ao jogo dos políticos profissionais. De outro, terminou por criar obstáculos à adoção de uma estratégia política que possibilitasse alianças no plano partidário e parlamentar com vistas a alcançar o poder. Na década de 1990, sob a liderança de Lula e José Dirceu, o partido terminou por definir-se por uma linha mais pragmática.[26]

Não por acaso, o PT ganhou ares de fenômeno novo na vida política brasileira. Ele nunca foi uma coisa só e quase nunca rezou por uma única cartilha. Em sua prática política interna, configurou-se como um "parlamento das esquerdas", adquirindo, aos poucos, capacidade de atrair aliados nesse campo – como o PSB, o Partido Comunista do Brasil (PCdoB) e, depois, os próprios trabalhistas. Não se mostraria imune às ambiguidades: afirma o seu caráter laico e republicano, convivendo com forte expressão cristã em suas bases; combate o culto à personalidade populista e sua ação política, ao mesmo tempo que centra sua mensagem em torno da figura de um líder carismático, apresenta-se como um partido socialista sem um projeto socialista...

Por tudo isso, não é difícil de entender o quadro de desinteligência que marcaria o histórico das relações entre o PT e o "novo trabalhismo" nos anos em tela. Na verdade, estamos diante de dois projetos políticos, duas narrativas partidárias bem distintas e demarcadas, e, o que é mais importante, dois fortes candidatos à Presidência da República.

Com vistas a melhor compreender a dinâmica dessas relações, tomei como objeto, em pesquisa ainda em curso, a participação de Brizola e Lula em dois eventos-chave de suas carreiras políticas: as campanhas à Presidência da República nas eleições de 1989 e de 1998. Na primeira delas, foram os dois principais nomes das esquerdas a disputar posição com o candidato das direitas – Fernando Collor. Na segunda, estão juntos compondo a mesma chapa – Lula como candidato a presidente e Brizola como vice.

No pleito de 1989, é possível verificar que estamos diante de duas estratégias de campanha bem diversas e que dizem respeito à maneira pela qual os dois partidos e suas lideranças se posicionavam no espectro político brasileiro. À época, Brizola era visto como um dos candidatos favoritos, dada sua ampla influência no Rio de Janeiro e no seu estado natal, Rio Grande do Sul, além do seu forte apelo junto aos meios populares. Diante desse quadro, sua estratégia, em um primeiro momento, foi a de concentrar suas críticas nas direitas, desconhecendo Lula e o PT. Com uma equipe pequena e centralizada na sua figura, Brizola confiou na sua experiência e no seu tino político para conduzir uma campanha improvisada, com poucos recursos e inteiramente centrada na sua pregação.[27]

Nos meses finais de campanha, a luta política entre os dois candidatos das esquerdas se intensificou. Em particular no momento em que Brizola começou a se dar conta de que sua estagnação nas pesquisas estava diretamente relacionada ao crescimento da candidatura Lula. Em consequência disso, reagiu com virulência contra o candidato petista, a quem atribui falta de experiência para chegar à Presidência. E mais: passou a bater na tecla de que o PT era a "esquerda que a direita gostava", uma vez que estaria ali somente para marcar posição, ou seja, para perder.

Lula, ao contrário de Brizola, liderou uma campanha mais moderna, mais desenvolta e mais criativa na televisão. Valeu-se da mística de candidato operário e da originalidade do seu partido. Coerentemente com a lógica petista, atuou no sentido de firmar a legenda e ocupar posições. Depois de vencer Brizola no primeiro turno e obter dele o apoio à sua candidatura, mostrou-se pouco confortável no segundo turno – exatamente no momento em que precisava deixar claro o que ele e seu partido queriam para o país. Seu adversário, ao contrário, sabia bem o que fazer no país – levar o Brasil para o "Primeiro Mundo" conforme o figurino ditado por Ronald Reagan e Margareth Thatcher. Foi nesse contexto que Brizola cunhou a expressão "sapo barbudo". Lula era um sapo que a elite deveria engolir. Em 1989, não foi isso que acabou por ocorrer.

Nas eleições de 1998, a situação mudou de figura. Por variadas razões táticas e eleitorais, Lula e Brizola, e seus respectivos partidos, optaram por construir um programa político-eleitoral comum. Razões para isso não faltavam: a conjuntura era desfavorável para ambos e a aliança se impunha como necessária para enfrentar uma situação nova na história política brasileira: um candidato no cargo de presidente disputava a reeleição com ampla possibilidade de vitória.

Por ora, fiquemos com uma breve menção acerca de alguns aspectos dessa aliança político-eleitoral. Um primeiro ponto a observar é que ela resultou de entendimentos que começaram a tomar corpo anos antes, ou seja, em seguida à nova derrota eleitoral de Lula e Brizola no pleito presidencial de 1994. No ano seguinte, a nova direção do PT, sob o comando de José Dirceu, aposta suas fichas em uma linha política que tinha como eixo central a construção de alianças com vistas a garantir a chegada do partido ao poder. Depois de 15 anos, a agremiação assumia mais explicitamente seu caráter político-eleitoral, atenuando seu *ethos* de frente social partidária.

Por outro lado, Brizola e o PDT obtiveram um resultado político-eleitoral inexpressivo nas eleições de 1994, deixando o espaço aberto à esquerda para o PT. Cabia ao líder-mor do PDT, por obrigação moral, assegurar a permanência do partido, nem que para isso se visse obrigado a assumir um papel secundário no próximo pleito presidencial. Foi o que terminou por ocorrer. Brizola, com 76 anos, tornou-se vice de Lula.

Na fase atual da investigação, não foi possível ainda avaliar dois aspectos que considero importantes e que dizem respeito à condução daquela campanha presidencial, a saber: 1) Qual foi o papel que Brizola e o trabalhismo desempenharam naquela campanha; 2) Quais foram os acordos que orientaram o programa que reuniu os dois líderes e as duas agremiações? Em uma primeira leitura, ao se examinar o material de campanha, ou pelo menos parte dele, é possível perceber que estamos diante de uma importante inflexão no discurso de Lula, antevendo-se a presença de expressões caras ao discurso trabalhista. Na ocasião, Lula apresenta-se como o "candidato do povo", da "união do povo", e não mais como o representante "dos trabalhadores" ou da "classe trabalhadora". Verifica-se ainda o uso de recursos em que ganha centralidade a figura do líder experiente e identificado diretamente com as lutas populares.

Nos seus escritos na imprensa, os tijolaços, Brizola ajudou a conformar essa nova imagem do Lula popular. Dizia ele:

> A sinceridade do que propõe está estampada em seu próprio rosto, em sua origem pessoal e trajetória política. Pode alguém acreditar que Lula presidente irá fazer desemprego? Que irá arrochar salários, aumentar os juros e abalar a produção? (...) Que poderia abrir mão da soberania nacional, só para permanecer no governo?[28]

Para concluir, poderíamos dizer o seguinte a respeito das relações entre essas personalidades e partidos.

Criados no início dos anos 1980, PDT e PT assumiram feições e trajetórias muito diversas. No plano político-eleitoral, a preeminência coube ao primeiro, uma vez que, já nas eleições de 1982, o PDT afirmou-se como uma legenda eleitoralmente forte e com reais perspectivas de alcançar o poder federal pelas mãos de Leonel Brizola. Nesse mesmo momento, o PT obteve resultados eleitorais modestos, seja em pleitos federais, seja em pleitos locais. A par disso, o partido de Lula, ao longo da década, consolidou-se como o principal instrumento político dos movimentos sociais.

Outro traço distintivo das duas agremiações diz respeito à maneira pela qual ambos lidaram com a história política brasileira. O PDT, como vimos, fazia questão de se colocar como herdeiro direto do "velho trabalhismo" dos tempos do "Dr. Getúlio". Na retórica partidária, eles, os trabalhistas, "vinham de longe" e representavam, nada mais, nada menos, do que "o fio da História" das lutas do povo brasileiro contra a injustiça e a opressão perpetradas pelas elites. Já o PT, caminha em sentido oposto, buscando desvencilhar-se dos erros históricos das esquerdas e afirmando-se como algo novo, como um "fenômeno político" verdadeiramente democrático e capaz de reunir a classe trabalhadora em torno de um projeto próprio de poder.

Quando se observa o quadro político-partidário brasileiro nas décadas de 1980 e 1990, não há como negar o fato de que essas duas agremiações, cada qual à sua maneira, obtiveram uma razoável margem de sucesso em suas empreitadas políticas, uma vez que, como já mencionamos, vieram a polarizar o campo das esquerdas naquela quadra política brasileira. Para o PDT, porém, o quadro se apresentaria mais difícil. Senão, vejamos.

Durante todo esse tempo, ou seja, desde a vitória eleitoral de 1982 até a *débâcle* de fins da década de 1990, Brizola e o PDT pouco se movimentaram no plano doutrinário, buscando contar fundamentalmente com as cidadelas carioca e gaúcha e com a força e o carisma de sua principal liderança política. Afinal, naqueles tempos marcadamente neoliberais, não havia mesmo o que mudar em seu projeto nacional--estatista. Restava, portanto, resistir. Em suma: o "novo trabalhismo" não quis – ou, talvez mesmo, não pôde – reavaliar a tradição.

O PT, por seu turno, promoveu uma importante inflexão em sua trajetória em meados dos anos 1990. Ao lado de privilegiar as lutas político-institucionais, o partido abriu o seu programa para temas bastante caros à tradição trabalhista e ao programa nacional-estatista, seja denunciando as privatizações, seja dando ênfase na luta pelos direitos sociais. Daí, a título de hipótese, sugiro que não se deva examinar a aliança de Lula e Brizola nas eleições de 1998 como mero arranjo político de ocasião. Ao invés disso, tendo a ver aquela iniciativa levada adiante por parte de lideranças petistas, com Lula à frente, como um movimento no sentido de ajudar a pavimentar a construção de uma plataforma nacionalista alternativa ao projeto social-liberal conduzido pelo presidente Fernando Henrique Cardoso e pelo Partido da Social Democracia Brasileira (PSDB). A meu ver, creio que esse movimento estratégico ganhou fôlego e veio a ser consagrado nas vitórias ulteriores do partido nas eleições presidenciais de 2002, 2006, 2010 e 2014.

Um dado interessante nessa história é que o PT, ao contrário do que costuma ocorrer na história de partidos de sua natureza, conseguiu crescer no plano eleitoral ao mesmo tempo que demonstrou capacidade de se moldar às circunstâncias políticas, terminando por consolidar seu papel de força hegemônica nas esquerdas, sem perder sua identidade junto ao eleitorado. Esse mesmo movimento foi replicado nas eleições de 2002, quando se colocou como uma agremiação confiável ao nervoso capital financeiro. O PDT, como pudemos verificar, não apresentaria essa mesma plasticidade.

Notas

1. Pesquisa financiada com Bolsa de Produtividade em Pesquisa do CNPq.
2. *Jornal do Brasil*, Rio de Janeiro, 25/5/1986.
3. O uso da expressão "trancos e barrancos" alude ao livro do mesmo nome de autoria de Darcy Ribeiro – figura-chave do trabalhismo brizolista das décadas em questão. Conferir RIBEIRO, Darcy. *Aos trancos e barrancos: Como o Brasil deu no que deu*. Rio de Janeiro: Guanabara, 1985.
4. Sobre o tema, ver trabalho seminal de FERREIRA, Jorge. *Panfleto*: as esquerdas e o "jornal do homem da rua". *Varia História*, vol. 26, n. 44, Belo Horizonte, jul.-dez. 2010, pp. 619-38.

5. Para uma abordagem ampla do fenômeno Brizola na história política brasileira contemporânea, consultar SENTO-SÉ, João Trajano. *Brizolismo: estetização da política*. Rio de Janeiro: Editora FGV/ Espaço e Tempo, 1999. Conferir biografia bem documentada de Brizola em LEITE FILHO, F. C. *El caudilho: Leonel Brizola – um perfil biográfico*. São Paulo, Aquariana, 2008.
6. Este trabalho recupera e recompõe alguns trechos dos capítulos "Brizola e movimentos sociais" e "O Rio de Janeiro de Leonel Brizola", ambos publicados em FREIRE, Américo. *Sinais trocados: O Rio de Janeiro e a República brasileira*. Rio de Janeiro: 7Letras, 2012, pp. 223-76.
7. Ver estudos variados sobre o tema em ABREU, Alzira Alves (org.). *A democratização no Brasil: Atores e contextos*. Rio de Janeiro: Editora FGV, 2006.
8. Sobre a formação e as reivindicações da Unidade Sindical, ver MARTINHO, Francisco Carlos Palomanes. "O estatismo sindical e a transição democrática". *In*: RAMALHO, José Ricardo e SANTANA, Marco Aurélio (orgs.). *Trabalho e tradição sindical no Rio de Janeiro*. Rio de Janeiro: DP&A Editora/Faperj, 2001, pp. 216-17.
9. *Idem*.
10. Conf. análise da Carta de Lisboa em SENTO-SÉ, João Trajano. "Um encontro em Lisboa": *In*: FERREIRA, Jorge e REIS, Daniel Aarão (orgs.). *Revolução e democracia (1964- ...)*. Rio de Janeiro: Civilização Brasileira, 2007, pp. 429-39. Sobre as bases do nacional-estatismo, cf. REIS, Daniel Aarão. *Ditadura militar, esquerdas e sociedade*. Rio de Janeiro: Jorge Zahar, 2005, pp. 12-18.
11. A respeito da formação do PDT, ver FREIRE, Américo (coord.), *José Talarico. Depoimento ao CPDOC*. Rio de Janeiro: FGV, 1998.
12. Sobre o tema, ver FREIRE, Américo. "Brizola e os movimentos sociais". *Op. cit.*, p. 266.
13. A respeito dos ciclos de rotinização e nacionalização na história do Rio de Janeiro, cf. FREIRE, Américo e SARMENTO, Carlos Eduardo. "Três faces da cidade: um estudo sobre a institucionalização e a dinâmica do campo político carioca". *Estudos históricos*. Rio de Janeiro, vol. 13, n. 24, pp. 295-332.
14. SENTO-SÉ, João Trajano. *Brizolismo: Estetização da política e carisma. Op. cit.*, p. 249.
15. Disponível em: <http://www.pdt.org.br/index.php/articles/tijolaco-para-principiantes>. Acesso em 5/2/2015.
16. *Idem*.
17. Cf. FREIRE, Américo e AZEVEDO, Flávia. "Intervenção política, imprensa e democracia: Os *tijolaços* de Leonel Brizola". *Anos 90*. Porto Alegre, vol. 18, n. 33, pp. 15-40, jul. 2011.

18. *Idem*, p. 36,
19. *Idem*, p. 37.
20. ARANTES, Mariza Borges. "A argumentação nos gêneros fábula, parábola e apólogo". Uberlândia: Dissertação de mestrado, UFU, p. 123.
21. *Jornal do Brasil*, Rio de Janeiro, 13/7/1986.
22. *Jornal do Brasil*, Rio de Janeiro, 27/12/1992.
23. *Idem*.
24. *Idem*.
25. Sobre a trajetória do PT, cf. SECCO, Lincoln. *História do PT*. São Paulo: Ateliê Editorial, 2011.
26. A respeito das mudanças na "alma" do partido, ver recente estudo de SINGER, André. *Os sentidos do lulismo: Reforma gradual e pacto conservador*. São Paulo: Companhia das Letras, 2012.
27. Para o acompanhamento da campanha presidencial de Brizola de 1989, cf. AGUIAR, Ricardo Osman. *Leonel Brizola: Uma trajetória política*. Rio de Janeiro: Record, 1991.
28. *Jornal do Brasil*, Rio de Janeiro, 16/8/1998.

CAPÍTULO 7 As esquerdas revolucionárias, Leonel Brizola e a refundação do trabalhismo
Michelle Reis de Macedo

Leonel de Moura Brizola, um dos mais importantes herdeiros da tradição trabalhista, morreu em 21 de junho de 2004, num momento em que sua carreira na política brasileira já não mais lhe garantia êxitos eleitorais como os do passado. No entanto, horas após o anúncio de seu falecimento, o grande número de reportagens e homenagens demonstrou o quanto ele ainda provocava paixões. Observando o comportamento de muitos brasileiros nos funerais de Brizola, bem como analisando parte do que foi escrito pela imprensa sobre o assunto, Angela de Castro Gomes levanta a hipótese de que Brizola foi lembrado no momento da morte como defensor dos valores democráticos e, a partir daí, o episódio da Campanha da Legalidade de 1961 ganhou relevo. Mesmo que seu caráter autoritário tenha sido mencionado algumas vezes, o que prevaleceu foi a imagem de Brizola como um líder da luta pela democracia no Brasil.[1] Como todo mecanismo de (re)construção da memória é justificado pelos interesses do presente, os debates em torno de sua morte contribuíram para reforçar e exaltar os valores democráticos da sociedade brasileira.

Em 2014, dez anos depois, Leonel Brizola foi solenemente homenageado no Plenário da Câmara dos Deputados. Por meio de discursos de alguns políticos, atitudes do líder trabalhista foram novamente recordadas como façanhas políticas importantes para a história recente do país. Seu modo de fazer política foi associado a fortes demandas atuais, como reforma agrária e educação de qualidade. Representantes de diversos partidos políticos – Partido dos Trabalhadores (PT), Partido Comunista do Brasil (PCdoB), Partido Democrático Trabalhista (PDT), Partido Socialista Brasileiro (PSB), e outros – destacaram a coragem como característica marcante da personalidade de Brizola; coragem de enfrentar os problemas e os adversários com firmeza; coragem de lutar por suas ideias, às quais era fiel.

Chamaram-me a atenção as palavras do deputado federal pelo Partido Socialismo e Liberdade (PSOL) Chico Alencar, membro da esquerda brasileira. Destacou quatro aspectos da personalidade de Leonel Brizola que, segundo ele, faltam hoje na política brasileira. O primeiro deles seria a fidelidade a uma corrente política, afinal, Brizola "não ia mudando ao sabor das ondas; (...) tinha isso que falta hoje: posição, caminho, visão política, ideias que defendia". Em segundo lugar, ele era esperançoso na adversidade. Chico Alencar conta que no início da campanha de 1982 para governador do Rio de Janeiro, mesmo com 1% ou 2% nas pesquisas, dizia: "Sinto que vamos ganhar!". E ganhou. O deputado do PSOL afirma ter sido uma campanha contagiante e revela que teve a alegria de votar em Brizola. A terceira característica seria sua invejável capacidade de comunicação; "ele conseguia falar à alma do povo e era absolutamente ferino com os adversários sem ser deselegante". Por último, relatou um caso inusitado ocorrido durante seu mandato no Executivo estadual do Rio de Janeiro: diante de uma assembleia de professores em greve, com mais de 10 mil participantes, Brizola solicitou a César Maia, na ocasião secretário de Fazenda, que fizesse as contas e concedesse o que os grevistas exigiam. Nas palavras de Chico Alencar, Brizola "saiu de lá quase que carregado em triunfo, mas inegavelmente mostrando uma coragem, uma sinceridade". Findou seu discurso saudando o político homenageado: "Que bom que esses valores de Brizola continuam vivos através de uns poucos, e nós temos que vivificá-los cada vez mais. Viva a luta por ideias! Viva o socialismo! Viva o direito dos trabalhadores! Viva Leonel Brizola!".[2]

Entretanto, Leonel Brizola nem sempre foi recordado desta maneira, já que o sentido atribuído ao passado muda de acordo com as interpretações feitas pelos agentes sociais que produzem a memória, bem como se relacionando às condições do momento presente em que ela está sendo produzida. Por ser integrante do trabalhismo, muitas vezes seus adversários lhe atribuíram o adjetivo, nada elogioso, de populista. Ser um líder carismático, com grande capacidade de comunicação com as pessoas simples, era uma característica que, não raro, lhe custou a acusação de político demagogo e manipulador através do uso de um discurso persuasivo e de promessas vazias, cujo único objetivo era obter votos. Além disso, suas atitudes incisivas não eram vistas como sinal de coragem e sinceridade, e sim como intervenções autoritárias, que colocavam a democracia em risco. Diferente das homenagens em 2004 e em 2014, a memória em destaque sobre Leonel Brizola nos anos 1970 e 1980 não lhe era favorável. Setores da esquerda reservavam-lhe duras críticas e consideravam-no incompatível com o momento histórico de transição democrática, já que a tradição que ele representava teria marcado a fragilidade das instituições democráticas da República entre 1946 e 1964.

A proposta do capítulo é analisar a maneira como organizações de esquerda que se diziam revolucionárias criticavam o projeto de Leonel Brizola de construir o novo trabalhismo e refundar o PTB durante o período de transição democrática, na virada da década de 1970 para a de 1980. Através de artigos publicados em seus jornais, partidos e organizações da esquerda revolucionária pretendiam firmar suas identidades e legitimar seus projetos políticos. Mas, ao mesmo tempo, desqualificavam o trabalhismo, desmerecendo o passado anterior a 1964, visto como "populismo", "página virada na história", "manipulação dos trabalhadores", entre outras imagens negativas. Nessa interpretação, Leonel Brizola, ao reconstruir o PTB, estaria retornando a um passado historicamente superado.

O espectro do populismo na transição democrática

O conceito de populismo foi incorporado ao imaginário coletivo com a função de estigmatizar personagens que atuaram na política brasileira no período compreendido entre 1930 e 1964. Pejorativamente, o termo pressupõe que lideranças populistas teriam uma predisposição deletéria em persuadir trabalhadores e pessoas humildes a fazerem escolhas erradas, isto é, votar em demagogos e apoiar práticas políticas que, ao invés da libertação social, ofereciam medidas paliativas responsáveis por uma maior subjugação. Segundo este ponto de vista, o sucesso dos políticos populistas era garantido porque eles tinham como objeto de manipulação pessoas incultas, fáceis de serem enganadas.[3]

A partir de 1964, após o golpe civil-militar que depôs o presidente trabalhista João Goulart, a preocupação de intelectuais em explicar o fato histórico permitiu a consolidação do conceito de populismo, que ganhou mais consistência em seu teor negativo. A República de 1946 a 1964 também passou a ser acoplada ao adjetivo populista, referindo-se a uma época de personalismos, fraudes, manipulações e instituições partidárias fracas, ou seja, uma fracassada tentativa de implementar a democracia representativa no país, que acabou sucumbindo ao golpe de 1964. Versões históricas de setores da direita e também de grupos de esquerda concordavam quanto ao caráter danoso das práticas populistas aplicadas à sociedade brasileira nesse período.[4]

Em interpretações da esquerda marxista, o populismo foi considerado o responsável pelos desvios da classe operária em sua trajetória rumo à revolução socialista, alienando-a do sistema produtivo e impedindo-a de enxergar a intensa exploração que sofria. Defendiam que o discurso populista convencera trabalhadores de conciliar seus interesses com os da burguesia, beneficiando o desenvolvimento capitalista. Pretendendo afirmar o equívoco desta tese, setores marxistas consideravam esses interesses irreconciliáveis e, portanto, mais cedo ou mais tarde, essa farsa seria descoberta, esgotando o modelo de exploração populista. Essa explicação desenrolou-se com mais afinco depois de 1964.[5]

AS ESQUERDAS REVOLUCIONÁRIAS

Com o golpe, previa-se o afundamento da sociedade nas agruras de um sistema de desigualdades aprofundadas à medida que o governo se afastava do povo e não se empenhava em resolver os problemas econômicos e sociais. A partir daí, acreditava-se que os trabalhadores desenvolveriam sua consciência de classe e assumiriam seu lugar de agente da revolução. As esquerdas revolucionárias adotaram essa teoria para justificar suas ações armadas. Para elas, o impasse estava montado. Com o populismo morto, o caminho estava livre para a luta de classes. Equivocaram-se. Durante a ditadura civil-militar, o capitalismo modernizou-se e continuou a oferecer oportunidades para muita gente.[6] Naquele contexto, a opção pela luta armada não encontrou eco na sociedade. E, para o desgosto de muitos, somavam-se a isso resquícios do tão odiado populismo, como a sobrevivência do modelo sindical corporativista e as tendências nacional-estatistas do presidente militar Ernesto Geisel. Sobretudo em fins dos anos 1970, o fantasma do populismo voltaria a assombrar.

O clima de abertura política abriu brechas para o retorno dos inimigos do regime, inclusive Leonel Brizola. Ainda no exílio, já conjecturava sua volta e, em momento algum, mostrou hesitação em ocupar espaço na política brasileira. Ao contrário, foi logo delineando as diretrizes de um "novo PTB". Para seus adversários, o populismo havia ressuscitado e estaria tentando recuperar fôlego para novamente mostrar suas garras. A teoria que corroborava para o seu colapso em 1964 perdeu o sentido. Portanto, foi necessário concentrar forças no combate a esse mal que tanto assolara a sociedade brasileira e impedir que ele ameaçasse o processo de fortalecimento da classe trabalhadora, que vinha conquistando sua autonomia na luta contra a ditadura, em conformidade com movimentos sociais pela democracia.

A conjuntura era de desaceleração econômica e reconfiguração das relações políticas internacionais. Internamente, o chamado milagre econômico não foi capaz de se sustentar após a crise do petróleo de 1973. Externamente, a política de defesa dos Direitos Humanos do governo norte-americano e algumas decisões do governo brasileiro[7] estremeceram as relações diplomáticas entre os dois países. O resultado para a ditadura foi a perda de apoio político interno e de um importante aliado externo.

Adepto do projeto de distensão política, o general Ernesto Geisel assumiu a Presidência em 1974. Seu objetivo era controlar o processo de reconstitucionalização de forma "lenta, gradual e segura", garantindo seu sucessor, mantendo a ordem e evitando a volta de personalidades e instituições anteriores a 1964. Por um lado, pôs fim aos atos institucionais e suspendeu cassações e banimentos. Por outro, manteve mecanismos de repressão para assegurar o controle do processo de transição. No entanto, os fatos não se desenrolaram como o previsto e o Estado foi obrigado a lidar com o crescimento das forças de oposição e dos movimentos sociais.

Das eleições de 1974 em diante, o Movimento Democrático Brasileiro (MDB) passou a ter um desempenho significativo, revelando a baixa legitimidade do regime militar. Diversos grupos de esquerda aproximaram-se do partido de oposição, visto como uma alternativa possível. Paralelamente, os movimentos sociais ganhavam expressão, sobretudo o movimento sindical, mobilizando greves e paralisações. Ademais, sob a expectativa do fim do bipartidarismo e do alargamento do espaço legal de atuação política, partidos e organizações de esquerda reorientaram-se. Conforme constatou Maria Paula Araújo, a geração de 1968 desqualificava a democracia representativa por considerá-la uma farsa da burguesia. Já a geração dos anos 1970 passou a apostar na sua eficiência, na luta pelos Direitos Humanos e contra o autoritarismo.[8]

Fundamental na criação de uma opinião pública antiditadura e na propagação de uma cultura de esquerda ligada aos valores democráticos foi a imprensa alternativa. Geralmente, em formato tabloide, os jornais alternativos representavam a busca de espaços por jornalistas que se sentiam limitados pela chamada grande imprensa; mas também supriam, em parte, a necessidade de intelectuais, artistas e estudantes de construir espaços de críticas à ditadura, até porque muitos ainda encontravam-se na clandestinidade.[9] Durante o processo de abertura política, os variados jornais de oposição ficaram mais à vontade para debater temas como eleições, anistia, constituinte, sindicatos e denunciar crimes cometidos pelo Estado autoritário, defendendo alternativas democráticas para a sociedade brasileira. A despeito da diversidade, aproximavam-se na luta contra a ditadura; entretanto, cada periódico acabava sendo porta-voz de posições político-ideológicas de partidos ou organizações de esquerda que o compunham, influenciando sua linha editorial. Como a esquerda brasileira era heterogênea, cada jornal representava um projeto político diferente e concorrente. Buscando se afirmar como representante legítimo das oposições e sobretudo dos trabalhadores, as esquerdas disputavam entre si. Mas havia um adversário que corria em paralelo na disputa política: Leonel Brizola.

O retorno de Brizola do exílio suscitava calorosos e polêmicos debates entre as esquerdas. Mesmo antes da lei da anistia ser sancionada em 1979, o herdeiro do trabalhismo já preparava sua volta à vida política do país, com a meta de reconstruir o projeto político mais combatido pela ditadura. Em Lisboa, Brizola articulava-se em torno das bases de um "novo PTB".[10] Questões como a defesa dos direitos do trabalhador e o nacionalismo permaneceram como principais pilares do projeto trabalhista, mas foram relidos de acordo com o presente. O pluralismo dos conflitos sociais e a demanda de minorias, como índios, negros e mulheres, foram temas contemplados pelo projeto brizolista e raramente debatidos por outras correntes políticas. O "novo PTB" definiu-se como um partido de massas e sem caráter classista; um partido, portanto, contrário a uma certa vertente do marxismo que priorizava aspirações da classe operária. Para Brizola, resgatar o trabalhismo significava dar destaque à inspiração legítima do povo brasileiro. Porém seus adversários à esquerda discordavam.

Em virtude da sua história de liderança popular, seu retorno ao Brasil e sua inserção política no contexto de redemocratização preocupavam setores das esquerdas chamadas de revolucionárias, as quais passaram a disputar com ele o lugar de porta-voz legítimo dos anseios populares. Nessa disputa entre projetos, o conceito de populismo foi acionado para desqualificar a trajetória política de Leonel Brizola. Carregando conotações desqualificadoras como demagogia, paternalismo, peleguismo, manipulação e tantos outros sentidos negativos, a tradição trabalhista entendida como populismo deveria ser varrida da história do país.

Na concepção dos seus críticos, Brizola representava a persistência dessa herança maldita de tentar sobreviver aos novos tempos. Sua intervenção política durante a abertura seria uma ameaça aos avanços da democracia e à independência política e ideológica da classe operária. A resistência a Brizola e ao trabalhismo foi amplamente discutida nas páginas da imprensa alternativa, com destaque para os jornais *Em Tempo*, *Movimento* e *Voz da Unidade*.

Em Tempo e a nova esquerda

Na década de 1970, alguns setores da esquerda brasileira desejavam romper com o padrão tradicional de relação entre a classe trabalhadora e a chamada "velha esquerda", composta por comunistas que, segundo eles, se envolveram com a estrutura do sindicato peleguista, assim como os trabalhistas. A "nova" proposta pretendia incentivar a independência política e ideológica da classe operária e a autonomia do movimento popular em relação ao Estado. A maior parte dessa "nova esquerda" era composta por trotskistas, críticos contundentes dos dois maiores partidos comunistas: o Partido Comunista Brasileiro (PCB) e o PCdoB. Sustentando a tese da revolução socialista imediata protagonizada por trabalhadores, eles "rejeitavam a prioridade dada a uma *frente democrática*, que – na avaliação da maioria deles – estava sendo hegemonizada por correntes liberal-burguesas em detrimento da possibilidade de autonomia do movimento operário".[11]

Grupos de trotskistas integravam a redação do jornal *Movimento*, cuja direção era comandada pelo PCdoB, e sentiam-se prejudicados diante da predominância das teses desse partido presentes nas matérias publicadas. Portanto, associado às divergências ideológicas, o embate político-partidário incitou a cisão. Em abril de 1977, os trotskistas romperam com o *Movimento* e criaram outro jornal alternativo: *Em Tempo*.

Além de questionar o que definiam como reformismo do PCB e do PCdoB, *Em Tempo* combatia as medidas de abertura do governo, cujo objetivo seria esconder o caráter autoritário do regime militar. Defendia a livre expressão da classe operária e reservava também espaço em suas páginas para as minorias – em especial, negros e mulheres. Todavia, referia-se ao negro operário e à mulher operária, enfatizando a condição de classe desses grupos e não suas especificidades como etnia e gênero.[12] Criticavam o tradicional socialismo soviético e mantinham uma leitura marxista da realidade. Ademais, com a ousada pretensão de ser o movimento inédito nas lutas democráticas, *Em Tempo* divulgava estratégias de superação de mazelas provocadas pelo fenômeno do populismo, especialmente no período de iminência do retorno ao Brasil de Leonel Brizola, que saudava justamente o passado que a "nova esquerda" tanto desprezava. Na disputa política, lidar com a proposta brizolista seria uma tarefa árdua, já que esta consistia em reviver a cultura política que historicamente construiu uma relação, de certa forma, afinada com as experiências dos trabalhadores brasileiros. Assim, *Em Tempo* acionou a memória lembrando do passado trabalhista como uma experiência negativa.

Em diversas matérias, o periódico construía seu discurso em torno da convicção de que, naquele contexto de redemocratização, a classe operária finalmente havia se conscientizado dos seus verdadeiros interesses. Além disso, reconhecia que seu passado político teria sido um equívoco e, portanto, estava convencida de que o trabalhismo era ineficiente e nocivo na luta contra a ditadura militar. Embora *Em Tempo* não acreditasse no apoio dos trabalhadores ao trabalhismo naquele momento de avanço das mobilizações sindicais, rondava a preocupação de que a força política de Brizola pudesse cooptá-los. Logo, muitas reportagens tinham a função de alertar a classe operária. No artigo intitulado "O fiasco do PTB", *Em Tempo* demonstra certeza de que o partido de Brizola fracassou ao tentar incorporar as lideranças sindicais de São Paulo, já que seu projeto de ressuscitar o trabalhismo estaria provocando a hostilidade nos meios operários mais ativos. Seria um esforço em vão, porque o pai do trabalhismo, Getúlio Vargas (a grande devoção de Brizola), é visto pelos operários como criador da legislação sindical fascista, e a social-democracia, por sua vez, não goza de melhores simpatias (...). O que compromete a viabilidade do PTB de reeditar um "populismo de tipo novo".[13]

No trecho acima, o redator desqualificou a legislação sindical existente ao atribuir-lhe o adjetivo fascista. Ademais, o diálogo de Brizola com a social-democracia europeia durante o exílio foi visto com desconfiança, pois, para os trotskistas, consistia num grupo político a serviço do grande capital. Por estas razões, acreditavam que a proposta de Brizola de recriar o trabalhismo não teria apoio das bases.

Se o retorno do trabalhismo não seria vantajoso para a classe trabalhadora, o mesmo não poderia ser dito em relação às classes dominantes. Para desmerecê-lo como corrente política de esquerda, *Em Tempo* procurou aproximá-lo dos objetivos das elites. Como um fenômeno neutralizador dos atritos de classe, um governo populista seria ideal num período de ânimos acirrados e excelente para silenciar os movimentos sociais em crescimento. Então, a proposta trabalhista de conciliação de classes era, para o jornal, um fardo pesado para a trajetória do movimento operário e não poderia se repetir.

> Quinze anos depois de 1964 voltar a propor as "reformas de base" para promover um desenvolvimento capitalista que favoreça operários e patrões não é só avançar utopias. É também propor as mesmas alianças e estratégias que já foram responsáveis por muitos desastres.[14]

Ao populismo foi atribuída a responsabilidade de abrir espaço para a consolidação da dominação burguesa no Brasil nos anos 1930 e 1940. Getúlio Vargas aparece como representante dos interesses capitalistas que, para evitar conflitos de classe, procurou sagazmente manter vínculos com a classe trabalhadora através de uma relação de manipulação e sedução. Relação esta que, incorporada pelo PTB e por líderes trabalhistas, ameaçava voltar com Brizola. O partido criado por Vargas, segundo a leitura trotskista do passado, sempre fez uso de "demagogias, manobras, da prática do caciquismo, como formas de ganhar as eleições",[15] sacrificando as demandas dos trabalhadores. O "novo PTB" de Leonel Brizola não seria diferente. Aliás, não só o passado petebista dos anos 1950 e 1960 era reprovado; a própria trajetória política de Brizola antes de 1964 era lembrada de maneira negativa. Radicalizando o populismo, Brizola criou a FMP visando pressionar João Goulart a avançar nas reformas de base. *Em Tempo* não nega sua capacidade de mobilização naquele contexto pré-golpe, mas facilmente a atribui "aos fanáticos discursos populistas" e não a "obras concretas". Como agravante, continua o periódico, "no campo sindical e no movimento operário em si a organização se atrelava cada vez mais a interesses de dirigentes corruptos do PTB, o que impedia o desenvolvimento da classe operária".

O artigo intitulado "A volta das ilusões perdidas" novamente condenou a proposta trabalhista de conciliação de classes, que, segundo *Em Tempo*, explicaria as contradições nas declarações e a vagueza com relação às definições programáticas do antigo PTB. O texto alertava que

> esse partido foi imposto à classe operária pelas classes dominantes através do atrelamento à camisa de força da estrutura sindical fascista, através da repressão às suas lideranças mais combativas, através da exploração do atraso político de suas camadas menos experientes.[16]

E, através de manobras pérfidas, Leonel Brizola estaria insistindo em resgatar um passado que se queria esquecer. Indubitavelmente, seria, na concepção do jornal, um retrocesso no processo de redemocratização.

> Não há que tecer ilusões: a provável articulação do PTB não significaria a retirada do peso do aparato repressivo sobre a classe operária. Pelo contrário, a implantação do PTB no meio popular requereria um contexto de cerceamentos das liberdades fundamentais da classe e a cons-

tituição de eficazes mecanismos de controle. Foi assim com o antigo PTB e foi assim com a maioria dos partidos social-democratas. (...) O trabalhismo pode contribuir para dificultar bastante o crescimento da consciência revolucionária do movimento de massas, para levar a confusão à concretização de uma política de alianças antiburguesas, para amortecer as conquistas organizativas independentes da classe.

Apesar de ter sido chamada de "nova esquerda", os integrantes de *Em Tempo* recorriam a clássicos argumentos da ortodoxia marxista, em certos momentos, para analisar a realidade brasileira. Referindo-se à proposta brizolista, o jornal afirmou que, por não conseguir apoio das lideranças dos trabalhadores, comprometidas com as lutas autênticas da classe, Leonel Brizola

> parece tentar buscar apelo em setores marginalizados e que hoje apresentam um baixíssimo ou quase nulo nível de organização. (...) As colocações da Carta de Lisboa não são claras de todo, mas é inegável que deste discurso aos marginalizados decanta um certo tipo de demagogia que pode vir a ter algum efeito junto ao lumpemproletariado.

O documento resultante do Congresso de Lisboa, que definia os compromissos do "novo PTB", aclamava demandas das "massas marginalizadas", classificadas em quatro grupos: as crianças abandonadas e os jovens analfabetos, os negros e os índios, as mulheres e, por fim, os trabalhadores nordestinos e nortistas. Desta forma, o "novo PTB" levantava questões para além dos conflitos de classe. Logo, chocava-se com a proposta política marxista que enfatizava a luta de classes. O conceito marxista de *lumpemproletariado* foi usado para caracterizar os grupos sociais aos quais o discurso brizolista se referia, vistos como massas desorganizadas e, por isso, facilmente enganadas. A preocupação da "nova esquerda" era que o grande número de *lumpens* ainda presente na sociedade brasileira pudesse resultar no sucesso eleitoral de Brizola.

Para fazer frente aos seus adversários, a "nova esquerda" inseriu-se nas regras da democracia representativa e passou a discutir, nas páginas de *Em Tempo*, a possibilidade de se criar um partido político, cujo programa tivesse como eixo imediato a luta pelas liberdades democráticas, mas que destacasse soluções para as contradições do capitalismo. Contrariando o "velho", a "nova agremiação não poderá servir de joguete para o ressurgimento do populismo, seja este na sua forma tradicional ou em roupagem mais sofisticada".[17] Seguindo esta ideia, a partir de 1979, *Em Tempo* ingressou no Movimento pró-PT, defendendo a criação de um partido verdadeiramente formado por trabalhadores, em contraposição à proposta brizolista de resgatar o trabalhismo, mas que, após perder a legenda do PTB, foi reconstruído no PDT.

A vitória de Leonel Brizola para governador do Rio de Janeiro nas eleições de 1982 surpreendeu seus adversários. Em vários momentos, acreditou-se na morte do trabalhismo ou, no mínimo, sua incompatibilidade com o contexto de transição democrática, mas o passado parecia invadir o presente, mostrando ainda ter fôlego suficiente para sobreviver aos novos tempos.

Movimento sob hegemonia do PCdoB

Em julho de 1975, o jornalista de oposição Raimundo Pereira decidiu pôr em prática a proposta de criar um jornal cooperativo voltado para um público popular. Daí surgiu *Movimento*. Naquele momento, vários presos políticos estavam completando sua pena, saindo da prisão e procurando se integrar aos jornais alternativos para dar continuidade à militância. A partir daí, *Movimento* estabeleceu contatos sigilosos com grupos de ex-presos políticos, militantes que haviam optado por deixar a estratégia da luta armada. Recebeu apoio de esquerdistas de diversas tendências e, por isso, definiu-se como uma frente política. Entretanto, não demorou muito para que esta diversidade política fosse motivo para conflitos internos, principalmente porque a sede em São

Paulo era dominada pelo PCdoB, resultando em vários rachas, como aquele que originou *Em Tempo*.

Em razão do fracasso da luta armada contra o regime militar, o PCdoB passava por momentos de debilidades e abriu-se entre seus membros um debate sobre a experiência da guerrilha do Araguaia. No contexto de abertura política, a valorização do enfrentamento com armas começou a dar lugar às lutas pelas liberdades democráticas. Assim, a proposta de revolução sofreu transformações e as estratégias de militância foram redefinidas. Diante deste quadro, o PCdoB abandonou a estratégia de luta armada e optou pelo apoio a uma frente ampla democrática liderada pelo MDB e pela defesa de uma Assembleia Nacional Constituinte. Sua escolha política não raro apareceu nas páginas de *Movimento*, mas teve que enfrentar vários conflitos internos, além da censura implacável do governo.

Durante o processo de transição, a busca pela consolidação de uma identidade como esquerda democrática implicou rivalidades entre as oposições. Defendendo suas propostas e atacando as propostas concorrentes, as competições políticas ocorriam em todas as direções. O PCdoB disputava com o PCB o lugar de herdeiro do partido comunista criado em 1922, a "nova esquerda" atacava o PCB e o PCdoB, mas todas elas concordavam em acusar uma importante tradição política da história brasileira, revivida por Brizola naquele momento. Assim, como foram feitas no jornal *Em Tempo*, as críticas depreciativas ao trabalhismo também ocuparam as páginas do periódico *Movimento*.

Numa entrevista ao jornal, o secretário-geral do PCdoB, João Amazonas, admitiu que a aspiração dos trabalhadores por um partido próprio era justa e necessária, referindo-se à fundação do Partido dos Trabalhadores. Esforçando-se para afirmar a identidade do PCdoB em oposição a outros grupos de esquerda, afirmou com convicção:

> o partido dos trabalhadores – verdadeiramente de classe, verdadeiramente proletário, verdadeiramente socialista – já existe. É o Partido Comunista do Brasil, que sintetiza uma história e uma experiência do

movimento operário de 57 anos de luta. Sob sua bandeira devem marchar, unidos, todos os explorados e oprimidos de nosso país. Organizar outro partido operário é criar uma força paralela. Além do mais, esse partido, para ser operário no sentido exato do termo, necessitaria, antes de mais nada, ter uma ideologia proletária, científica, e se propor como objetivo a completa emancipação dos trabalhadores. E uma experiência mundial do proletariado. Ora, o partido que se pretende criar, apesar das boas intenções, carece dessa base e se projeta como um partido reformista, um partido de sindicalistas. (...) Os métodos de atuação, a orientação cotidiana, os dirigentes políticos poderiam ser diferentes. Mas o sentido de sua atividade e de seus propósitos, do ponto de vista político-social, se equivaleriam. Teriam, no fundo, a mesma função – evitar que a classe operária adquirisse consciência de sua missão histórica, criar obstáculos para que os operários se agrupassem em torno de sua autêntica vanguarda. O PT se projeta como um partido reformista, parecido com o partido de Brizola.[18]

A conjuntura de transição política é um momento de incertezas. Na iminência do restabelecimento do pluripartidarismo, era recorrente, nos periódicos, publicações sobre as correntes políticas em processo de definição. Com o intuito de se inserir nesse contexto, muitos se preocupavam em tentar identificá-las e diferenciá-las, e, ao mesmo tempo, afirmar suas próprias crenças políticas diante das outras. No trecho acima, João Amazonas questiona a eficácia do PT no processo de emancipação dos trabalhadores e ainda reivindica 1922 como o ano de sua criação, disputando com o PCB este passado de lutas. João Amazonas afirmava a identidade do seu partido como verdadeiramente socialista e revolucionária.

Em várias reportagens, *Movimento* demonstra incômodo ao se referir à atuação das práticas consideradas populistas, que ainda insistiam em interferir nas organizações sindicais, mantendo-as como instrumento de controle do operariado. Semelhante às interpretações feitas por *Em Tempo*, *Movimento* identifica o trabalhismo com a burguesia e não com os trabalhadores. Portanto, seria uma corrente política que falava em nome dos explorados, porém, na prática, pretendia manter os privilégios dos exploradores. Em um artigo, o intelectual Jacob Gorender não hesitou em culpar o trabalhismo de Brizola, caracterizado por ele de radicalismo burguês, pelo golpe de 1964. Para Gorender, o "estilo caudilhesco de liderança" exercido por Brizola teria efeitos negativos sobre a unidade das forças populares, pois estaria ligado ao PTB e, por conseguinte, inserido no esquema de forças convencionais. Apenas tardiamente, em outubro de 1963, é que ele resolvera organizar o Grupo dos Onze, como uma forma de mobilização popular. No entanto, Gorender duvida da efetividade dessa iniciativa. Afirma ironicamente que "o que fizeram na hora da verdade, ninguém sabe, ninguém viu".[19] Para desqualificar ainda mais a atuação de Leonel Brizola – ou a falta dela – diante do golpe de 1964, o artigo destaca ausência de coragem para reagir e, novamente, aparece a ideia de que o povo estaria disposto a lutar. Referindo-se ao depoimento do líder trabalhista sobre o fato, Gorender diz que Brizola

> afirmou que sua presença no Rio de Janeiro talvez tivesse impedido o golpe. Dispenso-me de contestar, do ponto de vista teórico, essa visão egocêntrica da história. Basta perguntar: que faria o atual líder do PDT no Rio que não pudesse ter feito em Porto Alegre? Meneghetti havia fugido para Passo Fundo e, com o apoio da população sublevada e de várias guarnições militares, teria sido possível instalar um governo alternativo na capital do estado. Mas Brizola se comportou como os generais, almirantes e brigadeiros nacionalistas, que não agiram porque precisavam legitimar-se com uma ordem de Goulart (nenhum deles teve a audácia do general adversário Olympio Mourão Filho). A inação equivaleu a capitulação, a rendição sem luta.

Seguindo a mesma lógica de desmerecer o trabalhismo, *Movimento* publicou as opiniões do jornalista Carlos Azevedo sobre as propostas do "novo PTB" de resgatar a tradição trabalhista. Baseando-se em conceitos marxistas, ele questiona o discurso de trabalhistas que afirmam ser o socialismo a sua principal meta. Segundo ele, "para se caminhar para o verdadeiro socialismo não se pode dispensar a 'ortodoxia marxista', isto é, a teoria científica do socialismo".[20] Referindo-se à proposta trabalhista de atrair populares e marginalizados de todos os tipos, Azevedo resgata a premissa marxista de que os únicos capazes de levar a cabo uma revolução socialista é o operariado consciente. Nesse sentido, recrutar populares de outra natureza para esse papel seria incoerente e impraticável. Nas suas palavras,

> De fato, os camponeses sem terra e com pouca terra, os marginalizados das cidades, que vieram do campo e engrossam o enorme exército industrial de reserva do capitalismo dependente, têm um potencial revolucionário a realizar-se. Mas o fato de serem os mais miseráveis não significa que sejam os mais revolucionários, que tenham uma posição de vanguarda. O que torna uma determinada classe mais ou menos revolucionária, em determinado momento histórico, não é o seu grau de miserabilidade, mas o papel objetivo que ocupa no processo produtivo. Por isso, não é um mero dogma da "ortodoxia marxista" dizer que a classe operária é a única que tem interesse objetivo no socialismo e bate-se consequentemente por ele. A razão, todos sabem, mas nem sempre é lembrada, é que a classe operária é a única que produz socialmente. Isto é, que está inserida num processo produtivo já socializado e onde apenas a apropriação do fruto do seu trabalho é individual.

Azevedo dá continuidade ao seu argumento dizendo que apostar em outros grupos, que não os operários, para encabeçarem um processo de mudança rumo ao socialismo é utópico. Como ocorreu em reportagem semelhante publicada no jornal *Em Tempo*, o conceito de *lumpemproletariado* foi utilizado. Sua intenção é acusar os trabalhistas de se aproveitarem da "inocência e ignorância" desses grupos marginalizados para conseguirem votos; portanto, estariam longe de ser socialistas verdadeiros. Para ele, a primeira prioridade dos socialistas deveria ser a mobilização, a organização e a educação socialista da classe operária, porque se esta, por sua vez, conseguir se libertar, libertaria todas as outras. Mais ilusório ainda seria querer atingir o socialismo juntando numa mesma agremiação camadas baixas da sociedade e elite – crítica recorrente feita ao trabalhismo por setores de esquerda.

A concepção de que o PTB representava os interesses da burguesia se repete a todo momento nas publicações de *Movimento*. O objetivo de desqualificar a proposta brizolista de recriar um novo partido trabalhista está relacionado justamente com o momento de disputa de espaços políticos por parte dos grupos de esquerda. Desbancar uma legenda de tradição popular seria um grande passo para a conquista de prestígio entre as classes baixas, em especial os trabalhadores. Para fundamentar seu discurso, Carlos Azevedo procura na história elementos que comprovem o caráter burguês do PTB, bem como sua predisposição, desde sua origem, em manipular trabalhadores e populares. Alerta nas páginas de *Movimento*:

> Não esquecer que no passado o trabalhismo e o PTB foram instrumentos políticos utilizados pela burguesia nacional para conquistar espaço para seu desenvolvimento num país dominado pelo imperialismo e pela oligarquia agrária, num momento histórico delicado, em que a classe operária e as massas populares urbanas ascendiam ao cenário político.

A partir daí, começa a debater sobre o momento do nascimento do trabalhismo dizendo que seu objetivo era mesmo amortecer a luta de classe, impedir a organização independente da classe operária e criar condições para manipulá-la em favor dos interesses da burguesia nacional, em conjunto com o imperialismo e a elite latifundiária. Logo, o ano de 1945 também foi lembrado por Azevedo, mas esquecendo de acontecimentos marcantes daquele momento. De acordo com ele,

> em 1945, no fim do Estado Novo, as massas operárias e populares demonstravam, como agora, uma grande disposição de participação política e tendiam a aproximar-se do Partido Comunista do Brasil, o partido que resistira heroicamente à ditadura. Vargas criou, então, o PTB. E como era sensível aos novos ventos que sopravam, defini-o como

"a arma política do proletariado". Isto é, a arma política que ele preferia que o proletariado empunhasse.

Não há, em momento algum do artigo, menção ao movimento queremista, que teve grande expressão e repercussão na política brasileira nesse contexto e demonstrou quanto prestígio o trabalhismo conseguiu adquirir entre os trabalhadores desde sua formação.[21] Além disso, ignorou o fato de que esse movimento popular também recebeu apoio dos comunistas. Seguindo seu raciocínio, ele afirma que, de início, o PTB não obtivera sucesso com a classe trabalhadora, mas conseguira penetrar nos sindicatos porque se aproveitou do Ministério do Trabalho como fonte do poder e da estrutura sindical atrelada ao Estado. Ainda teria sido beneficiado pela ilegalidade do PCB. Defendendo esse ponto de vista, Carlos Azevedo pretende mostrar que o PTB não possuía capacidade alguma de conquistar a classe operária com promessas reais. Para ele, apenas usando de oportunismo era que o PTB conseguia, de alguma forma, se infiltrar nos meios operários. Os métodos do PTB para conseguir votos foram listados:

> Todos os recursos foram usados para afastar os dirigentes sindicais representativos da classe operária e para substituí-los por uma burocracia pelega e corrompida. Os setores mais combativos das massas operárias, porque eram considerados contaminados pelo vírus da luta de classe, foram sistematicamente desestimulados de participar das entidades sindicais. Estas tiveram acentuada sua atuação assistencial e paternalista, o que atraiu aos sindicatos outros segmentos de trabalhadores, menos conscientes, recém-chegados do campo e mais dóceis à manipulação paternalista e populista. Entre eles o trabalhismo construiu sua base eleitoral.

Acrescenta ainda que o PTB, como qualquer outro partido burguês, participava de composições esdrúxulas, visando sempre aos seus próprios interesses e, quando chegava ao poder, fazia a política dos poderosos, com pequenas concessões aos trabalhadores, só para mantê-los alienados. A crítica foi ainda mais contundente quando Azevedo afirma com tanta certeza que, com relação a crimes de corrupção, o PTB não perdia para o PSD e para o ademarismo. Para ele, era o mínimo que se podia esperar de um partido que possuía grandes fazendeiros como principais líderes: Getúlio Vargas, João Goulart e Leonel Brizola.

Devido a todos esses problemas, Carlos Azevedo duvida que o PTB pudesse vingar naqueles tempos de redemocratização, pois os trabalhistas já não possuíam mais a máquina do governo a seu favor – fator necessário para sustentar uma política de manipulação. Ele tenta convencer o leitor de *Movimento* da inviabilidade do "novo PTB" diagnosticando a situação político-social daquele momento:

> A média burguesia está debilitada. E o que é pior: está distante do poder. O que coloca outro problema: como chegar às massas trabalhadoras, sem ter o controle do Ministério do Trabalho e sem poder manipular a legislação sindical para facilitar a penetração de seus membros nos sindicatos, como ocorreu no passado. Ainda mais que se nota na classe operária uma acentuada sensibilidade contra qualquer tentativa de se repetir a manipulação anterior.

Seja pelo seu suposto caráter manipulador, corrupto, oportunista, populista; seja pela defesa da aliança entre classes, o que, para seus críticos, impedia os explorados de reivindicarem suas reais demandas, o trabalhismo era considerado uma experiência histórica desvantajosa para os trabalhadores e, por isso, não deveria se repetir. Sendo assim, o projeto de criação do "novo PTB", proposto por Leonel Brizola, tornava-se alvo privilegiado de grupos de esquerda, empenhados em desbancar seu rival na luta pela hegemonia no campo das esquerdas e pelo título de porta-voz dos movimentos populares.

Voz da Unidade e as eleições de 1982

Como porta-voz oficial do PCB, o semanário *Voz da Unidade* divulgou as escolhas políticas feitas pelo partido durante o processo de transição para o regime democrático, a maneira como a organização partidária interpretou os problemas do momento, bem como as soluções propostas. O último jornal do PCB foi editado em São Paulo entre 1980 e 1991, no Brasil e no exterior, circulando num momento em que o partido passava por acentuada crise política, crescente desde os anos 1960. Nas páginas do jornal, também aparecem argumentos, opiniões e manifestos que expressam a participação dos pecebistas na disputa pelo título de único representante legítimo da classe operária e detentores da verdadeira e vitoriosa luta contra a ditadura.

Como atesta João Trajano Sento-Sé, as relações do PCB com o PTB, em geral, e com Brizola, em particular, não eram fáceis. Comunistas e trabalhistas, sobretudo nos anos 1940 e 1950, disputavam a hegemonia nos movimentos sindicalistas e de trabalhadores urbanos. Somente entre o final da década de 1950 e o golpe de 1964 é que houve uma progressiva aproximação efetiva entre as duas correntes políticas. Mesmo assim, ainda era complexa essa relação, tendo em vista que Brizola crescia politicamente com discursos agressivos, concorrendo, inclusive, com os próprios comunistas. Enquanto isso, a direção do PCB afirmava uma postura mais moderada na luta contra a exploração imperialista e pela emancipação nacional.[22] A partir do golpe de 1964, o PCB defendeu a proposta de frente ampla contra o regime, reforçando o MDB e optando por estratégias políticas negociadas. Para Sento-Sé, a reformulação na linha política do PCB acirrou ainda mais a animosidade entre esse partido e o brizolismo, tendo em vista que a maior crítica feita pelos pecebistas ao passado dos trabalhistas era que estes últimos teriam radicalizado o clima político durante o governo Jango, o que teria provocado o golpe da direita. Assim, para os comunistas do PCB, Leonel Brizola e o "novo PTB" representariam uma ameaça ao processo de redemocratização.

Curioso observar que as esquerdas chamadas de "novas", como vimos anteriormente, atacavam Brizola e o projeto de retorno do trabalhismo devido a sua herança populista e getulista, tradição avaliada como prejudicial à classe trabalhadora e, portanto, algo a ser superado. Além disso, o discurso mais moderado de Brizola pós-exílio também foi frequentemente alvo de críticas desses setores das esquerdas, que desconfiavam de sua postura diante do governo militar durante o processo de transição. Para *Em Tempo* e *Movimento*, o trabalhismo fora responsabilizado pelo golpe, pois, por ser considerado ideologia mancomunada com a burguesia, teria preferido entregar o poder aos conservadores a permitir o radicalismo dos setores populares. Ao mesmo tempo, o PCB o rejeitava por ter sido radical demais nos anos 1960, estimulando a conspiração dos golpistas. Moderado ou radical em demasia, Brizola e o trabalhismo defendido por ele estavam sendo repudiados por diversos setores das esquerdas brasileiras. Ficava evidente, portanto, que a imagem do trabalhismo e de seu principal herdeiro construída durante o momento de abertura política nas décadas de 1970 e 1980 por organizações políticas de esquerda nada tinha de positiva.

Os atritos entre o trabalhismo de Brizola, expresso pelo PDT, e o PCB ficaram explícitos durante as campanhas para as eleições de 1982. Brizola candidatou-se para o cargo de governador do Rio de Janeiro, disputando com Sandra Cavalcanti (PTB), Moreira Franco (PDS), Lysâneas Maciel (PT) e Miro Teixeira (PMDB). O PCB optou por apoiar este último. Sua proposta era aglutinar as oposições contra a ditadura no MDB. Para consolidar esse perfil mais pluralista e democrático, o PCB buscou na história elementos que comprovassem atitudes de seus membros compatíveis com essa postura.[23] Não por acaso, resgatava um momento crucial do passado brasileiro, que iniciou a montagem do Estado autoritário ainda vigente: o golpe de 1964. Recordando os vinte anos de golpe, o dirigente comunista Givaldo Siqueira concedeu entrevista ao jornal *Voz da Unidade*, em que discutiu as condições para sua ocorrência, bem como a política dos comunistas diante delas.

Incluindo o PCB na denominação de forças democráticas e anti-imperialistas, Givaldo Siqueira afirmou que esses grupos políticos, apoiados nas massas, apresentavam a possibilidade de um desenvolvimento econômico com reformas sociais, capaz de acumular condições para alcançar a independência e uma democracia mais ampla. Entretanto, as elites conservadoras não teriam aceitado e combateram esse avanço da sociedade, conspirando contra a ordem constitucional.

Por outro lado, declarou que muitas correntes de esquerda, ou mesmo nacionalistas, não foram capazes de compreender esse processo e, a partir daí, teriam cometido diversos equívocos, acelerando o enfraquecimento da democracia. Para ele, essas esquerdas pensaram que, com base nas forças acumuladas, poderiam tomar o poder, subestimando a importância da defesa do Estado democrático e, abrindo caminho para a direita, articular o golpe. Sobre essa questão, Givaldo Siqueira afirma:

> O início da década de 60 assistiu à primeira crise típica do capitalismo brasileiro, o que gerou descontentamento nas camadas médias e no empresariado, ao mesmo tempo que o imperialismo norte-americano passava da política da "Aliança para o Progresso" ao apoio a golpes de Estado. A confluência desses dois movimentos, o governo de João Goulart cedendo a pressões golpistas de "esquerda", combinando-se este fato com a reanimação das forças mais reacionárias em nosso continente, isto levou a que se criasse uma situação extremamente difícil para as correntes democráticas e nacionalistas, pois a direita passou a utilizar uma bandeira que as correntes populares – principalmente os comunistas – tinham contribuído para popularizar, a defesa da legalidade. Grandes massas acabaram sendo ganhas para a ideia de que Jango pretendia implantar o comunismo, ou dar um golpe, o que, como já disse, foi facilitado por erros da própria esquerda que, já naquela época, sonhava com uma solução golpista para o impasse em que estava mergulhado o país.[24]

Por conseguinte, em sua avaliação, a postura de enfrentamento adotada por essas esquerdas teria criado um ambiente desconfortável para as forças democráticas, pois fez a direita legitimar sua luta pela legalidade contra as "esquerdas golpistas", grupos dos quais o PCB não fazia parte. Sua intenção era reivindicar para o PCB uma trajetória política de defesa da democracia no passado, mas também no presente em que estava vivendo. Além disso, destacou, como exemplo de sectarismo, alguns erros cometidos pela esquerda brizolista.

Pressionado por todos os lados, o governo, depois do plebiscito que reinstituiu o presidencialismo, em janeiro de 1963, passou a desfazer-se de parte importante do apoio de setores liberais e mesmo conservadores – mas legalistas – que o apoiavam. Por exemplo, como no caso da queda de Carvalho Pinto do Ministério da Fazenda, no qual empenhou papel decisivo a pressão de setores ligados a Leonel Brizola.[25]

Esse comentário reflete a interpretação do PCB de que Brizola e seus seguidores, devido à rejeição a negociações, aprofundaram o clima de radicalismo e embate, isolando o governo Jango e alimentando mais ainda o avanço do golpe das direitas. Para o momento de redemocratização nos anos 1980, era necessário, portanto, abrir-se para pactos e união em torno do objetivo comum, isto é, desmontar o regime militar. Resgatar as posturas intransigentes como aquelas adotadas pelos trabalhistas brizolistas nos primeiros anos da década de 1960 poderia ser fatal para o sistema democrático que a sociedade desejava implantar.

As eleições para o cargo de governador do estado suscitavam muitas expectativas, já que era a primeira depois de 17 anos. Pelo PMDB, Miro Teixeira rapidamente despontou como um forte candidato. *Voz da Unidade* acompanhou sua campanha e publicou seus discursos. No trecho abaixo, Miro defendeu a ideia, compartilhada pelo PCB, do "voto útil":

> Muitos setores importantes, significativos da sociedade que estavam engajados no PT e no PDT, que são os dois partidos de oposição e que merecem todo o meu respeito, começaram a perceber que o voto dado ao PT e ao PDT não era um voto útil. Quer dizer: não era um voto que mudaria coisíssima alguma, porque são partidos que não têm condições de vitória. Nem no Rio, nem em qualquer outro estado brasileiro. Assim, está havendo uma concentração de forças oposicionistas em cima dos candidatos do PMDB.[26]

Neste discurso, Miro Teixeira deixa claro sua confiança na vitória por ser o maior e mais forte partido de oposição contra a ditadura;

expõe a certeza de que o eleitorado já estaria consciente de que o PMDB seria o único capaz de derrotar o partido do governo. Portanto, para ele, votar em outras correntes de esquerda, como o PT e o PDT, significaria desperdiçar voto e fortalecer o PDS. Era exatamente assim que estavam pensando os membros do PCB: acreditavam que PT e PDT não possuíam força para ocupar o espaço político que desejavam.

Com relação ao trabalhismo de Leonel Brizola, as ressalvas feitas pelo *Voz da Unidade* eram cautelosas e não passavam tanto pelo caráter desqualificador como faziam *Em Tempo* e *Movimento*. Era delicado para o PCB atacar um passado do qual, indiscutivelmente, fez parte. Até porque, muitas vezes, foi refletindo sobre esse passado que os pecebistas procuravam justificativas para se afirmarem como a "verdadeira vanguarda da classe operária". Mas o trabalhismo estava ali presente, disputando com o PCB, e também buscava naquele mesmo passado, tão rejeitado pelas outras esquerdas, bases para provar sua histórica liderança no mundo do trabalho. Entre PCB e PDT, as batalhas de memória conviviam com as disputas políticas.

A princípio, a disputa tendia a polarizar-se entre Moreira Franco e Miro Teixeira.[27] Muitos acreditavam ser inevitável a vitória do candidato do PMDB. No entanto, Leonel Brizola, que ocupava o 4º lugar em uma das primeiras pesquisas, causou surpresa ao disparar com sucesso na campanha. A eleição de Brizola foi inesperada até mesmo para a maioria dos integrantes do PDT. Um dos maiores inimigos da ditadura conseguiu derrotar duas forças poderosas – o PMDB e o PDS. O resultado eleitoral demonstrou a grande popularidade que o líder trabalhista ainda era capaz de angariar, mesmo depois de 15 anos afastado do país, desconhecido pelos jovens dos anos 1980; mesmo depois de perder a disputada legenda do PTB e dispor da desconhecida sigla do PDT; mesmo depois das investidas do governo federal em tentar fraudar o pleito eleitoral.

Voz da Unidade não fez esforço para entender e explicar os fatores que poderiam ter levado Brizola à vitória. Os comunistas se empenharam em pressionar o novo governador a cumprir as promessas. Através dos discursos presentes no *Voz da Unidade*, é perceptível que os comunistas se pouparam de argumentos depreciativos contra Brizola, já que defendiam a proposta de unir as oposições. Mas, devido a essa mesma demanda, criticavam o novo governador do Rio de Janeiro por priorizar membros do PDT para compor seu governo, em detrimento de outros setores da oposição.

> A constituição do secretariado com pessoas oriundas exclusivamente do PDT é uma medida que pode dificultar a articulação da frente em torno do novo governo. Nós comunistas acreditamos que um governo de ampla coalizão democrática, com personalidades representativas e indicadas pelos diversos setores da população – sem distinção partidária –, é o tipo de governo que, nas atuais circunstâncias, pode levar a bom termo uma gestão democrática. A excludência [sic] – a experiência recente em nosso estado o comprova – dificulta a articulação da frente democrática, cria sérios obstáculos a uma gestão oposicionista e enfraquece o próprio governo.[28]

Na mesma reportagem, os comunistas deram destaque ao aumento concedido aos servidores públicos estaduais. De acordo com o jornal comunista, os 70% de reajuste estariam muito abaixo do índice inflacionário, frustrando os trabalhadores que esperavam o cumprimento das promessas de Brizola durante a campanha. Assim, considerando-se os legítimos porta-vozes dos trabalhadores, os comunistas declararam-se dispostos a lutar por eles. Posteriormente, a reportagem destacou que esse problema teria causado até mesmo um conflito entre o Executivo e o Legislativo estaduais e o governador deu a entender que usaria métodos próprios do governo federal.

> Diante do obstáculo colocado ao projeto do Executivo – um obstáculo político – a reação do governador foi lançar mão da legislação arbitrária que ele mesmo condena para atacar o Legislativo. Reações deste tipo ferem o respeito que deve haver entre os poderes e devem ser evitadas, pois não servem à luta pela democracia.

A demissão do secretário dos Transportes do estado do Rio de Janeiro, o deputado José Colagrossi, também foi interpretada, pelo *Voz da Unidade*, como uma atitude arbitrária e parcial do governador Leonel Brizola, que desconheceria a prática da negociação desde que "assumiu, absoluto, o Governo". Para os comunistas do periódico, Brizola não estaria atendendo às expectativas daqueles que o elegeram e também dos seus companheiros de partido.

> Respaldado nos milhares de votos que obteve e convicto de que não tem maiores satisfações a dar aos que foram "puxados" com ele para o poder, Brizola vem fazendo literalmente o que quer, desde a escolha do primeiro escalão do estado. Dourando sua própria pílula com o nome de "centralização construtiva", o governador nomeia, veta, demite, remaneja, obstrui e impõe, sem que haja uma voz disposta a questioná-lo publicamente.[29]

Para os comunistas, Brizola havia adotado uma postura autoritária até mesmo com os integrantes do PDT, e a demissão do pedetista Colagrossi seria uma disputa de ego, tendo em vista que Brizola não aceitaria disputar prestígio político com ninguém dentro do partido ou perder o controle sobre seus membros, devido ao seu caráter personalista.

Diante da situação do PCB no cenário da política brasileira, os comunistas aprofundaram a campanha pela sua legalização, argumentando ser um partido cuja atuação era uma tradição política brasileira e, por isso, não poderia mais ser ignorado e impedido de exercer seus direitos como uma agremiação no processo de redemocratização. Ao desenvolver sua argumentação, os comunistas destacaram nesse artigo a peculiaridade de sua situação no Rio de Janeiro em razão da presença do brizolismo.

> Esse avanço das forças democráticas também condiciona a luta pela legalização do PCB e a ampliação de nossa influência política. No estado do Rio de Janeiro, a situação da frente democrática mostra questões

particulares e muito complexas. Aqui o brizolismo conquistou uma vitória eleitoral com promessas demagógicas e camuflando sua política excludente, dividindo as forças democráticas e, assim, criando embaraços para a ação unitária do proletariado e das camadas médias urbanas. Acreditamos que essa questão será resolvida, abrindo um largo caminho democrático, com a participação mais influente e organizada da classe operária, que é quem pode efetivamente dar mais estabilidade à frente democrática.[30]

Diferentemente de *Em Tempo* e *Movimento*, o jornal *Voz da Unidade* em nenhum momento usou o termo populismo para desqualificar o estilo e a atuação política de Leonel Brizola. No entanto, no texto acima, características negativas consideradas próprias desse conceito político foram atribuídas ao governador do Rio de Janeiro. Brizola só teria vencido as eleições porque enganara e confundira o eleitorado "com promessas demagógicas e camuflando sua política excludente". Portanto, segundo o jornal, Brizola no governo do Rio de Janeiro estaria atrasando e dificultando a ação da frente democrática e, consequentemente, o avanço da democracia.

Considerações finais

Leonel Brizola defendeu propostas trabalhistas, fazendo uso de uma característica marcante em sua personalidade: o carisma. Conquistou correligionários, suscitou paixões políticas e, consequentemente, angariou significativa quantidade de votos em diversos contextos da política brasileira. No entanto, foram exatamente essas características que lhe custaram a alcunha pejorativa de populista. Considerado o maior herdeiro da tradição trabalhista no momento de redemocratização, muitos o trataram com desconfiança. Uma antiga e forte liderança política poderia roubar a cena e correr à frente de seus adversários em potencial. Diante dessa possibilidade, o seu retorno passou a incomodar setores da esquerda, que pretendiam conquistar espaços num momento em que a ditadura estava em crise. Portanto, a largada foi dada, iniciando uma corrida pela (re)afirmação de uma identidade que trouxesse legitimidade ao seu projeto político. Essa disputa apareceu nas páginas de jornais alternativos, porta-vozes de determinados grupos, com estratégias específicas para desqualificar o projeto trabalhista de Leonel Brizola. Atrasado, fora de seu tempo, ultrapassado, superado historicamente, enfim, o trabalhismo encarnado no brizolismo teve sua força política subestimada por essas esquerdas. No entanto, mostrou que ainda possuía fôlego para disputar – e vencer – eleições de peso, como aquelas para governador no estado do Rio de Janeiro, ocorridas em 1982.

Será que a morte de Brizola significou o desfecho definitivo de uma era? João Trajano Sento-Sé levantou o seguinte questionamento: que características do perfil de Leonel Brizola teriam feito dele o último herdeiro de uma tradição que marcou a história da política brasileira?[31] Caberia, a partir daí, refletir se esse tipo de perfil foi realmente sepultado com o corpo de Brizola. As características de que fala Sento-Sé consistem no fato de ele ter sido a última liderança representante de uma linhagem de lideranças políticas gaúchas vinculadas ao trabalhismo e na sua performance carismática na comunicação com os trabalhadores, o que muitas vezes se reverteu em vitórias eleitorais. Para os seus críticos, impedir a ascensão desse tipo de liderança seria condição necessária para o fortalecimento da democracia do país. Para Sento-Sé, o apelo ao povo era um traço da personalidade de Brizola, mas que não foi enterrado com ele. Prova disso seria a grande popularidade do ex-presidente Lula. Portanto, compartilhamos a ideia do autor de que a morte de Brizola não correspondeu ao fim de uma era, como muitos apontaram. E, além disso, o surgimento de lideranças carismáticas e populares não é sinônimo de fragilidade das instituições democráticas.

Notas

1. GOMES, Angela de Castro. "Brizola e o trabalhismo". *Anos 90*, Porto Alegre, vol. 11, nos 19/20, 2004. O artigo está sendo republicado no último capítulo deste livro.
2. Deputado Chico Alencar (PSOL-RJ) em homenagem aos dez anos da morte de Leonel Brizola. <https://www.youtube.com/watch?v=RoPWfq_pvC8>.
3. Sobre a crítica do conceito de populismo, ver: FERREIRA, Jorge (org.). *O populismo e sua história. Debate e crítica.* Rio de Janeiro: Civilização Brasileira, 2001.
4. GOMES, Angela de Castro. "Jango e a República de 1945-1964. Da República Populista à Terceira República." *In*: SOIHET, Rachel; ALMEIDA, Maria Regina Celestino; AZEVEDO, Cecília; GONTIJO, Rebeca (orgs.). *Mitos, projetos e práticas políticas. Memória e historiografia.* Rio de Janeiro: Civilização Brasileira, 2009.
5. O sociólogo Otávio Ianni defendia a tese de que, em 1964, o populismo teria entrado em colapso, pois as condições sociais que permitiram o controle e a manipulação exauriram-se. Ver: IANNI, Octavio. *O colapso do populismo no Brasil.* Rio de Janeiro: Civilização Brasileira, 1968.
6. REIS, Daniel Aarão. "O colapso do colapso do populismo ou a propósito de uma herança maldita." *In*: FERREIRA, Jorge (org.). *Op. cit.*, p. 360.
7. O presidente militar brasileiro Ernesto Geisel, no cargo desde 1974, aprovou medidas como o acordo nuclear com a Alemanha e assumiu uma política externa de reconhecimento dos governos da China Popular, de Angola e Moçambique, bem como a condenação da participação de Israel na ONU.
8. ARAÚJO, Maria Paula Nascimento. *A utopia fragmentada. As novas esquerdas no Brasil e no mundo na década de 1970.* Rio de Janeiro: FGV, 2000.
9. KUCINSKI, Bernardo. *Jornalistas e revolucionários nos tempos da imprensa alternativa.* São Paulo: Edusp, 2003.
10. SENTO-SÉ, João Trajano. "Um encontro em Lisboa. O novo trabalhismo do PDT." *In*: FERREIRA, Jorge; REIS, Daniel Aarão (orgs.). *As esquerdas no Brasil. Revolução e democracia – 1964...* Rio de Janeiro: Civilização Brasileira, 2007.
11. KUCINSKI, Bernardo. *Op. cit.*, p. 162.
12. ARAÚJO, Maria Paula Nascimento. *Op. cit.*, p. 156.
13. *Em Tempo*, São Paulo, 20/12/1979 a 10/1/1980, n° 94, p. 15.
14. *Em Tempo*, São Paulo, 26/3 a 2/5/1979, n° 61, p. 4.
15. *Em Tempo*, São Paulo, 2 a 8/10/1978, n° 31, pp. 6 e 7.
16. *Em Tempo*, São Paulo, 11 a 17/1/1979, n° 46, p. 11.

17. *Em Tempo*, São Paulo, 22/12/1977 a 12/1/1978, edição experimental, p. 5.
18. *Movimento*, São Paulo, 13 a 19/8/1979, pp. 11, 12 e 13.
19. *Movimento*, São Paulo, 23 a 29/3/1981, pp. 14 e 15.
20. *Movimento*, São Paulo, 10 a 16/9/1979, p. 5.
21. Sobre o movimento queremista, ver: MACEDO, Michelle Reis de. *O movimento queremista e a democratização de 1945. Trabalhadores na luta por direitos*. Rio de Janeiro: 7Letras, 2013.
22. SENTO-SÉ, João Trajano. *Brizolismo. Estetização da política e carisma*. Rio de Janeiro: FGV, 1999.
23. Sobre a atuação do PCB durante o governo Goulart, ver: FERREIRA, Jorge. O Partido Comunista Brasileiro e o governo João Goulart. *Revista Brasileira de História*. Vol. 33, n° 66, 2013.
24. *Voz da Unidade*, São Paulo, 31/3/1984, p. 4.
25. *Voz da Unidade*, São Paulo, 31/3/1984, p. 4.
26. *Voz da Unidade*, São Paulo, 22 a 28/7/1982, p. 8.
27. SENTO-SÉ, João Trajano. *Brizolismo... Op. cit.*, p. 222.
28. *Voz da Unidade*, São Paulo, 7/4/1983, p. 4.
29. *Voz da Unidade*, São Paulo, 2/9/1983, p. 5.
30. *Voz da Unidade*, São Paulo, 7/4/1984, p. 8.
31. SENTO-SÉ, João Trajano. "A era do líder popular". *In*: FERREIRA, Marieta de Morais (org.). *A força do povo: Brizola e o Rio de Janeiro*. Rio de Janeiro: Alerj, CPDOC/FGV, 2008, p. 184.

CAPÍTULO 8 A segurança pública nos governos de Leonel Brizola no Rio de Janeiro (1983-1995)*

Bruno Marques Silva

Nós tínhamos políticas de segurança: um projeto de polícia democrática.

Carlos Magno Nazareth Cerqueira[1]

No ano de 1996, o coronel Carlos Magno Nazareth Cerqueira, ex--comandante da Polícia Militar do Estado do Rio de Janeiro (PMERJ), recuperava, por meio de suas memórias, as reformas implementadas na política de segurança pública do Rio de Janeiro durante as gestões do então governador Leonel Brizola. Após a surpreendente vitória eleitoral do histórico líder trabalhista para o Executivo estadual fluminense em 1982,[2] Cerqueira e um grupo de oficiais assumiram o comando da PMERJ – que ganhou status de Secretaria de Estado. Eles procuraram romper com as políticas de segurança anteriores, notadamente com aquela identificada com a ditadura que chegava ao fim.

---

*Este artigo recupera, de maneira sumária, algumas reflexões da minha tese de doutorado, que analisa a trajetória do coronel Cerqueira.

Este capítulo pretende analisar a política de segurança pública dos dois mandatos de Brizola no Rio de Janeiro (1983-1995), dando ênfase às reformas na PMERJ.[3] A partir de um novo comando, oficiais agiram no sentido de construir novas formas de manutenção da ordem pública. Prevenção, integração comunitária, legalidade e respeito aos direitos próprios da cidadania tornaram-se conceitos fundamentais que, por sua vez, deveriam orientar a atividade policial cotidiana. O coronel Cerqueira[4] e seus colaboradores assumiram a Secretaria de Polícia Militar com uma concepção transformadora, preocupado com práticas policiais preventivas que ampliassem os espaços democráticos para o exercício da cidadania. Refletindo sobre o papel da instituição, buscaram questionamentos teóricos que pudessem aprimorá-la. Orientados, especialmente, pela chamada "criminologia crítica",[5] passaram a encarar o crime como um problema comunitário. Tal concepção passou a ser a diretriz básica dos novos manuais e programas de policiamento ostensivo no Rio de Janeiro, a partir da década de 1980.

Para os novos gestores da PMERJ, não apenas a formação e os métodos policiais deveriam ser reavaliados, mas também a própria filosofia institucional. A ação policial preventiva e "desmilitarizada" passaria a ser vista como fundamental, no propósito de garantir direitos individuais inalienáveis. A polícia deveria ser, para esses oficiais, "prestadora de serviços", ampliando suas esferas de atuação. Essas propostas inovadoras, contudo, enfrentaram muitas resistências. No momento delicado da redemocratização brasileira, essas reformas foram entendidas por alguns setores da sociedade fluminense como pouco eficazes no enfrentamento da crescente criminalidade urbana.

Creio que tais questões mereçam um olhar específico do historiador, visto que a Polícia Militar é uma instituição estratégica para os assuntos do Estado e a Segurança Pública foi certamente uma das áreas mais discutidas e o ponto mais polêmico das gestões do governador Leonel Brizola.[6] Mas quando pensamos em segurança pública, geralmente associamos à atuação das polícias, notadamente a militar. Isso porque o policiamento ostensivo é apenas um dos pilares do complexo "sistema criminal", porém o mais visível pela população. Afinal, como destacou Sento-Sé, "é a polícia que torna essa invenção tão abstrata, o Estado Moderno, algo concreto".[7]

Portanto, acredito que a análise das reformas na PMERJ durante os governos Brizola seja um importante objeto de estudo para pensarmos a relação entre Estado e sociedade na recente história fluminense.[8]

Há certo consenso entre estudiosos que se ocupam das políticas de segurança que, ainda hoje, pouco se sabe sobre a corporação policial militar no Brasil. Segundo Marcos Bretas, "quando se fala em polícia trabalhamos normalmente com uma ideia geral, sem que se discuta o que existe de específico".[9] Proclama-se sua falência, com dificuldade em se pensarem alternativas, na medida em que generalizações permanecem. Apesar dos avanços recentes nas reflexões sobre criminalidade e segurança pública, a Polícia Militar *stricto sensu* é, ainda, um campo pouco frequentado pela historiografia.[10] Isso porque, para Jaqueline Muniz, durante um bom tempo, as questões relativas à "construção de uma segurança pública democrática e, por sua vez, a redefinição do papel das agências policiais permaneceram, curiosamente, à margem do processo de consolidação da democracia".[11] Foi somente nos anos 1990 que a crise da segurança ganhou relevância pública e, portanto, a historiografia que trata da polícia se intensificou.

Mesmo assim, na avaliação de Bretas, muitos estudos sobre a polícia se preocuparam com a sua inserção no Estado,[12] "quase sempre incapazes de recuperar as dimensões cotidianas da atividade policial".[13] Pautando suas análises, em parte, por uma leitura marxista, a historiografia brasileira recente encarava o tema polícia como "um apêndice à história das classes populares e do movimento operário", sobre o qual estendia sua "implacável repressão".[14] Tudo se passaria "como se o mundo das ruas dramatizasse, através da oposição polícia *versus* população, um roteiro já escrito da luta de classes".[15] Nessa perspectiva, os policiais seriam apresentados "como seres desprovidos de um saber próprio, de uma visão singular sobre o seu lugar no mundo" e "'apassivados' diante de um jogo do poder mais essencial que a eles só caberia executar".[16]

Este capítulo procura, por outro lado, oferecer uma reflexão que encare a PMERJ como uma instituição constituída por gestores capazes de participar da definição de seus poderes e atribuições legais no contexto da redemocratização política brasileira.

Criminalidade, segurança pública e polícia no Rio de Janeiro

Foi no contexto da redemocratização, especialmente a partir da segunda metade da década de 1980, que a dinâmica da criminalidade urbana, no Rio de Janeiro, começou a apresentar novos padrões – novas práticas e novos sujeitos – que se consolidariam nos anos seguintes.[17] Segundo Angelina Peralva, a transição brasileira teria sido marcada pelo crescimento dos "crimes de sangue, cujas taxas mais que dobraram entre 1980 e 1997".[18]

Na avaliação de Alba Zaluar, dados dessa época sugeriam o crescimento de crimes violentos e sua vinculação com o aumento do consumo de drogas consideradas "ilícitas num contexto de política repressiva, na qual floresceu a corrupção policial e o enriquecimento das principais organizações criminosas que se encarregaram de realizar este lucrativo negócio".[19] Para Marcia Leite, o aumento da criminalidade se deu a partir "do novo perfil do tráfico de drogas, que se conectou aos cartéis internacionais para promover a entrada de cocaína em larga escala no mercado", tornando-se "um negócio oligopolizado" e articulado ao tráfico de armas.[20] Dessa maneira, estudos apontam que o tráfico de drogas não era um problema social no Brasil até o início dos anos 1980.

Especialmente no Rio de Janeiro, no menor e mais superficial segmento desse negócio – "o dos jovens encarregados da distribuição e entrega da droga ao consumidor –, o culto viril às armas e à violenta exibição do poder" foi se afirmando.[21] Da relação pessoal entre traficantes e consumidores passou-se para as disputas decididas pelas armas entre grupos rivais e destes com a Polícia Militar. Assim, o tráfico, além de criar conflitos sangrentos nas comunidades pobres e "corromper as instituições encarregadas de reprimi-lo", teria motivado "na população da cidade um medo indeterminado", aumentando "o preconceito contra os pobres em geral, por tomá-los como agentes da violência".[22]

Gradativamente, a criminalização do uso de drogas ofereceu às agências policiais mais visibilidade e poder.[23] Portanto, ao longo da década de 1980, o crescimento da criminalidade foi se tornando inseparável da desorganização que afetou as instituições responsáveis pela manutenção da ordem pública, no curso de uma transição democrática complexa. Acentuou-se a violência policial contra a população civil, bem como o envolvimento das polícias com atividades criminosas.[24]

Nesse contexto, após a vitória eleitoral, o governador Leonel Brizola dedicou atenção especial à questão dos direitos humanos e à violência policial, principalmente às ações "discricionárias e racistas" nas favelas. Reivindicava igual respeito aos direitos de inviolabilidade privada, procurando manifestar em iniciativas práticas a marca popular que assumira em campanha.[25] Tomou medidas de impacto que visavam marcar uma ruptura com as políticas de controle social anteriores.

O governo pedetista, logo após a posse, extinguiu a Secretaria de Segurança Pública – identificada como aparelho de controle da ditadura – e criou o "Conselho de Justiça, Segurança Pública e Direitos Humanos", que reunia representantes da sociedade civil, estimulando debates que, por sua vez, orientariam as políticas de segurança, aprimorando o relacionamento entre a polícia e o conjunto dos cidadãos.[26]

Brizola tentou se aproximar dos movimentos populares associativos, levando adiante o programa "Cada família, um lote", cuja principal característica foi a distribuição de lotes regularizados e urbanizados.[27] Dessa forma, o favelado, ao adquirir sua propriedade, assumia uma "nova posição, a de cidadão".[28] Difundida como uma "revolução urbana", o programa também suscitou debates acalorados. Denúncias garantiam que o governo estaria estimulando invasões de áreas particulares e promovendo a favelização do Rio de Janeiro.[29] Tais acusações ficaram gravadas no imaginário social da cidade e ganhariam contornos dramáticos ao longo da década de 1980.[30]

Constavam também nos planos do governo Brizola transformações nas agências policiais. No governo pedetista, existia certo consenso quanto às transformações, vistas como fundamentais no intuito de garantir direitos básicos no processo de aprimoramento das instituições democráticas brasileiras, principalmente, dos órgãos de segurança. Assim, a grande inovação se deu a partir da ruptura formal com a hegemonia operacional e ideológica militar nas estruturas policiais, construindo parâmetros de conduta próprios. Por isso, a chefia da Polícia Civil e o Comando-Geral da PMERJ ganharam status de Secretaria.[31] Brizola nomeou profissionais das respectivas corporações, como o coronel Nazareth Cerqueira. Para Luiz Eduardo Soares, nomeando um oficial "altamente respeitado em sua própria corporação e comprometido com a ação policial pautada pelo respeito à lei", Brizola reiterava seus princípios.[32]

Importante destacar que essas medidas inovadoras no campo da segurança pública se inseriram em um contexto em que as discussões acadêmicas ainda eram incipientes. Vimos que, nos anos 1980, antes isolada nas periferias miseráveis, a violência passou ao cotidiano das classes médias da cidade. A desconfiança em relação às instituições policiais ganhava canais de expressão à medida que os meios de comunicação se libertavam da censura. Tratava-se de uma das críticas centrais à ditadura que chegava ao fim. Essas percepções, segundo Soares e Sento-Sé, passaram a encontrar "sustentação em boa parte da produção teórica que a partir de então começou a ser produzida em relação ao tema". Assim, o tratamento dado à atuação violenta "dos órgãos de segurança do Estado situava-os no quadro geral de exclusão social e econômica acentuado pelo modelo de desenvolvimento implementado pelos sucessivos governos militares".[33] Portanto, naquele momento, a produção acadêmica entendia que a modernização autoritária, a pobreza e a desigualdade social seriam fatores determinantes desses novos conflitos.[34]

Seguindo tais perspectivas, o governador Leonel Brizola concordava: o aumento da desigualdade social, provocado pela "modernização conservadora", era visto como a principal razão para o acirramento das tensões. E o governo deveria combater esse problema, desenvolvendo programas sociais de impacto. Contudo, procuro mostrar que os novos gestores da PMERJ, apesar de igualmente imersos nesse contexto, procuraram também entender a amplitude e a eficácia do policiamento ostensivo e sua contribuição para uma administração pública democrática.[35]

Sobre a segurança pública "brizolista", Soares afirma que houve esforços de modernização e moralização da PMERJ, mas o governo ainda acreditava que a criminalidade era sintoma dos males sociais e econômicos. Para ele, "as forças situadas à esquerda do espectro político não teriam sabido enfrentar o problema da criminalidade, desde as eleições estaduais de 1982", pois fecharam os olhos para a "existência da segurança pública como problema-chave", assumindo "responsabilidades de governo sem uma política alternativa, positiva e construtiva, sem projeto, sem capacidade de planejar e avaliar". Portanto, sem "uma reflexão amadurecida sobre segurança" e na "ausência de política" houve "sucessivos fracassos".[36] Sento-Sé garante, por sua vez, que "a avaliação de Brizola parecia correta e tinha ampla aceitação junto a uma parcela significativa da opinião pública". Entretanto, sua estratégia revelou-se ineficiente, pois "a atuação sobre a questão social estava além das possibilidades do governador do estado, principalmente no contexto de uma grave crise econômica", e apenas no longo prazo poderia surtir algum "efeito sensível". O autor garante que à retirada da presença "violenta das forças policiais não se seguiu uma política efetiva, que levasse o Estado e suas instituições àquelas populações".[37] Nessa linha, Hollanda afirma que, em se tratando de polícia, coube ao governo Brizola "imprimir-lhe a marca dos direitos humanos", mas, apesar de enfrentar o discurso autoritário tradicional no país, competia "ao Estado intervir nas causas, e não nas consequências da exclusão social".[38]

Junto ao senso comum que passou a associar os governos pedetistas ao caos urbano e à negligência policial, ganhou também relevância, no meio acadêmico, a referência a um "movimento pendular" que oscilaria, ao longo das décadas recentes, entre a perspectiva de reformas sociais no enfrentamento do crime – como a de Brizola – e outra pautada na convicção autoritária da dissuasão individual do criminoso.[39] Assim, muitas vezes, nas análises sobre a segurança pública proposta pelo governo Brizola no Rio de Janeiro, passa-se a ideia de "desautorização" da ação policial.

Nesse capítulo, porém, o objetivo é mostrar a maneira particular de encarar o tema da prevenção criminal por parte dos novos gestores da PMERJ, não obstante, apontando suas limitações. Creio que o enquadramento do modelo pedetista de segurança pública no conceito de "garantismo constitucional" seja mais apropriado. Isso porque, baseado no discurso da cidadania, buscou-se efetivamente "articular medidas imediatas ligadas às práticas policiais e ao controle da criminalidade e medidas de média e longa duração relacionadas com ações públicas positivas de caráter social".[40]

Plano Diretor da PMERJ: o manual reformista

A fim de compreender a dinâmica institucional pensada pelo novo comando da PMERJ, julgo fundamental o exame do chamado Plano Diretor da PMERJ (1984-1987), uma espécie de "plano de metas" para a Polícia Militar na primeira gestão de Brizola. Tratou-se de um importante núcleo de formulações da nova gestão e, ainda, um dos principais documentos oficiais de referência para a política de segurança.[41] Com divulgação restrita à corporação policial e uma linguagem eminentemente técnica, ele seria uma espécie de base teórica para as discussões travadas nos anos seguintes e muito do seu conteúdo seria incorporado nas novas estratégias de policiamento.

O plano apontava para uma ampla reforma administrativa na PMERJ, indicando "metas e estratégias" a serem alcançadas, ou mais precisamente, as políticas setoriais ou programas que seriam criados. Em linhas gerais, a nova administração estabelecia medidas visando ao aprimoramento dos setores de pessoal, ensino, informações, operações, assuntos civis, apoio logístico, área financeira e ainda à modernização administrativa.

A ideia do secretário Nazareth Cerqueira e de seus colaboradores em trabalhar com "programas de polícia" surgiu a partir das viagens internacionais desses oficiais. O novo comando da PMERJ passou a incentivar viagens de turmas do Curso Superior de Polícia, com o intuito de que elas conhecessem outros modelos de policiamento, entendidos como mais eficazes.[42] Foram estruturados de forma pioneira programas de intercâmbio, a partir de 1983, objetivando, principalmente, a troca de experiências e o conhecimento das estruturas policiais de países como os Estados Unidos e o Canadá.[43] Foi providenciada a tradução de livros sobre estratégias já desenvolvidas nesses dois países, e estes foram incorporados à bibliografia dos concursos internos da corporação. Chegava ao fim o monopólio dos manuais do Exército como material de estudo para os oficiais da PMERJ.[44]

No Plano Diretor, o "interesse público" ganhou um novo significado, em oposição a uma razão de Estado meramente repressiva. Os limites colocados à ação policial pelo novo comando seriam as garantias individuais dos cidadãos "clientes" da corporação. Assim, foram lançados os princípios de uma polícia voltada para noções de "serviço público" e de proteção à comunidade em oposição ao tradicional *ethos* militar da corporação. A PMERJ passaria a ser avaliada também pelas ocorrências criminosas que ela souber impedir e não somente pelos resultados obtidos diante do crime já cometido.[45] A ideia do novo comando seria a de superar a oposição ainda comum entre as noções de repressão e prevenção, mostrando como os programas de policiamento seriam formulados para enquadrar a discricionariedade do trabalho do "policial de linha", cuja imprevisibilidade, muitas vezes, gerava resultados indesejados. O propósito era garantir aos policiais o cumprimento de suas funções, criando procedimentos objetivos, a fim de controlar o crime e promover o sentimento de segurança. Acreditava-se que, assim, a ordem pública e a confiança na polícia teriam mais possibilidades de êxito.[46]

Desse modo, a inovadora perspectiva da polícia como serviço se basearia na desmilitarização da concepção do emprego da força policial.[47] Desmilitarizar, nesse sentido, significaria enfrentar – no campo dos valores, crenças – a retórica da "guerra" e do "inimigo interno". O criminoso passaria a ser encarado como um cidadão e não como alguém a ser eliminado fisicamente do convívio social. O novo comando revelava, portanto, uma visão particular do crime como "problema público".

Por isso, buscou a adequação entre comportamento da polícia e objetivos da comunidade.

No primeiro governo Brizola, o novo comando da PMERJ propunha substituir a noção de "força que serve e protege" para a noção de "serviço público que pode usar a força", construindo um novo marco regulatório na administração da segurança pública no estado do Rio de Janeiro. O novo policial seria, portanto, "o homem treinado e bem-preparado para a missão", justificando, assim, a "reformulação dos currículos de todos os cursos e a busca de conhecimento técnico onde quer que ele se encontre".[48] Na perspectiva comunitária do novo comando, caberia ao policial de linha tomar decisões que, no modelo tradicional, não seriam de sua alçada. Em um projeto dessa envergadura, muitas das decisões diárias colocariam em xeque as estruturas policiais centralizadas.

Nesse sentido, o Plano Diretor registrava que:

> A mudança de conduta do governo em relação à comunidade deve começar pelo respeito aos direitos humanos em todos os níveis, particularmente no que diz respeito à segurança do cidadão comum. É necessário criar junto à população a consciência do fim da arbitrariedade e da impunidade, no que diz respeito às autoridades estaduais. O cidadão não deve temer a polícia, que será acionada para protegê-lo, e não para reprimi-lo. Não haverá prisões sem flagrante delito e não se entra nas favelas arrombando portas de barracos, mas, ao contrário, a nova administração vem tentando atuar em colaboração com a comunidade. A manutenção da ordem pública se fará através do policiamento preventivo, do diálogo e da ação política.[49]

Ao enfatizar a importância da cooperação na prevenção do crime, o novo comando da PMERJ enfrentava o desafio de admitir que alguns fatores ligados ao crime estavam fora de seu controle.[50] Formulavam-se, assim, as primeiras estratégias "reformistas" empenhadas em substituir o modelo "militarista" pelo modelo "comunitário" de policiamento.[51] Dessa maneira, na redação do Plano Diretor, seriam expostas as linhas centrais da nova filosofia, destacando-se o chamado "objetivo-síntese":

> Promover, adaptando a estrutura policial-militar às exigências da segurança pública, o ajustamento comportamental da organização dentro de uma nova concepção de ordem pública, na qual a colaboração e a integração comunitária sejam os novos e importantes referenciais, o que implica um novo policial e uma nova polícia.[52]

O "objetivo-síntese" seria a grande referência nos discursos e nas novas estratégias de policiamento ostensivo. A fim de viabilizar essa forma inovadora de gestão da criminalidade e da atividade policial, seria preciso, contudo, criar e aperfeiçoar estruturas de controle e disciplina. Segundo Hollanda, esta empreitada política fundada na "produção de identidade social positiva dos pobres" tinha como um dos desafios maiores a redisciplinarização da polícia,[53] rompendo com "a memória da polícia da ditadura".[54] Entretanto, "apesar de forte conteúdo propositivo, a *nova polícia* [grifo da autora] em grande medida definia-se pela negação, pela ausência de procedimentos arbitrários".[55]

A profunda renovação institucional da PMERJ pretendida pelo governo de Leonel Brizola não foi nem poderia ser tarefa simples. O terreno era essencialmente movediço. Afinal, o Brasil experimentava o processo de redemocratização. A ciência política nos lembra de que as incertezas são inerentes aos processos de transição democrática, geralmente, cheios de contradições.[56] E a construção da democracia, por seu turno, não é uma decorrência natural do fim do autoritarismo. As dificuldades começaram logo em seguida à crise de legitimidade da ditadura. Os pressupostos pedetistas, portanto, inseriam-se em um contexto político de euforia, mas com várias possibilidades de desfecho. Nesse sentido, surgiram resistências quanto ao desenvolvimento de um projeto tão distinto em relação aos modelos de segurança anteriores.[57]

Logo no início do seu governo, em 1983, Brizola teve de enfrentar uma CPI na ALERJ, a fim de se apurarem as "causas da violência urbana".

A motivação para a formação da comissão parlamentar foi a grave crise por que passava o sistema penitenciário fluminense e a política do novo governo de respeito aos direitos dos presos.[58] Naquela ocasião, além das invasões de propriedades no Rio de Janeiro, o novo governo era desafiado ainda pela explosão de saques a estabelecimentos comerciais. A administração de Brizola era qualificada por empresários de "desgoverno".[59] Especialmente em 1983, havia "quem falasse de possibilidades de 'ruptura do tecido social'" e "o debate político estava carregado de eufemismos".[60] Deste modo, desde o seu início, o governo Brizola teve de enfrentar a acusação de que a proteção dos direitos humanos estaria voltada para os criminosos e não para as suas vítimas.[61]

A relação distanciada do governador em relação aos deputados estaduais também contribuiu para a instabilidade política. Inúmeros vetos reorientaram o governo no sentido de estabelecer canais de negociação. Acordos estabelecidos com a bancada do PMDB representavam a forma pela qual o projeto renovador pedetista procurava superar os impasses.[62] Brizola defrontava-se com a realidade política.

Nesse clima conturbado, crescia, ainda, a oposição de muitos oficiais e praças da PMERJ às reformas da nova política de segurança pública. Mesmo assim, Cerqueira foi mantido no cargo, após a reformulação do secretariado feita pelo governador.[63] Hollanda considera, por sua vez, outro problema: o setor da segurança pública teria sido vitimado pela centralidade conferida ao projeto educacional do governo pedetista: a construção dos Centros Integrados de Educação Pública (Cieps).[64] Pressões por aumento salarial vinham do funcionalismo público estadual e até de deputados da oposição. A situação financeira do Rio de Janeiro era, realmente, precária.[65] Assim, para Hollanda, "embora as diretrizes do governo para ação policial tenham sido reformuladas, a corporação policial foi sendo destituída de protagonismo no tratamento da criminalidade".[66]

O novo comando agia no sentido de restaurar a identidade policial deteriorada, promovendo uma nova "cultura policial". Entretanto a preocupação em conter os excessos acabou se traduzindo numa agenda restritiva e centrada nos oficiais superiores, não alcançando, muitas vezes, a prática policial concreta – o "saber específico", aquele aprendido nas ruas diante do imprevisível. Os "reformistas" passaram a entrar em conflito com ações e valores plenamente incorporados ao *modus operandi* policial e legitimados por certas expectativas sociais pautadas no uso da violência como método de trabalho. O enquadramento da discricionariedade do trabalho policial não representava apenas um "choque de raciocínios", mas também um limite insuportável para as práticas tradicionais e cotidianas da polícia fluminense.[67]

Assim, a Secretaria de Polícia Militar não conseguiu normatizar completamente as ações policiais. Até porque sabemos que uma "política pública" não se limita a leis e regras. Embora tenha impactos no curto prazo, é uma política de longo prazo, envolvendo processos subsequentes após sua decisão e proposição.[68] Sobre essa questão, Marcos Bretas nos lembra que, "o que existe de comum entre as diferentes formas de polícia" seria "a resistência a inovações".[69]

No entanto, com o exame do Plano Diretor, é possível jogar luz sobre uma perspectiva técnica do problema da segurança pública. Essa análise, creio eu, poderá servir para a problematização das interpretações dicotômicas que destacam, por um lado, a política de "prevenção" – implementada por Brizola e pautada no respeito aos "direitos humanos" – e, por outro, a política de "repressão" – negligenciada e baseada na perspectiva da "lei e ordem" – presente na literatura dedicada ao estudo dos governos estaduais pedetistas.

A despeito da agenda restritiva imposta, o novo comando da PMERJ repensou efetivamente o trabalho policial ostensivo de vigilância pública. Essas novas experiências na área da segurança tiveram que produzir a sua própria teoria enquanto eram implementadas em um momento de instabilidade e de desconfianças dentro da própria corporação. Em um contexto em que muitos acreditavam que problemas na segurança seriam resolvidos com medidas estruturais, o novo comando, por meio do Plano Diretor, repensava as práticas policiais de forma inovadora e efetiva. Naquele momento em que prevaleciam as associações entre segurança pública e opressão dos populares e entre criminalidade e pobreza, alguma atenção analítica específica sobre a polícia – ainda considerado um tema "impuro" por muitos estudiosos – foi oferecida pela nova administração pedetista.[70]

O novo comando da PMERJ combateu a tradicional política de controle social repressiva, pondo em questão a exclusão dos populares nos processos de decisão em termos de política de segurança num período repleto de tensões oriundas da ditadura que, por meio do Exército, ainda mantinha o controle da PMERJ.[71] Assim, os oficiais "reformistas" forçavam o aparelho policial a se permear pela democratização brasileira, desempenhando um papel importante na transição política. Logo, o discurso brizolista dos direitos humanos ganhou contornos institucionais concretos, pelo menos no que se refere à atuação do policiamento ostensivo.

Assim, entender a polícia e propô-la como "serviço público" seria o primeiro passo para a implantação da polícia comunitária e a adoção de uma política de segurança democrática. A nova gestão apostou em mecanismos mais eficazes a fim de coibir a violência organizada, a par do combate à corrupção e à impunidade na própria polícia. Entretanto, um dos grandes desafios do "policiamento comunitário" seria sinalizar que entender o crime como um problema social não resultaria em criminosos sem punição. Deste modo, as propostas da secretaria da PMERJ, quando do primeiro governo Brizola (1983-1987), foram um marco referencial para o debate da segurança pública, não apenas no estado, mas no cenário nacional.[72] Nesse sentido, creio que a tentativa de compatibilizar políticas sociais e de segurança é uma construção recente e que, no Brasil, se deve às iniciativas que ocorreram no Rio de Janeiro.

O policiamento comunitário nos governos Brizola (1983-95)

Na primeira gestão de Leonel Brizola teve lugar a pioneira tentativa de implantação do policiamento comunitário no Rio de Janeiro.[73] A partir de 1983, logo no início da nova gestão da PMERJ, foi criado o Centro Integrado de Policiamento Comunitário (Cipoc) no âmbito do 18° BPM (Jacarepaguá). Baseando-se nos princípios do Koban – metodologia de ação policial comunitária japonesa –, o Cipoc passou a atuar na favela da Cidade de Deus, buscando a interação da polícia militar com uma população de cerca de 100 mil pessoas. A tropa, sob o comando de um oficial, realizava o policiamento preventivo com foco nos interesses da comunidade, havendo mais diálogo com os líderes comunitários. Havia ainda outros serviços prestados, tais como a solicitação de emprego, socorro médico, bem como a resolução de pequenos conflitos cotidianos.

Já o programa dos "Vigilantes Comunitários" foi implantado em 1984 e reuniu estudantes, donas de casa, assistentes sociais, empresários e aposentados ligados à Associação de Moradores da Barra da Tijuca. Tais grupos decidiram colaborar com a polícia em eventos locais. Tentou-se ainda, em 1986, a implementação do programa de "Policiamento de Bairro", que objetivava intensificar o policiamento ostensivo no horário de maior demanda da comunidade.[74] Assim, no primeiro governo Brizola, esforços no sentido de integrar polícia e comunidade foram realizados, e iniciativas inovadoras, estimuladas, mas ainda sem a devida sistematização.[75]

O novo comando da PMERJ entendia a participação comunitária como um caminho para a recuperação da confiança da sociedade na instituição que se pretendia renovada. Uma alteração crucial na conformação hierárquica da corporação foi o fim da chamada "promoção por bravura", buscando contemplar uma política de valorização policial e de avaliação de desempenho.[76] O novo comando buscou aprimorar os processos de promoção, conferindo mais destaque à qualidade dos quadros do que ao fluxo de carreira.

Contudo, nesse período, a sensação de insegurança crescia gradativamente no Rio de Janeiro. As restrições às formas convencionais de atuação policial, saudadas por certos grupos inicialmente como um avanço democrático, passavam a ser percebidas como uma espécie de cumplicidade com o crime – ganhando espaço na grande imprensa e nas polícias. O governo passou a ser identificado como agente inibidor e desmoralizante das forças de segurança.⁷⁷ A alegada proximidade de colaboradores de Brizola com chefes do jogo do bicho passou a servir como uma espécie de ilustração da promiscuidade do governo. Assim, Brizola teve que amargar a derrota de seu candidato Darcy Ribeiro para o oposicionista Moreira Franco nas eleições de 1986.⁷⁸

O pemedebista Moreira Franco foi eleito governador em uma ampla aliança antibrizolista integrada por vários partidos. Sem qualquer plano efetivo, Moreira afirmava que restabeleceria a ordem no estado, comprometendo-se a acabar com o crime em meses, por meio de uma ação policial implacável. Após a vitória eleitoral, a gestão do coronel Manoel Elísio dos Santos Filho – novo comandante da PMERJ – representaria um recrudescimento da antiga política de segurança que Brizola combateu. Diante dos indicadores pouco confiáveis de eficiência policial e de ocorrências criminais, imaginou-se que, em lugar de novas abordagens, era preciso aumentar os ingredientes da antiga fórmula autoritária. Continuar com a "perspectiva reformista" significaria reforçar a liderança política de Brizola. Mesmo alinhado ao governo federal, Moreira Franco "nada conseguiu de substantivo" quanto à segurança pública.⁷⁹

No ano de 1988, foi promulgada a nova Constituição brasileira, representando um dos momentos cruciais da redemocratização. Acenava-se para relevantes mudanças, entre as quais, a expansão dos direitos (civis, políticos e sociais).⁸⁰ O texto incorporou muitos dos direitos individuais que foram violados sistematicamente no período da ditadura. Os direitos à vida, à liberdade e à integridade pessoal foram reconhecidos. Tortura e discriminação racial foram consideradas crimes inafiançáveis.⁸¹

A Carta de 1988 também estabeleceu as normas básicas para a formulação e a implementação de políticas de segurança pública. No que tange ao controle da atividade policial, a principal inovação foi a diferenciação e a separação entre as funções de segurança pública, atribuídas prioritariamente às polícias, e as funções de defesa nacional, atribuídas às Forças Armadas.⁸² Outra inovação importante foi a definitiva subordinação das polícias militares e civis aos governadores dos estados, que passariam a organizá-las de acordo com estratégias voltadas para a manutenção da ordem pública e não para a defesa nacional.[83] No entanto, as polícias militares permaneceram como "reserva do Exército" e protegidas por uma "justiça corporativa", ou seja, somente tribunais militares seriam competentes para julgar crimes de policiais.[84]

Para Adorno, não obstante os avanços democráticos, persistiram graves violações de direitos humanos, "produto de uma violência endêmica, radicada nas estruturas sociais, enraizada nos costumes, manifesta quer no comportamento de grupos da sociedade civil, quer no dos agentes incumbidos de preservar a ordem pública".[85] A violência, deste modo, consolidou-se como uma das marcas das polícias brasileiras, atingindo patamares alarmantes no Rio de Janeiro na década de 1990.[86]

Após a derrota nas eleições presidenciais de 1989, Brizola entendeu que era possível recomeçar sua trajetória política como governador do Rio de Janeiro. Venceu a eleição estadual no primeiro turno, alcançando a inédita marca de 70% dos votos.[87]

Nesse período, a criminalidade havia conhecido o maior crescimento da história do Rio de Janeiro, alimentando a dinâmica que a imprensa denominava de "escalada da violência". Porém, fortalecido pelo desempenho eleitoral, Brizola retomou antigas bandeiras, tendo como base a experiência do primeiro mandato. O governador mostrou-se comprometido com as inovações propostas pelos "reformistas" da PMERJ e convidou novamente para o comando da corporação Nazareth Cerqueira – que já estava na reserva.

Dessa forma, o comando retomou as diretrizes do Plano Diretor, reafirmando a necessidade de "respeito à comunidade" e de "intransigência com o crime". A ideia de policiamento comunitário voltaria a ser fundamental. O crescente compromisso desses oficiais com pesquisas mais consistentes, com o acompanhamento crítico dos experimentos internacionais, com o conhecimento acumulado no diálogo com o campo acadêmico e com os princípios da gestão moderna marcaria a história da PMERJ.[88]

No segundo governo Brizola, os oficiais "reformistas" estavam determinados a incutir na mentalidade policial a nova filosofia pautada nas noções de prevenção, legalidade e integração comunitária. Nesse contexto, a primeira experiência efetiva de policiamento comunitário se deu em 1991, no bairro do Grajaú. Foi "um pequeno projeto no 6° BPM de aplicação do modelo de polícia comunitária de Nova York" e depois estendido por mais 14 bairros.[89] Em 1992, o 17° BPM da Ilha do Governador foi transformado em "Batalhão Escola de Polícia Comunitária".[90] Seguindo o modelo comunitário de policiamento, foram criados os Centros Comunitários de Defesa da Cidadania, no segundo governo Brizola.[91] O primeiro foi construído no Pavão-Pavãozinho, o segundo no morro da Mineira e, logo em seguida, no morro da Providência.[92] Nesse sentido foi também criado o Grupamento de Aplicação Prática Escolar (GAPE), constituído por policiais recém-saídos do centro de formação, que foi empenhado no policiamento das favelas da Mineira, Providência, Borel, Andaraí, Pavão-Pavãozinho, seguindo a metodologia comunitária.[93]

O projeto integrando policiais e moradores foi implementado com mais efetividade e visibilidade em Copacabana, em 1994, enfatizando a prevenção e a negociação dos conflitos. O Community Patrol Officer Program de Nova York foi o modelo que inspirou diretamente a experiência de dez meses naquela região.[94] O bairro foi escolhido, provavelmente, por ser um cartão-postal do Rio de Janeiro, mas também uma área extremamente complexa, síntese da pluralidade conflitiva da cidade. O programa atuaria, mais precisamente, em dois planos: objetivo (atuação direta sobre a incidência dos problemas) e subjetivo, lidando com as sensações de risco da comunidade.

Na segunda gestão de Brizola, destacaram-se outras importantes iniciativas em torno da estratégia de polícia comunitária: foi criado o Grupo de Vigilância nos Estádios para dialogar com as torcidas organizadas, reduzindo possíveis enfrentamentos em jogos; e o Grupo de Policiamento Turístico, que objetivava uma atuação em certas áreas da cidade, sendo auxiliado pelo projeto de "policiamento transportado", o qual tinha como objetivo desestimular os roubos em ônibus. O Núcleo de Atendimento a Crianças e Adolescentes propunha – em consonância com o Estatuto da Criança e do Adolescente, promulgado em 1990 – uma nova conduta policial perante meninos de rua. Já o Programa de Educação de Resistência contra as Drogas, inspirado em uma iniciativa da polícia norte-americana, implicava a formação de policiais que atuariam como instrutores nas escolas.[95]

Contudo, também foi criado o Programa de Prevenção e Repressão ao Tráfico de Entorpecentes, que agiria repressivamente por meio da articulação das polícias estaduais com órgãos federais. Realizaram-se as operações "Cerco a Traficantes – Alô Fronteira", "Paz no Morro" e "Asfixia" tendo o Batalhão de Choque e o Batalhão de Operações Especiais como unidades principais.[96]

Tais estratégias foram promovidas em paralelo com o desenvolvimento constante de literatura técnica específica. Oficiais passaram a estudar temas como criminalidade, técnicas policiais e corrupção.[97] Ademais, durante a gestão de Cerqueira, foram ministradas aulas sobre a história do negro no Brasil, que abordavam, de forma pioneira, a questão da violência policial de caráter racista.[98] Para o comando da PMERJ, o governo deveria recuperar o "monopólio legítimo da violência", reconhecendo que a corporação abrigava uma grande quantidade de agentes dispostos à negociação com o crime. Por isso tentava, mesmo com entraves de ordem material, valorizar policiais honestos em um quadro institucional marcado pela fragilidade das fronteiras entre a legalidade e a ilegalidade.

Entretanto, no segundo governo Brizola, o contexto se revelou ainda mais desfavorável para as reformas no trabalho policial. Em 1993, alguns episódios modificaram a natureza da violência no Rio de Janeiro e do tratamento da questão: os "arrastões" nas praias cariocas e as trágicas chacinas da Candelária e Vigário Geral. Tais eventos inverteram posições, atingindo o governo pedetista e sua política de segurança, colocando na defensiva autoridades, entre as quais o próprio comandante-geral.[99]

A *metáfora de guerra*, tendo a mídia como um dos mais atuantes agentes, polarizava os debates sobre a cidade vista como irremediavelmente "partida" diante da criminalidade que se irradiaria das favelas.[100] As ações policiais dentro da legalidade passariam a ser desconsideradas por uma forte corrente de opinião como tomadas de posição pelos "direitos humanos dos bandidos" contra os "direitos dos cidadãos de bem".[101]

Nesse contexto, foi digna de nota a publicação do livro *Violência e política no Rio de Janeiro*. A intenção era oferecer novas reflexões para o debate que, segundo o organizador Luiz Eduardo Soares, tendia a construir uma imagem de Brizola, de seu vice Nilo Batista e de sua política de segurança como "conivente com o crime" e "populista".[102] A obra trazia novas perspectivas acadêmicas que partiam de observações empíricas, defendendo certa autonomia do crime, sem vinculá-lo diretamente às condições socioeconômicas. Avançou-se na distinção entre pobreza e criminalidade, evitando estigmatizações. A ideia de que o crime era apenas uma das formas da luta de classes não era mais o fundamento teórico. Pesquisas indicavam que os pobres eram as principais vítimas da criminalidade violenta.[103]

Mesmo assim, diante da indignação pública provocada por crimes de larga repercussão, a polícia se inclinava novamente em direção a resultados imediatos. Qualquer discussão em torno de reformas mais complexas passou a ser vista como "perda de tempo". Estudos sobre o policiamento comunitário concluem que seus efeitos positivos só aparecem após um período de maturação.[104] Isso, definitivamente, não aconteceu no Rio de Janeiro.

Portanto, naquele contexto de aumento da violência criminal, as resistências ao novo modelo de trabalho dentro da própria PMERJ ganharam força e se configuraram, a meu ver, no grande obstáculo para as reformas tentadas pela Secretaria da PMERJ. Elas afetaram concepções e interesses fortemente enraizados. Era evidente, ainda, a mentalidade corporativista e autocentrada: uma polícia avessa a qualquer tipo de controle. "Trabalho de polícia" para grande parte da corporação ainda equivalia a combater o criminoso. Tal postura se consolidou especialmente quando o policiamento comunitário passou a ser visto como "polícia cor-de-rosa" que fazia "policiamento de mentira". Contra essas concepções se voltaram Brizola, Cerqueira e uma nova geração de policiais.

O final desse capítulo da história fluminense recente foi marcado pela intervenção do Exército, em outubro de 1994: a chamada "Operação Rio".[105] A jornalista Juliana Resende afirma que o presidente Itamar Franco e o então governador Nilo Batista teriam chegado "à conclusão de que utilizar as Forças Armadas para conter a violência no Rio seria a melhor solução naquele momento crítico".[106] Contudo, a administração brizolista acompanhou "até o último dia de mandato, o processo, procurando evitar violações e recorrendo às poucas forças que lhe restaram".[107]

Considerações finais

A Secretaria da PMERJ, nos governos pedetistas, procurou articular o discurso oficial brizolista com as mudanças próprias da filosofia do policiamento comunitário, construindo, assim, o que chamo de "gestão da legalidade". Para eles, em um Estado democrático, a polícia não poderia se furtar a desempenhar um papel de mediação entre vários interesses, muitas vezes conflitantes. Com o comando desses oficiais, houve avanços significativos na concepção de segurança pública, reconhecidos recentemente.[108] Houve planejamento efetivo para a segurança do estado com a promoção de serviços antes inexistentes e com a abordagem de problemáticas até então desconsideradas.

Entretanto, o novo comando da PMERJ buscou uma reforma conciliatória, redefinindo a cultura institucional, mas preservando sua estrutura organizacional militar. A corporação continuou sendo regida por um regulamento interno do tempo da ditadura. Para os "reformistas", a manutenção da rigorosa disciplina deveria servir de contrapeso ao desgaste da imagem pública da polícia. Entretanto, essa estrutura fortaleceu as fontes de problemas. A centralização das decisões resultou em perda de agilidade das ações policiais. Valorização e ritualização exageradas das distâncias hierárquicas reforçaram, por sua vez, a tendência a homogeneizar e desqualificar o policial de ponta, justamente aquele que atuaria junto à comunidade, restringindo sua motivação para o trabalho à obediência e ao medo de sofrer punições.[109] Assim, criou-se uma percepção singular dos policiais sobre o seu lugar nas questões relativas à cidadania, sedimentando no imaginário social a ideia de que os "direitos humanos só protegiam os bandidos".

O policiamento comunitário terminou por sucumbir às mudanças no comando da política de segurança pública, antes mesmo que se pudesse efetuar um balanço crítico dos resultados alcançados.[110] A partir de 1995 – no governo de Marcello Alencar –, a ideia de uma Secretaria de Segurança Pública foi retomada e entregue à responsabilidade do general do Exército Nilton Cerqueira, que, por sua vez, defendia a bandeira do "endurecimento policial". A patrulha de Copacabana foi desativada sob pretexto da "urgência" de se "confrontar" o "crime organizado".[111] Sem qualquer avaliação prévia, esse e outros programas foram considerados supérfluos.

Portanto, creio que, para se compreenderem os avanços nesse difícil percurso para a conquista do equilíbrio entre controle social e respeito aos direitos individuais – que acaba por redefinir o papel da polícia –, torna-se necessária a análise das reformas nas atividades de policiamento ostensivo, quando do comando do coronel Cerqueira, e o registro de suas linhas de atuação nos dois governos de Leonel Brizola no Rio de Janeiro. A tentativa de envolver comunidades na elaboração e execução de medidas relativas à segurança foi uma importante contribuição dos governos pedetistas para a redemocratização brasileira.[112] Essa ambiciosa série de experimentos democráticos na área da segurança pública não teve precedentes na História do Brasil.

Notas

1. CERQUEIRA, Carlos Magno Nazareth. "As políticas de segurança pública do governo Leonel Brizola". *Revista Arché*, Rio de Janeiro, Faculdade Candido Mendes, ano VII, n° 9, 1998, p. 72.

2. Eleito pelo PDT, Brizola foi o único governador que não pertencia às duas grandes estruturas partidárias daquele momento: PDS e PMDB. *In*: KELLER, Vilma; DIAS, Sônia; COSTA, Marcelo; FREIRE, Américo. "Leonel Brizola". *DHBB*, Rio de Janeiro: FGV, 2001. Disponível em: cpdoc.fgv.br. Acesso em 20/2/2014.
3. A Polícia Militar (PM) é encarregada do policiamento ostensivo, armado e fardado no Brasil e trata-se de uma instituição cuja origem remonta ao início do século XIX, conhecendo posteriores denominações. Sua história começa após a chegada da corte portuguesa à América. *In*: D'ARAUJO, Maria Celina. *Militares, democracia e desenvolvimento: Brasil e América do Sul*. Rio de Janeiro: FGV, 2010, p. 237. A PM é encarregada das tarefas de vigilância, da manutenção da ordem social. O Brasil também possui uma agência responsável pela investigação criminal: a Polícia Civil. Este capítulo trata das reformas na PM. Sobre a relação entre as agências, *In*: KANT DE LIMA, Roberto. *A polícia na cidade do Rio de Janeiro: seus dilemas e paradoxos*. Rio de Janeiro: PMERJ, 1994.
4. Sua trajetória teve início em 1954, quando ingressou como aspirante a oficial PM. Comandou os batalhões de São Cristóvão e de Copacabana. Foi diretor-geral de ensino e chefe do Estado-Maior. Procurou também aperfeiçoamento acadêmico fora da PMERJ: formou-se em Filosofia pela Universidade do Estado da Guanabara e em Psicologia pela Universidade Gama Filho. Realizou ainda pós-graduação em Psicologia do Trabalho pela FGV. *In*: LEAL, Ana Beatriz; PEREIRA, Íbis da Silva; e MUNTEAL FILHO, Oswaldo (orgs.). *Sonho de uma polícia cidadã: Coronel Carlos Magno Nazareth Cerqueira*. Rio de Janeiro: NIBRAHC, 2010, p. 21.
5. A criminologia crítica encara "o crime como um fato social, mas desloca o foco de suas preocupações para as estruturas de poder e para o sistema em si, e não para o criminoso ou o crime". *In*: SILVA, Jorge da. *Criminologia crítica: Segurança e polícia*. Rio de Janeiro: Forense, 2008. Disponível em: <www.jorgedasilva.com.br/artigo/25/criminologia-critica.-a-questaoda-racionalidade-na-seguranca-publica>. Acesso em 12/1/2014.
6. SENTO-SÉ, João Trajano. *Brizolismo: Estetização da política e carisma*. Rio de Janeiro: FGV, 1999, p. 287.
7. SENTO-SÉ, João Trajano. "Azulões e treme-terra: 25 políticas públicas de segurança e o novo estado do Rio de Janeiro". *In*: FREIRE, Américo; SARMENTO, Carlos Eduardo; MOTTA, Marly Silva da (orgs.). *Um estado em questão: Os 25 anos do Rio de Janeiro*. Rio de Janeiro: FGV, 2001, p. 183.
8. A redemocratização restituiu muitos dos direitos da cidadania no Brasil. Entretanto, a maioria "continuou fora do alcance da proteção das leis e dos tribunais", sendo "privadas de serviços urbanos" e "de serviços de segurança e de justiça".

Os "cidadãos simples" se viram "à mercê da polícia e de outros agentes da lei que definem na prática que direitos serão ou não respeitados". Para eles, "existem os códigos civil e penal, mas aplicados de maneira parcial e incerta". CARVALHO, José Murilo de. *Cidadania no Brasil: O longo caminho*. Rio de Janeiro: Civilização Brasileira, 2013, pp. 210-216.
9. BRETAS, Marcos. "Observações sobre a falência dos modelos policiais". *Tempo Social*. São Paulo: Revista de Sociologia da USP, vol. 9, n° 1, 1997, p. 80.
10. NETO, Paulo Mesquita. "Violência policial no Brasil: abordagens teóricas e práticas de controle". *In*: PANDOLFI, Dulce Chaves; CARVALHO, José Murilo de; CARNEIRO, Leandro Piquet; GRYNSZPAN, Mário (orgs.). *Cidadania, justiça e violência*. Rio de Janeiro: FGV, 1999, p. 139.
11. MUNIZ, Jacqueline. "Ser policial é, sobretudo, uma razão de ser: Cultura e cotidiano da Polícia Militar do Estado do Rio de Janeiro". Rio de Janeiro: Tese de doutorado, Iuperj, 1999, p. 265.
12. Estudiosos se debruçaram sobre as instituições responsáveis pela polícia criadas no Rio de Janeiro, desde o século XIX – tendência inaugurada pela obra *Polícia no Rio de Janeiro. Repressão e resistência em uma cidade do século XIX*, de Thomas Holloway, considerado o principal estudioso do aparelho policial e de suas implicações para a ordem social daquele momento. As análises entendiam a polícia como agente controlador das desordens e da criminalidade, diante das necessidades do nascente Estado brasileiro.
13. BRETAS, Marcos. "A polícia carioca no Império". Rio de Janeiro: *Revista Estudos Históricos*, vol. 12, n. 22, 1998, p. 221.
14. BRETAS, Marcos. *A guerra das ruas: Povo e polícia na cidade do Rio de Janeiro*. Rio de Janeiro: Arquivo Nacional/Ministério da Justiça, 1997, p. 32.
15. MUNIZ, Jaqueline. *Op. cit.*, p. 44.
16. *Idem*, p. 45. Para Bretas, seria proveitosa uma passagem do estudo da polícia para o estudo do policial. BRETAS, Marcos. "Observações..." *Op. cit.*, p. 81.
17. ZALUAR, Alba. "Violência, crime organizado e poder: a tragédia brasileira e seus desafios". *In*: VELLOSO, João Paulo dos Reis (coord.): *et al. Governabilidade, sistema político e violência urbana*. Rio de Janeiro: José Olympio, 1994, p. 90.
18. PERALVA, Angelina. *Violência e democracia: O paradoxo brasileiro*. São Paulo: Paz e Terra, 2000, p. 21.
19. ZALUAR, Alba. "Violência, crime organizado e poder..." *Op. cit.*, p. 104.
20. LEITE, Marcia Pereira. "Violência, risco e sociabilidade nas margens da cidade: percepções e formas de ação de moradores de favelas cariocas". *In*: SILVA, Luiz

Antonio Machado da (org.). *Vida sob cerco: Violência e rotina nas favelas do Rio de Janeiro*. Rio de Janeiro: Nova Fronteira, 2008, p. 115.
21. Dados mostravam que a criminalidade "conhecia profundo impulso a partir de 1983". *In*: COELHO, Edmundo Campos. "A criminalidade urbana violenta". *In*: *Dados*, vol. 31, n. 2, Iuperj, 1998, p. 363.
22. ZALUAR, Alba. "Violência, crime organizado e poder...". *Op. cit.*, pp. 107-08.
23. No "sistema criminal" ainda "são os policiais que decidem quem irá ou não ser processado por mero uso ou por tráfico, porque são eles que apresentam as provas e iniciam o processo". *Idem*, p. 108.
24. Os homicídios que, até esse momento, eram predominantemente crimes de natureza passional, se tornaram dramaticamente marcantes nos conflitos entre traficantes e nas atividades clandestinas dos chamados "esquadrões da morte". COELHO, Edmundo Campos. "A criminalidade urbana...". *Op. cit.*, p. 351.
25. Os moradores da Cidade de Deus "votaram maciçamente no candidato mais oposicionista Leonel Brizola, identificado por eles como o 'super-revoltado'". ZALUAR, Alba. *A máquina e a revolta: As organizações populares e o significado da pobreza*. São Paulo: Brasiliense, 2000, p. 255.
26. O conselho era composto pelos secretários da Justiça e dos órgãos de segurança, procuradores da Justiça e do estado e pelo chefe do Gabinete Militar. Reunia, ainda, representantes da OAB, ABI, CNBB, Federação das Associações de Comércio, sindicatos rurais e urbanos e a Federação das Associações de Moradores do Estado do Rio de Janeiro. CERQUEIRA, Carlos Magno Nazareth. "A polícia comunitária: uma nova visão de política de segurança pública". Rio de Janeiro: *Revista Discursos Sediciosos*. Instituto Carioca de Criminologia (ICC), n° 4, 1997, p. 84.
27. FREIRE, Américo. "Novo sindicalismo e movimentos sociais". *In* FERREIRA, Marieta de Moraes (org.) *et al*. *A força do povo: Brizola e o Rio de Janeiro*. Rio de Janeiro, Alerj/FGV, 2008, p. 130.
28. *Idem*, p. 149.
29. Ver HOLLANDA, Cristina Buarque de. *Polícia e direitos humanos*: Política de segurança pública no primeiro governo Brizola (Rio de Janeiro: 1983-1986). Rio de Janeiro: Revan, 2005, p. 32.
30. SENTO-SÉ, João Trajano. *Brizolismo*... *Op. cit.*, p. 287.
31. O Decreto n° 88.777 de setembro de 1983 do presidente João Figueiredo facultou formalmente às polícias militares a escolha de oficiais PM para o comando da corporação e vinculados aos governadores de estado. Disponível em <https://www.planalto.gov.br/ccivil_03/decreto/d88777.htm>. Acesso em 10/7/2012.

32. SOARES, Luiz Eduardo e SENTO-SÉ, João Trajano. *Estado e segurança pública no Rio de Janeiro: Dilemas de um aprendizado difícil*, 2000, p. 7. Disponível em <www.ucamcesec.com.br/arquivos/publicacoes/01_Est_seg_publ_RJ.pdf>. Acesso em 20/7/2011. Na história dos comandos da PM fluminense, a presença do Exército foi hegemônica: a instituição foi comandada por um policial de carreira por somente 12 anos (1870 a 1878 e 1961 a 1965). Após decreto de Brizola, apenas os oficiais da PM poderiam assumir o comando, não mais dependendo de indicação do Exército. Ver LEAL, Ana Beatriz, PEREIRA *et al.* (orgs.). *Op. cit.*, p. 21.
33. SOARES, Luiz Eduardo e SENTO-SÉ, João Trajano. *Estado e segurança pública... Op. cit.*, p. 22.
34. DORNELLES, João Ricardo W. *Conflito e segurança. Entre pombos e falcões*. Rio de Janeiro: Lumen Juris, 2008, p. 10. Para Carvalho, ainda sob a ditadura, "não eram incomuns, então, um velado elogio à transgressão e a denúncia da lei como manifestação da tirania do Estado: ao tema da pobreza agregava-se o da opressão". *In*: CARVALHO, Maria Alice Rezende. "Violência no Rio de Janeiro: uma reflexão política". *In*: PEREIRA, Carlos Alberto Messeder *et al. Linguagens da violência*. Rio de Janeiro: Rocco, 2000, p. 51. Coelho apontava que a comunidade acadêmica ainda considerava "a criminalidade uma consequência da marginalidade", dando "prioridade à causa sobre a consequência no elenco de suas preocupações". *Apud* COELHO, Magda Prates (org.). *A oficina do diabo e outros estudos sobre criminalidade (Edmundo Campos Coelho)*. Rio de Janeiro: Record, 2005, p. 17.
35. LEAL, Ana Beatriz; PEREIRA, Íbis da Silva; MUNTEAL FILHO, Oswaldo (orgs.). *Op. cit.*, p. 23. Segundo o próprio comandante Cerqueira, "na qualidade de policial, vamos falar da segurança pública, deixando aos políticos o discurso sobre justiça social". CERQUEIRA, Carlos Magno Nazareth. *Discurso de Despedida da Primeira Gestão*. *In*: Arquivo do Instituto Carioca de Criminologia (ICC).
36. SOARES, Luiz Eduardo. "Segurança municipal: sugestões para uma agenda mínima". *In*: SENTO-SÉ, João Trajano (org.). *Prevenção da violência: O papel das cidades*. Rio de Janeiro: Civilização Brasileira, 2005, p. 26.
37. SENTO-SÉ, João Trajano. *Brizolismo... Op. cit.*, p. 288.
38. HOLLANDA, Cristina Buarque de. *Op. cit.*, p. 19.
39. A alternância dessas perspectivas nas últimas décadas teria caracterizado o que Soares qualificou de "movimento pendular" das políticas de segurança. *In*: SOARES, Luiz Eduardo. *Violência e política no Rio de Janeiro*. Rio de Janeiro: Relu-

me Dumará/ISER, 1996, pp. 104-122. Em relação à atuação dos órgãos de segurança nos mandatos pedetistas, falava-se, ainda, em "absenteísmo brizolista".

40. As iniciativas da administração pedetista nos remetem às diferenças destacadas por Dornelles entre "políticas de segurança pública" – instrumentos e meios institucionais centrados na ação policial como meio de combate à violência criminal – e "políticas públicas de segurança" – entendidas como um conjunto amplo de medidas que priorizam métodos preventivos e formas não violentas de manutenção da paz social. Importante observar que, para Dornelles, tal perspectiva inclui o "controle da criminalidade através da ação policial". DORNELLES, João Ricardo W. *Op. cit.*, pp. 5-6.

41. O plano tentou enfrentar o que Muniz chamou de "contraste entre o volumoso acervo de regras que regulam os padrões de comportamento" na "burocracia policial e a precariedade de diretivas relacionadas à administração das questões policiais enfrentadas cotidianamente na interação com os cidadãos". *In*: MUNIZ, Jaqueline. *Op. cit.*, p. 121.

42. A *Revista da PMERJ*, na sua primeira edição de dezembro de 1983, destaca também as visitas às polícias de Portugal, Espanha, França, Itália, Alemanha, Inglaterra etc. Cf. Arquivo do ICC.

43. *Revista da PMERJ*, ano III, n. 6, de fevereiro de 1987, p. 4. *In*: *op. cit.*

44. Entrevista do coronel reformado Ubiratan Ângelo concedida ao autor em julho de 2013.

45. "Tanto o sistema criminal quanto a opinião pública validam como o produto prioritário do serviço de polícia o que resulta da contabilidade dos corpos e das coisas: os bens ilegais apreendidos, os criminosos presos, mortos ou feridos 'em nome da lei' etc." *In*: MUNIZ, Jacqueline. *Op. cit.*, p. 193.

46. Destaco, como exemplo dessa perspectiva, que, durante a gestão de Cerqueira, foram adotados os princípios do "Código de conduta para as polícias" formulado pela Organização das Nações Unidas.

47. Cerqueira não se opunha ao "militarismo" como forma de administração da PMERJ. Segundo depoimento do coronel Íbis Pereira concedido à pesquisa, em junho de 2013, "a questão não era a farda, mas sim as ideias".

48. Plano Diretor (1984-1987). Estado-Maior da PMERJ.

49. "Plano Diretor da PMERJ (1984-1987) – NOVA REDAÇÃO". *Boletim da PMERJ* n° 229, de 3/12/1985. Imprensa da PMERJ, edição de abril de 1986, p. 9.

50. SKOLNICK, Jerome; BAYLEY, David. *Policiamento comunitário: Questões e práticas através do mundo*. São Paulo: Edusp, 2002, p. 49.

51. O novo comando via como "programas básicos" a difusão de documentos operacionais por todos os meios disponíveis: boletins, escolas de formação e instruções policiais. Cerqueira buscava uma maior aproximação da polícia com a sociedade civil. Nesse sentido, reativou o Centro de Documentação e Pesquisa e criou a *Revista da PMERJ*. No lançamento dessa revista multidisciplinar, em 1983, o novo comando demonstrava sua intenção de divulgar para diferentes públicos "os conceitos das matérias técnicas de nossos militares e das demais autoridades que tenham a transmitir seus conhecimentos e experiências de assuntos que se voltem para as peculiaridades da polícia". *Revista da PMERJ. Op. cit.*, p. 5.
52. Plano Diretor da PMERJ, p. 17.
53. HOLLANDA, Cristina Buarque de. *Op. cit.*, p. 32.
54. O Decreto-Lei 667 de 1969 estipulava a "exclusividade do policiamento ostensivo fardado às PMs", estabelecendo uma polícia militarizada para ações ostensivas e outra civil para investigações.
55. HOLLANDA, Cristina Buarque de. *Op. cit.*, p. 98.
56. MOISÉS, José Álvaro; ALBUQUERQUE, J. A. Guilhon. *Dilemas da consolidação da democracia*. Rio de Janeiro: Paz e Terra, 1989, p. 13.
57. Como destacaram Moisés e Albuquerque, "projetos políticos concretos que se propunham a superação do autoritarismo e que buscaram articular o plano institucional com a dimensão social", como o de Brizola, "corresponderam a um dos principais dilemas da consolidação democrática". *Idem*, p. 14.
58. As fugas de presídios se tornaram cada vez mais frequentes a partir de 1983. Cf. *O Globo*, edição de 27/5/1983, p. 13. Disponível em: <http://acervo.oglobo.globo.com>. Acesso em 30/6/2013.
59. Em "setembro de 1983, saques, greves e confrontos de rua atemorizaram a população do Rio". Brizola "colocou de prontidão a PM e a Polícia Civil na área metropolitana". Em Brasília, sua atitude – considerada "pouco firme" na repressão – "mobilizou os militares, que, através dos serviços de segurança, acompanharam a situação". *In*: KELLER, Vilma *et al. Op. cit.* Foi criado pelo comando da PMERJ o Grupo Executivo de Ação Comunitária Integrada que procurou evitar confrontos, protegendo as pessoas incumbidas do cumprimento da ordem legal de erradicação das moradias. *Boletim da PMERJ*, nº 36, de 13/4/1983, p. 8.
60. WEFFORT, Francisco C. *Por que democracia?* São Paulo: Brasiliense, 1984, pp. 12-13.
61. Ver *O Globo*, edição de 22/6/1983, p. 14.

62. SARMENTO, Carlos Eduardo. "Entre o carisma e a rotina: as eleições de 1982 e o primeiro governo". In: FERREIRA, Marieta de Moraes et al. (orgs.). Op. cit., p. 67.
63. O Globo, edição de 29/11/1983, p. 12.
64. HOLLANDA, Cristina Buarque de. Op. cit., pp. 97.
65. O Globo, edição de 28/3/1983, p. 5. Contudo, "permanece a ser realizado um trabalho cuidadoso que levante o volume de recursos investidos na área de segurança pública no estado do Rio de Janeiro ao longo dessas duas últimas décadas". In: SOARES, Luiz Eduardo; SENTO-SÉ, João Trajano. Op. cit., p. 10.
66. HOLLANDA, Cristina Buarque de. Op. cit., pp. 20-21.
67. Relatos falam de boicote de oficiais e de comandantes de batalhões ao Plano Diretor. Entrevista do coronel Jorge da Silva concedida em julho de 2011 ao Projeto Memória... Op. cit., p. 12.
68. "A transição e a consolidação democrática devem ser tratadas" como "processos essencialmente autoalimentados: além de gerar novas condições que podem influir positivamente no seu desdobramento, eles produzem também obstáculos à própria democratização". Os ritmos são sempre variáveis. Essa interação política pode abrir possibilidades de mudança ou de conservação até que sejam socialmente reconhecidos e legal e formalmente "aceitos pelas principais forças políticas relevantes". In: MOISÉS, José Álvaro; ALBUQUERQUE, J. A. Guilhon. Op. cit., pp. 13-123.
69. BRETAS, Marcos. "Observações..." Op. cit., p. 80.
70. Segundo D'Araujo, "de fato, em meio ao debate da reforma institucional visando à redemocratização, a questão da polícia ficou esquecida". In: D'ARAUJO, Maria Celina. Op. cit., pp. 248-250.
71. O Decreto 317 de 1967 criou a Inspetoria Geral das Polícias Militares (IGPM), para que o regime militar mantivesse sob seu controle as polícias militares, impondo seu ritual militar-administrativo. O histórico controle por meio da IGPM foi confirmado pela Constituição de 1988.
72. DORNELLES, João Ricardo W. Op. cit., p. 145.
73. Segundo Nilo Batista, a experiência começou em 1983, apesar da visibilidade conseguida somente na segunda gestão de Brizola. BATISTA, Nilo. "Recordações". In: CERQUEIRA, Carlos Magno Nazareth. O futuro de uma ilusão: O sonho de uma nova polícia. Rio de Janeiro: Freitas Bastos, 2001, p. 10. Nilo Batista notabilizou-se por defender presos políticos durante o regime militar. Foi secretário da Polícia Civil no primeiro governo Brizola. Filiado ao PDT, em 1990 foi eleito vice-governador na chapa de Brizola. Assim, acumulou as se-

cretarias de Justiça e a de Polícia Civil. Em abril de 1994, assumiu o governo do estado em substituição a Brizola, que deixou o cargo para concorrer às eleições presidenciais. Disponível em: <http://www.alerj.rj.gov.br/memoria/cd/bios/nbatista.html>. Acesso em: 10/2/2014.
74. Kombis percorriam vários bairros, recolhendo queixas e sugestões depositadas em urnas pelos moradores. O projeto foi implementado no Catumbi, Estácio, Santa Teresa, Glória, Flamengo, Jardim Vinte e Cinco de Agosto, Vila São Luiz, Inhaúma, Brás de Pina, entre outros. *In*: HOLLANDA, Cristina Buarque de. *Op. cit.*, p. 119.
75. CERQUEIRA, Carlos Magno Nazareth. *Do patrulhamento... Op. cit.*, p. 160. O comando da PMERJ procurou, também, implantar o modelo comunitário por meio de cabines de policiamento. O sistema PM-RIO, que existia desde a década de 1970, foi reestruturado também a partir da experiência japonesa. A instalação de cabines na Zona Sul foi a principal política de atendimento comunitário da PMERJ nessa região.
76. Foi instaurada uma associação de reabilitação para atender policiais acidentados, a ARPM, e reativada a diretoria de Assistência Social em 1991. Foi criada em 1994 a Comissão Interna de Prevenção de Acidentes e Estresse (CIPAE), bem como um programa de assistência jurídica aos policiais. Nas duas gestões de Cerqueira foram registradas as menores proporções de policiais militares vitimados durante o serviço em relação ao conjunto de vitimização de cada ano. *In*: HOLLANDA, Cristina Buarque de. *Op. cit.*, p. 82.
77. Quando se constrói um imaginário em que policiais se definem como combatentes e se promove um enfoque "na necessidade de 'derrotar o crime', os próprios policiais são estimulados a perceber os valores legais muito mais como restrições a sua eficiência do que como objetivos aos quais devam se vincular". *In*: ROLIM, Marcos. *A síndrome da rainha vermelha*. Policiamento e segurança pública no século XXI. Rio de Janeiro: Zahar, 2009, p. 48. Ao final do primeiro governo Brizola, o delegado Hélio Vígio afirmou: "Bandido só respeita repressão. Querem fazer do policial um assistente social. Não podemos tocar nas favelas, são reduto dele. Já vivemos outros regimes políticos, mas nunca fomos tão desrespeitados." Citado na edição do *Jornal do Brasil* de 4/11/1986.
78. MOTTA, Marly. "O projeto político: a Presidência da República". *In*: FERREIRA, Marieta de Moraes *et al.* (orgs.). *Op. cit.*, p. 168.
79. SENTO-SÉ, João Trajano. *Brizolismo... Op. cit.*, p. 258. "No Rio de Janeiro, nos anos de 1987 e 1988 (incluídos os meses de janeiro e fevereiro de 1989), foram mortos 'em ação' 106 policiais militares." *Apud* SILVA, Jorge da. *Op. cit.*, p. 76. "A chacina de Acari, em 1990, eliminou as vidas de onze jovens, dentre

os quais, oito menores." ALMEIDA, Suely Souza de. "Violência urbana e constituição de sujeitos políticos". *In*: PEREIRA, Carlos Alberto Messeder *et al*. *Op. cit.*, p. 101.
80. Ver ADORNO, Sérgio. *Op. cit.*, p. 65.
81. PINHEIRO, Paulo Sérgio. *Op. cit.*, p. 43.
82. NETO, Paulo Mesquita. *Op. cit.*, p. 139.
83. *Idem*, p. 140.
84. Por meio do "pacote de abril" de 1977, os crimes dos policiais passaram a ser considerados "crimes 'militares' e julgados por uma justiça militar própria". Citado *in*: PINHEIRO, Paulo Sérgio; SADER, Emir. *Op. cit.*, p. 87. Apesar da pressão dos que militavam pelos direitos humanos, "foi necessário esperar a lei 9.299 de 1996" para que se transferisse para a Justiça Civil a competência de julgar os "crimes intencionais contra a vida praticados por policiais militares". *In*: PERALVA, Angelina. *Op. cit.*, p. 75.
85. ADORNO, Sérgio. *Op. cit.*, p. 66.
86. Para Adorno, no Brasil, durante toda a República, "a violência policial, em suas múltiplas formas, tanto da organização civil quanto das forças militarizadas, permaneceu enraizada como modo costumeiro e institucionalizado de solução de conflitos sociais e intersubjetivos". *In*: ADORNO, Sérgio. *Op. cit.*, p. 138.
87. MOTTA, Marly Silva da. *Op. cit.*, p. 172.
88. Na reforma curricular dos centros de formação de oficiais – ESPM e APM D. João VI – constavam aulas de sociologia, psicologia e direito. HOLLANDA, Cristina Buarque de. *Op. cit.*, p. 121. No ano de 1987, Cerqueira liderou o projeto "Controle da criminalidade do estado do Rio de Janeiro", desenvolvido em parceria com a Universidade Federal Fluminense. Foi uma tentativa de incentivar o campo universitário a participar de pesquisas sobre criminalidade e justiça criminal. Cf. Relatório do Programa de Assistência Técnica e Assessoramento Empresarial (Patae), p. 2. Arquivo do Instituto Carioca de Criminologia.
89. "Entrevista: Coronel Cerqueira". *Revista do Clube de Oficiais da Polícia Militar e do Corpo de Bombeiros*. Rio de Janeiro, mar./abr. 1992, n° 3, pp. 3-5.
90. CERQUEIRA, Carlos Magno Nazareth. *Do patrulhamento... Op. cit.*, p. 164.
91. A ideia era implantar, através de ação conjunta da Polícia Civil (investigações), Polícia Militar (policiamento comunitário), Defesa Civil (situações de risco), Defensoria Pública (assistência gratuita), Poder Judiciário (presença de um juiz de Paz) e Procuradoria-Geral de Justiça ("pequenas causas"), os centros locali-

zados nas comunidades populares. *In*: LEAL, PEREIRA; MUNTEAL FILHO. *Op. cit.*, p. 47.

92. *Relatório de realizações do governo Brizola no período de 15 de março de 1991 a maio de 1993*, p. 3. Gabinete do vice-governador. Arquivo do Instituto Carioca de Criminologia (ICC).

93. Cerqueira garantia que as diretrizes do comando não impediam "que a polícia oferecesse segurança à população favelada, mas sim que fosse violenta com ela". *In*: CERQUEIRA, Carlos Magno Nazareth. "As políticas de segurança...". *Op. cit.*, p. 81.

94. Ver SKOLNICK, Jerome; BAYLEY, David. *Op. cit.*, p. 39.

95. O programa era conhecido como Drug Abuse Resistance Education e foi desenvolvido nas cidades de Los Angeles e de Miami a partir do ano de 1983. Disponível em <http://www.proerd-pmerj.com>. Acesso em 11/12/2013.

96. SILVA FILHO, Vadael da. *A Polícia Militar e o policiamento comunitário: De Nazareth Cerqueira à UPP*. ESPM. Niterói, 2009, p. 12. Disponível em: <pt.scribd.com/doc/78953418/Artigo-A-Policia-Militar-e-o-Policiamento-Comunitario>. Acesso em 15/7/2012.

97. "Hoje não há um único curso de polícia neste país que não discuta alguma obra" de Cerqueira, "ou que ele tenha trazido lá de fora", atesta o coronel Sérgio Antunes. MORETZSOHN, Sylvia. "O sonho do capitão". *In*: CERQUEIRA, Carlos Magno Nazareth. *O futuro de uma ilusão... Op. cit.*, p. 13.

98. RAMOS, Silvia; MUSUMECI, Leonarda. *Elemento suspeito: abordagem policial e discriminação na cidade do Rio de Janeiro*. Rio de Janeiro: Civilização Brasileira, 2005, p. 55.

99. SOARES, Luiz Eduardo. "Rio de Janeiro, 1993: a tríplice ferida simbólica e a desordem como espetáculo". *In*: SOARES, Luiz Eduardo. *Violência e política no Rio de Janeiro*. Rio de Janeiro: Relume Dumará/Iser, 1996, p. 244. O comando se preocupava não somente com as ações violentas dos "grupos de extermínio", mas também com a corrupção entre os policiais. Psicólogos passaram a estudar o fenômeno. Um dos resultados foi o estudo *Pesquisa sobre o perfil de policiais militares excluídos por desvio de conduta no ano de 1991*. *In*: Arquivo do ICC. Foi também instituído o Conselho de Ética da PMERJ.

100. LEITE, Márcia. *Para além da metáfora de guerra: percepções sobre cidadania, violência e paz no Grajaú, um bairro carioca*. Rio de Janeiro: Tese de doutorado, PPGSA-UFRJ, 2001.

101. Contudo, acredito que não convém ampliar os efeitos do medo provocado pela mídia. Para Soares, "estávamos longe do caos, da perda de controle, da escalada vertiginosa que a mídia proclamava", mas, "atribuir à mídia o papel fundamen-

tal desses processos deve ser encarado com reservas". SOARES, Luiz Eduardo. "O mágico de Oz e outras histórias sobre a violência no Rio". *In*: SOARES, Luiz Eduardo. *Violência e política... Op. cit.*, p. 252.

102. SOARES, Luiz Eduardo. *Idem*, p. 260. Sobre o "deslocamento" do conceito de populismo da linguagem acadêmica para o vocabulário da mídia e da população, ver FERREIRA, Jorge (org.). *O populismo e sua história: Debate e crítica*. Rio de Janeiro: Civilização Brasileira, 2001, p. 21.

103. Ver MISSE, Michel. "Cinco teses equivocadas sobre a criminalidade urbana no Brasil". *Violência e participação política no Rio de Janeiro*. Rio de Janeiro: Iuperj, *Série Estudos*, nº 91, 1995, p. 9.

104. ROLIM, Marcos. *Op. cit.*, p. 94.

105. É importante destacar que, em 1992, quando da realização do encontro internacional sobre meio ambiente – a ECO-92 –, o Exército assumiu o policiamento ostensivo da cidade, em virtude da presença de vários chefes de Estado. O ambiente aparentemente tranquilo ficou gravado na memória da opinião pública.

106. RESENDE, Juliana. *Operação Rio: Relatos de uma guerra brasileira*. São Paulo: Página aberta, 1995, p. 19. Há controvérsias sobre essa posição. Cerqueira e Nilo Batista pensavam numa intervenção militar responsável pelas fronteiras estaduais. *In:* CERQUEIRA, Carlos Magno Nazareth. "Remilitarização da segurança pública: a Operação Rio". Rio de Janeiro: *Revista Discursos Sediciosos*. ICC, nº 1, 1996.

107. SOARES, Luiz Eduardo. "O mágico de Oz...". *Op. cit.*, p. 271. Durante a intervenção, houve o maior aumento de homicídios dolosos de que se tem notícia na história do Rio de Janeiro. *In*: SOARES, Luiz Eduardo. *Meu casaco de general: 500 dias no front da segurança pública no Rio de Janeiro*. São Paulo: Companhia das Letras, 2000, p. 112.

108. As memórias sobre o comando de Cerqueira ganharam força com o controverso debate em torno das Unidades de Polícia Pacificadora (UPPs) implementadas, a partir de 2008, no Rio de Janeiro. Apesar das polêmicas, Mina Carakushansky considera as UPPs "adaptações da filosofia de policiamento comunitário". LEAL, Ana Beatriz; PEREIRA, Íbis da Silva; MUNTEAL FILHO, Oswaldo (orgs.). *Op. cit.*, p. 94.

109. MUNIZ, Jaqueline. *Op. cit.*, p. 115.

110. Segundo João Trajano Sento-Sé, o "brizolismo" colocou no centro do debate político sobre segurança pública a questão dos direitos humanos, mas possibilitou a reação baseada no discurso autoritário da "lei e da ordem". *In*: SENTO-SÉ, João Trajano. *Brizolismo... Op. cit.*, p. 258.

111. MINC, Carlos. "Crime organizado e política de segurança pública no Rio de Janeiro". *Revista Arché*, Rio de Janeiro: Candido Mendes, ano VII, n° 9, 1998, p. 188.
112. Após o fim do segundo governo Brizola, o ex-comandante Nazareth Cerqueira se tornou vice-presidente do Instituto Carioca de Criminologia (ONG criada por Nilo Batista e dedicada ao estudo da violência e da ação policial). Contudo, o coronel reformado foi assassinado, em 14 de setembro de 1999, aos 62 anos. O motivo do crime não foi esclarecido.

CAPÍTULO 9 Das Brizoletas aos Brizolões: A educação pública nos governos de Leonel Brizola

Libânia Xavier

Outubro de 2014, época de renovação política. Em todo o país, está em curso a campanha para as eleições de presidente da República, governadores, deputados e senadores. Nesse processo, um fato chama a atenção. Trata-se do compromisso com a bandeira da educação integral, assumido por vários candidatos a cargos eletivos no Rio de Janeiro. Como que por encanto, uma bandeira que gerou acalorados debates nos jornais cariocas dos anos 1980-1990 volta à cena política, sob a forma de promessa de campanha propalada por candidatos de diferentes partidos e ideologias. A julgar pelo comportamento dos candidatos de agora, a educação integral se transmutou em objeto de desejo e necessidade popular, sugerindo um aparente consenso no que se refere ao enfrentamento da questão, sempre inconclusa, da universalização de um modelo de ensino adequado às crianças que necessitam da escola pública. A situação descrita tem antecedentes históricos que nos remetem para a trajetória política de Leonel Brizola.

As experiências de Brizola nos governos do Rio Grande do Sul (1959-1963) e do Rio de Janeiro (1983-1986 e 1991-1994) constituem *dois tempos* especiais na história da educação brasileira, que serão abordados neste capítulo. Por isso mesmo, este se encontra dividido em três tópicos: o primeiro aborda o Plano Educacional que Leonel Brizola colocou em prática quando foi governador do Rio Grande do Sul; o segundo se volta para o Programa Especial de Educação, implementado no Rio de Janeiro, ao longo de dois mandatos descontínuos. Finalmente, o terceiro tópico focaliza os desdobramentos de ambas as experiências nas manifestações de memórias que ora as erigem em patrimônio público, ora as desqualificam em vista de expectativas não atendidas. Tanto a observação do primeiro quanto a do segundo tempo nos permitem vislumbrar mecanismos que podem ter contribuído para que, dez anos após a sua morte[1], a educação integral se transformasse em promessa de campanha de vários candidatos a cargos públicos. Pretendemos demonstrar, ainda, que as controvérsias que marcaram a implantação das escolas de tempo integral no Rio de Janeiro obscureceram a centralidade atribuída à educação pública ao longo da trajetória política de Brizola, haja vista os esforços pregressos de expansão do ensino que ele empreendeu no início de sua carreira política, como deputado estadual, secretário de Obras, prefeito e governador do Rio Grande do Sul. Os jogos simbólicos que permearam as políticas educacionais implementadas por Brizola nos dois tempos de sua trajetória, assim como as operações de enquadramento da memória de seu legado serão abordados ao longo do texto e sistematizados nas Considerações finais.

Dentre as fontes disponíveis para recuperar as linhas gerais da política educacional acionada em seus mandatos de governador, utilizamos documentos como planos de governo e relatórios de prestação de contas, bem como notícias veiculadas na grande imprensa. Recorremos a estudos acadêmicos como as dissertações de Claudemir Quadros; Flávia Bemfica e Daniela Reis, bem como à monografia de Viviana Cemim.[2] Consultamos, também, os registros sobre sua biografia, seja em publicações como a de Leite Filho, seja em verbetes como o do *Dicionário Histórico-Biográfico* do Cpdoc.[3] Para cobrir as linhas da política educacional adotada no governo do Rio de Janeiro, retomamos um conjunto de dados já explorados em trabalho anterior,[4] acrescentando novas reflexões relacionadas às operações de enquadramento da memória do Programa Especial de Educação e das escolas de tempo integral que Brizola implantou na cidade e nos municípios do estado do Rio de Janeiro.

O primeiro tempo considerado em nossas notas sobre o lugar da educação pública na trajetória de Leonel Brizola remete-se ao período em que ele desempenhou suas atividades no Rio Grande do Sul, nas décadas de 1940 a 1960, que marcam o início de sua trajetória política, conforme detalharemos a seguir.

O tempo das Brizoletas

Brizola ingressou na vida política em janeiro de 1945, quando se filiou ao recém-criado PTB. Nesta legenda, elegeu-se deputado estadual em 1947, reelegendo-se para mais um mandato no pleito de 1950. Exerceu o segundo mandato por apenas um ano, e foi nomeado, em 1952, secretário estadual de Obras, no governo de Ernesto Dorneles. Os registros de sua gestão como secretário de Obras do Rio Grande do Sul (1952-1954) demonstram atenção especial à melhoria dos sistemas viários e, também, à construção de escolas. No conjunto de suas ações públicas, destaca-se a atenção aos problemas sociais, tais como saneamento básico e abastecimento de água, integrados no Plano de Obras que ele executou, assim como o interesse em suprir a demanda escolar, sintetizado no lema *Nenhuma criança sem escola no Rio Grande do Sul*. Como informa Leite Filho,[5] esta bandeira foi adotada quando Brizola se elegeu deputado estadual pela primeira vez.

Como prefeito de Porto Alegre (1956-1958), Brizola iniciou um programa de expansão escolar, construindo prédios simples, muitas vezes com mão de obra das próprias comunidades locais, por meio do sistema de mutirão. Na ocasião, ele justificou a opção por construir prédios modestos, em geral de madeira, tendo em vista o imperativo de universalizar a educação primária, visando alcançar um número maior de escolas para poder distribuí-las nas áreas mais carentes de oferta escolar. No governo do estado do Rio Grande do Sul, ele colocou em execução o Plano de Emergência e Expansão do Ensino Primário. O referido plano tinha metas bastante ambiciosas, tais como a escolarização de todas as crianças dos 7 aos 14 anos e a erradicação do analfabetismo, e foi batizado de Plano das Duas Mil, em razão da meta governamental de construir 2 mil escolas em dois anos,[6] expandindo significativamente a oferta de vagas escolares em todo o estado.

"Educação e desenvolvimento: Decálogo" é o título que abre a prestação de contas dos dois primeiros anos de seu governo, como parte da mensagem encaminhada à Assembleia Legislativa, em 1960. Na abertura, aparece a meta da Educação Popular, seguida da Saúde Pública, sendo ambas articuladas às ações de ampliação do abastecimento de água e de saneamento básico. As cinco metas seguintes englobam políticas econômicas para o setor agrário, comercial e industrial, assinalando meios como o cooperativismo, finanças e orçamento, além de suportes como energia elétrica e carvão, transportes e armazenamento. As duas últimas metas se referem às comunicações e ao planejamento, sendo este último entendido como ação política e administrativa do governo do estado.

No que tange à Educação Popular, a mensagem destaca a expansão do ensino primário e do ensino técnico, visando promover a "valorização da mão de obra por meio da oferta de cursos rápidos de aprendizagem prática, de sentido comunitário e de acordo com a demanda local".[7] O plano aponta para a expansão e reequipamento das Escolas Agrícolas, Comerciais e Industriais. No que se refere à formação industrial, foram firmados convênios com entidades como a Associação Sulina para Crédito e Assistência Rural (Ascar) e o Serviço Nacional de Aprendizagem Nacional (Senai), dentre outras.[8] A meta de construção de uma escola técnica rural em cada município do estado do Rio Grande do Sul é justificada, tendo em vista o empenho na melhoria das "condições socioeconômicas da população interiorana". O compromisso para com a educação popular se traduziu no Plano de Emergência de Expansão do

Ensino Primário. O plano previa a construção de novas escolas e a conservação, o reequipamento e a ampliação do número de salas de aula das escolas já existentes. Paralelamente a isso, prevê a contratação de novos professores, o que foi realizado em parte por meio de concurso e em parte por meio de contrato. O documento apresenta, ainda, o Plano Descentralizado de Expansão do Ensino Primário, prevendo convênios com os municípios do estado, assim como com entidades privadas, apoiado em um organograma básico, composto por uma coordenação na capital e uma supervisão nos municípios. Nos convênios com entidades privadas, o governo cedia professores da rede oficial em troca de matrículas com bolsas de estudo (isto é, gratuitas).[9] Para a realização das metas, o documento considera não só os recursos previstos no orçamento, como também se refere a recursos especiais, tais como as Letras do Tesouro, chamadas brizoletas.[10]

A construção dos prédios escolares atendeu a um diversificado Programa de Edificações, com previsão de oito planos de construções de prédios escolares, de acordo com as necessidades e a situação existente em cada município.[11] A fachada das *escolinhas do Brizola* ou *Brizoletas*, conforme ficaram conhecidas, apresentava linhas simples e modestas. As instituições eram, em sua maioria, construídas em madeira, com uma ou duas salas de aula.[12]

Mas a simplicidade nem sempre marcou a execução das metas educacionais do governo Brizola. Pelo contrário, as escolas eram inauguradas em solenidades concorridas, muitas delas contando com a presença do governador e de sua assessoria de imprensa. Conforme assinalou Reis,[13] o governo Leonel Brizola acentuou a preocupação, já presente em administrações anteriores, com o registro e a fixação de uma a imagem positiva do Poder Executivo. Com esse fim, foi formalizada a Assessoria de Imprensa do Palácio Piratini e, além de jornalistas, esta passou a contar, também, com fotógrafos. As fotografias valiam como registro e, após seleção, eram enviadas aos jornais e outros veículos de divulgação. Desse modo, as inaugurações de escolas passaram a ser fartamente fotografadas, dando a ver sua importância no projeto de governo.[14]

Estas fotos compõem, hoje, um rico acervo de imagens, preservadas no Museu da Comunicação Hipólito José da Costa.[15] A abundância de registros fotográficos extrapola o acervo do referido museu e ensejou a publicação de um belo álbum de fotos, organizado por Claudemir de Quadros, sob o título *Marcas do tempo: Imagens e memórias das Brizoletas*.[16] Por sua vez, a monografia de Viviana Cemin[17] oferece um interessante quadro visual, analisando um conjunto de fotos ligadas a eventos educacionais do governo Brizola. Este denota a presença da população beneficiada, contando com crianças, pais e professores, assim como de autoridades públicas, como o governador e os secretários de Educação e de Obras.[18] A esse respeito, Cemin[19] captou a presença de padres em algumas dessas solenidades, assinalando o conflito, ainda não superado nos anos 1960, entre os defensores da preponderância católica na educação escolar dos brasileiros e a perspectiva de universalização da educação pública estatal. Merece registro a observação da autora, sugerindo que a presença de padres nas inaugurações das escolas expressa a preocupação do governo em obter as *bênções* dessas lideranças religiosas, aplacando o medo popular que se alimentava da associação entre brizolismo, trabalhismo e comunismo, no contexto mais amplo da Guerra Fria.

Desde muito cedo o projeto educacional de Brizola figurou nos jornais locais, fosse como *expressão da marcha resoluta do Rio Grande do Sul rumo à erradicação do analfabetismo* e à universalização da educação primária, ou vocalizando críticas ao seu projeto. Naquele contexto, a imprensa cumpriu o duplo papel de servir de instrumento de propaganda e, ao mesmo tempo, de veículo de expressão das críticas e oposições de diferentes setores sociais – ora registrando a insatisfação da população com a *tardança de soluções* para problemas específicos, como a falta d'água em algumas escolas, ora denunciando sua utilização política. Os jornais locais chegaram a publicar um manifesto do órgão representativo dos professores da região, cobrando do governo critérios profissionais para a contratação e o estabelecimento dos salários dos professores, bem como reivindicando a *despolitização* da Secretaria de Educação do estado.[20] De qualquer modo, sua presença constante nos meios de comunicação lhe rendeu ganhos eleitorais, caracterizando-o como homem de ação e realizações e como liderança atenta às demandas do cidadão comum.

A trajetória ascendente de Leonel Brizola sofreu uma drástica inflexão em razão do movimento civil-militar de 1964. Em virtude da tentativa de organizar a resistência ao *golpe* e, em consequência da repressão política empreendida pelos governos militares, Leonel Brizola, assim como outras lideranças políticas, foi obrigado a deixar o país.[21] No exílio, essas lideranças procuraram fazer daquela experiência a oportunidade de reelaboração de suas ações e concepções. Porém, foi somente a partir de 1979 que o processo de *transição democrática*, sob controle do próprio regime militar, ganhou novo impulso com a assinatura da lei de anistia, em 29 de agosto daquele ano.

O retorno dos exilados inaugurou novos tempos na vida social, política e cultural brasileira. A reforma partidária logrou reorganizar o quadro político em que se dariam as eleições dos governadores de estado por meio do voto direto, após dezoito anos de nomeações pelos militares.[22] Essa movimentação trouxe à cena política antigas e novas lideranças, apresentando resultados favoráveis aos partidos de oposição, que conseguiram eleger seus candidatos nos principais estados do país.[23] Nesse contexto é que transcorre o que estamos considerando o segundo tempo da trajetória de Leonel Brizola.

Segundo tempo: os Brizolões

De volta ao Brasil, Leonel Brizola retomou suas atividades políticas e, após contornar entraves na retomada da antiga sigla do Partido Trabalhista Brasileiro, candidatou-se ao governo do estado do Rio de Janeiro, pela legenda do recém-fundado PDT. Já na campanha eleitoral, ele apresentou a educação como meta prioritária e, logo depois de eleito, procurou efetivar as condições indicadas na primeira premissa de seu Plano de Governo: *alta mobilização de recursos em um projeto educacional alçado à condição de prioridade absoluta na política de governo*.²⁴A primeira iniciativa do governo no setor educacional foi a criação de uma Comissão Coordenadora de Educação e Cultura (Lei 705 de 21/12/1983) para elaboração das diretrizes da política educacional a ser implementada pelo governo, seguida pela inclusão do Programa Especial de Educação (PEE) no Plano de Desenvolvimento Econômico e Social do governo do estado.²⁵

Cabe destacar que a construção de prédios escolares especialmente planejados para funcionarem em tempo integral, configurando uma rede paralela de escolas, assim como a perspectiva de disseminação de uma pedagogia direcionada para a formação integral do educando eram feitos com poucos antecedentes no Brasil, até então.²⁶ Por um lado, isso explica a preocupação dos governantes em esclarecer os princípios que orientavam a educação integral, divulgar os seus benefícios e, sobretudo, destacar o seu potencial democratizante. Para tanto – e valendo-se dos contatos internacionais já estabelecidos –, a imprensa jornalística foi explorada nacional e internacionalmente.²⁷ Um bom exemplo é a reportagem publicada no jornal *New York Times* e transcrita no *Jornal do Brasil*, na qual o vice-governador e presidente da Comissão de Educação e Cultura Darcy Ribeiro explicava o significado pedagógico da alimentação nas escolas de educação integral. Como ele afirmou, o café da manhã era a primeira lição do dia, quando aquelas crianças, acostumadas a passar fome em casa, aprendiam a fazer uma refeição digna, adquirindo conhecimentos úteis à saúde (como o valor nutricional dos alimentos) e apreendendo formas de comportamento legitimadas socialmente (como sentar-se à mesa e comer com garfo e faca).²⁸

Com os Centros Integrados de Educação Pública (Cieps), Leonel Brizola e Darcy Ribeiro desenharam uma política educacional que se apresentava como alternativa para o enfrentamento do desemprego – abrindo inúmeros postos de trabalho para cozinheiras, serventes e merendeiras, assim como para bibliotecários e animadores culturais, dentre outros profissionais contratados para atuarem nessas escolas. Os Cieps associaram a esta política, também, um direcionamento de prevenção da violência urbana, defendendo a ideia de que a extensão da educação escolar em tempo integral ao conjunto da população infantil do estado funcionaria como antídoto para os efeitos mais perversos do ócio e da ignorância a que estariam relegadas as crianças pobres.

A própria configuração do espaço físico dos Cieps causou grande impacto na opinião pública. Projetados em linhas modernas por Oscar Niemeyer, os Cieps causaram uma espécie de estranhamento, justamente por encarnarem um novo tipo de escola. A fachada colorida do prédio, a distribuição funcional do espaço externo, composto por uma quadra poliesportiva, um prédio hexagonal projetado para abrigar a biblioteca e por amplos refeitórios, além das salas de aula distribuídas na parte interna do prédio, tinham capacidade para atender cerca de quinhentas crianças, durante o dia, e a mesma quantidade de jovens e adultos, no turno da noite.

O impacto causado pelas novas escolas não se deveu apenas à interferência na paisagem dos bairros da periferia urbana e nas cidades do interior, mas, particularmente, porque todo aquele investimento era endereçado preferencialmente para as crianças dos setores populares da sociedade fluminense. À medida que se intensificavam os apelos propagandísticos em torno do PEE, mais se acirrava a polêmica sobre a legitimidade daquele projeto de inovação educacional e cada vez mais a disseminação de opiniões contrárias aos investimentos públicos em uma proposta educacional taxada de assistencialista e demagógica aumentava.

O debate educacional foi estampado nos jornais cariocas *O Globo*, *Extra* e *Jornal do Brasil* e circunscreveu questões como: Qual seria o papel da escola: ensinar ou assistir? Expressando sua opinião de forma contundente, como era seu estilo, Brizola enfrentou as oposições ao seu projeto educacional, muitas vezes buscando alianças com jornais e jornalistas. Quando não foi possível selar alianças, ele comprou espaços em jornais de grande circulação, como *O Globo* e *Jornal do Brasil*, veiculando as matérias que ficaram conhecidas como os tijolaços do Brizola. Adotando tal estratégia nos anos 1980-1990, Brizola realizou um trabalho permanente de vinculação de sua pessoa e de suas principais ideias com o público, através dos meios de comunicação. Como assinalou Rodrigues,[29] Brizola estabeleceu uma relação muito particular com a grande imprensa, pois ao mesmo tempo que a utilizou como instrumento de divulgação e legitimação de seus projetos e ideias, ele também fez ácidas críticas aos meios de comunicação.[30]

Inicialmente, a imprensa noticiou algumas manifestações de protesto em relação à construção dos Cieps, tendo em vista a decisão de utilizar locais que funcionavam como espaços de socialização comunitária para alojar as escolas de tempo integral. Organizadas nas respectivas Associações de Moradores, algumas comunidades protestaram contra a eliminação de espaços públicos como praças e campos de futebol, sem a consulta prévia aos moradores que deles faziam uso. Porém, deve-se ressaltar que outras comunidades, como a Associação de Moradores do Morro da Formiga, prestaram o mais alto apoio ao governo a fim de garantir a construção das escolas de tempo integral em suas redondezas.[31] Os jornais potencializaram a polêmica em torno da localização dos Cieps, disseminando a ideia de que estes eram *plantados* na beira das estradas unicamente para darem visibilidade ao governo. Contudo, se o próprio Darcy Ribeiro reconheceu ter cometido, em suas palavras, a *barbaridade* de ter acabado com alguns campos de pelada para construir os prédios escolares, também é verdade que muitos destes foram construídos em locais de alta densidade populacional e visibilidade apenas para os moradores daquele local.

Dentre os argumentos contrários ao PEE, o mais comum era o que condenava a introdução do horário integral associado à oferta de refeições e ao banho diário. Muitos consideravam um desperdício de recursos o investimento na construção de prédios especialmente equipados para o ensino em tempo integral, criticando o alto custo dos Cieps e defendendo uma escola de custo mínimo, por considerarem que os elementos fundamentais para ensinar e aprender eram a competência do professor e a vontade do aluno. Por trás deste argumento, estava a visão da escola como espaço de estudo, de ensino e de aprendizagem, não cabendo a esta abrigar práticas de outra natureza – como a higiene, o atendimento odontológico e as atividades artísticas e culturais –, sob o risco de desvirtuar sua função precípua. Nessa linha, era comum qualificar as refeições e banhos diários como prática compensatória e assistencialista que, não atacando o problema na fonte – com medidas de erradicação da miséria e do desemprego, por exemplo –, apresentava paliativos demagógicos e populistas. Tais argumentos reforçaram a associação de Leonel Brizola à figura dos *caudilhos* e *líderes populistas*, cuja ambição política era alcançada enganando o povo com suas *prendas* de modo a manipular suas vontades e granjear apoio político.

O recrudescimento da violência urbana que marcou o período representou desafio de monta para o governo, que, visando dar respostas a este problema e ao mesmo tempo legitimar o seu projeto educacional, associou a oferta de uma formação integral ao controle preventivo da violência. De fato, a propaganda dos Cieps falava em *tirar a criança da rua*, local de tentações e perigos, abrigando-a no interior seguro e protegido da escola. No entanto, ao operar tal associação, é provável que a ideia de uma *escola de ricos para pobres* ou a imagem de uma escola que guardava a ambição de salvar as crianças expostas aos perigos da criminalidade e da violência presente nas ruas da cidade tenha contribuído para imprimir àquele projeto o mesmo estigma do qual se queria livrar os alunos. Diante deste quadro, muitos pais recusaram-se a matricular os filhos nas escolas de tempo integral por terem em mente a representação de que o Ciep abrigava em seu interior crianças relegadas ao abandono e à violência das ruas. Opera-se, desse modo, a transposição da imagem das escolas de tempo integral que a propaganda queria plasmar como sendo uma escola *salvadora* para o sentimento de que aquela escola funcionaria, sim, como mais um espaço de segregação social das crianças pobres.[32]

Passado e futuro das escolas de Brizola

Conforme demonstramos, se os jornais contribuíram para divulgar a proposta pedagógica das escolas de educação integral, eles também serviram para apresentar críticas e reações de desaprovação, colaborando para deslegitimar seus princípios, suas estratégias de implantação e suas perspectivas de futuro. As acusações de utilização política como sendo a principal justificativa do programa, bem como as críticas centradas no alto custo das escolas instauraram um sentimento de desconfiança em relação ao caráter educativo dos Cieps. Tanto quanto o que o PEE representou em termos de investimento público, estava em jogo, também, os sentimentos de aprovação e de rejeição que a implantação das escolas de tempo integral despertavam em nível simbólico.

Assim, decorridos 21 anos da implantação do I PEE, *O Globo* retomou o debate por meio da publicação de uma série de reportagens sobre os egressos da primeira turma do primeiro Ciep inaugurado no Rio de Janeiro.[33] O tom é de um balanço da eficácia desta política educacional a partir da situação social de seus egressos. A manchete não deixa margem para dúvidas sobre a avaliação prévia dos jornalistas que assinam a matéria: "Cieps fazem 21 anos de expectativas e fracassos." Os repórteres buscaram estabelecer contato com os alunos, pesquisaram a situação dos Cieps que, à época, estavam sob administração do governo estadual e da prefeitura, fizeram cálculos em torno do custo da educação de tempo integral (prédio e custo/aluno) e compararam esses custos com os das escolas da rede convencional de ensino. Recuperaram as expectativas dos idealizadores do Programa Educativo para com o *futuro da nova geração* e cruzaram tais expectativas com o status social alcançado por seus egressos.

No conjunto de reportagens, o que mais nos chamou a atenção foi a pergunta que se apresenta na matéria do dia 29/5/2006, sobre o destino de um ex-aluno, à época, preso por latrocínio na penitenciária de segurança máxima Bangu III. A certa altura, a reportagem questiona:

o custo do aluno do Ciep vale a pena? A pergunta induz o leitor a avaliar como um *desperdício* o ato de investir dinheiro público na tentativa de *educar* pessoas que, de acordo com certa visão de mundo, estariam condenadas ao crime e à marginalidade ou, de modo mais ameno, a uma vida modesta, com menos instrução, menos oportunidades, menores possibilidades de inclusão na sociedade dos bem-nascidos. Diagnosticando uma espécie de destino manifesto da infância pobre, ao mesmo tempo que coloca sob suspeita a eficácia daquele tipo de investimento, a reportagem expressa, de certo modo, *o desprezo que as classes dominantes nutrem pelo povo*, conforme asseverou Darcy Ribeiro, quando esteve à frente da Comissão Coordenadora de Educação e Cultura do estado.[34]

Em nossa história, o compromisso com a educação pública costuma comparecer como parte de uma retórica política que reforça crenças há muito cristalizadas em nosso modo de pensar, tais como aquelas que se articulam à ideia de que o desenvolvimento econômico do país depende da educação do povo ou, ainda, as que nutrem a expectativa de que a escolarização é um caminho seguro (muitas vezes é o único) para a ascensão social. Todos sabemos que a escolarização pode abrir portas no mercado de trabalho, promover mobilidades sociais, encaminhar destinos. Mas só a escola não é forte o suficiente para resistir à miséria e à fome, à violência e às inúmeras carências que assolam parte da população brasileira. Estas crenças estão na raiz das avaliações que o senso comum partilha – muitas vezes vocalizadas nos jornais de grande circulação – de que a qualidade de uma proposta pedagógica se mede pela mobilidade social e ocupacional que a escola proporciona a seus egressos.

A questão é complexa e a demarcação de um *índice de mobilidade* para avaliar o sucesso de uma política educacional requer abertura para identificar as *pequenas* mudanças operadas na trajetória daqueles que foram alvo das referidas políticas. Requer, ainda, que se busque uma percepção historicamente situada, de modo a reunir elementos que nos permitam desconstruir concepções cristalizadas a respeito dos potenciais transformadores da educação e da escola, assim como da pertinência e consistência de políticas – atuais ou pregressas – dirigidas ao setor educacional.

Muitas vezes, tais concepções tomam forma nos embates eleitorais, deslocando o foco da utilidade social da educação pública para o quanto de legitimidade política se pode obter por meio do compromisso – retórico ou programático – com a democratização do ensino. Em situações como as campanhas eleitorais, o reconhecimento do direito de todos à educação pública de qualidade se transforma em consenso, reforçando nos discursos políticos o reconhecimento dos princípios da igualdade e dos direitos de cidadania. Contudo, quando algum projeto pedagógico é colocado em curso, o debate em torno da aplicação de recursos estatais ganha a cena, dividindo opiniões e instaurando o dissenso em torno da quantidade de recursos públicos que deve ser aplicada na rubrica das políticas educacionais.[35] Podemos afirmar que estas são, a nosso ver, algumas regularidades que permeiam a formulação e implantação de políticas educacionais no país, assim como o debate público que as cerca. Outros aspectos como as operações de fixação e enquadramento da memória associada a tais políticas e experiências constituem fatores relevantes dos significados sociais, políticos e pedagógicos a elas atribuídos.

Nos dois tempos de seus governos, chama a atenção a personalização das escolas inscritas nos nomes pelos quais elas ficaram popularmente conhecidas: *Brizoletas,* no Rio Grande do Sul, e *Brizolões,* no Rio de Janeiro. Sem dúvida, tal personificação incide contra o caráter universal e democratizante de sua política educacional, destacando a lógica personalista que rege a troca de favores concedidos pelo poder estatal em vista dos votos dos beneficiados. Porém, se a personalização pode parecer perversa para com os princípios democráticos que o próprio governo empunhava publicamente, sua eficácia em termos eleitorais teve resultados relativamente eficazes. Em muitos casos, ao invés de denegrir a imagem de Brizola perante a população, o apelido reforçou a ideia de que aquele projeto e aquela escola tinham sim um benfeitor, com nome e fisionomia disseminados tanto pela via oficial quanto pelo chamado boca a boca, sendo automaticamente incorporado ao marketing construído em torno de sua figura.

A comparação dos nomes das escolas construídas no Rio Grande do Sul com aquelas que se espalharam pelo Rio de Janeiro expressa a adoção de uma perspectiva cada vez mais agressiva, tanto no que se refere ao projeto educacional quanto no que se relaciona às estratégias de marketing político. No Rio Grande do Sul, as escolas que Brizola construiu acabaram se tornando conhecidas pelo nome de *Brizoletas*. Nestas, o nome do personagem é configurado no diminutivo, já que as escolinhas eram pequenas e com fachadas simples e discretas e, por isso mesmo, são referidas, ainda, no feminino. Já no Rio de Janeiro da transição democrática e do retorno dos exilados políticos, os *Brizolões* surgem como adaptação masculina e aumentativa, nomeando prédios robustos de arquitetura singular.

Como vimos, a centralidade da educação pública nos planos de governo de Leonel Brizola teve múltiplas repercussões – não apenas simbólicas, mas também de base material, ou seja, *de madeira e de concreto* – que, ainda hoje, saltam à vista, ora incomodando, ora provocando saudades de um tempo que deixou marcas. Por um lado, expressam o incômodo de verificar que muitas destas escolas se encontram abandonadas, como se pode ver na reportagem publicada na *Revista de História* em 2010. Nesta, a jornalista Francis Maia lamenta o estado de abandono de algumas dessas escolas, mas conclui afirmando que algumas Brizoletas foram transformadas pela Prefeitura em museus ou centros de cultura. Conclui reivindicando mais atenção para estes patrimônios.[36] Por outro lado, vemos a série de reportagens do jornal *O Globo*, referida anteriormente, segundo a qual, a experiência do Programa Especial de Educação do governo Brizola teria sido um fracasso, não justificando o investimento de vulto que recebeu. Em ambas as situações, a memória destas experiências é evocada, ora para valorizar o seu legado, ora para desqualificar a eficácia de tais políticas perante as esperanças que mobilizaram.

As duas experiências educacionais que marcaram os governos Brizola em seus espaços e tempos respectivos nos permitem perceber a originalidade de suas estratégias políticas e administrativas na intenção de escolarizar a população, dentro do período de seus mandatos executivos. É muito provável que as soluções rápidas e baratas de sua primeira experiência como governador do Rio Grande do Sul tenham relação com a perspectiva de tornar realidade, com os recursos a seu dispor, a expansão de vagas, sobretudo para a educação primária.

A adoção de projetos semelhantes ao PEE pelo Governo Federal nos anos 1990,[37] bem como o Programa Mais Educação,[38] em curso atualmente, demonstram o impacto que a questão da formação integral vem exercendo sobre a definição de políticas para o setor educacional. Independente das mutações de significado que o princípio da formação integral da criança vem sofrendo nos planos atuais, bem como da tendência para a diminuição dos investimentos financeiros para tal, há que se reconhecer a persistência do problema e a atualidade da questão, que ainda hoje permanece distante de um encaminhamento satisfatório.

Considerações finais

Finalizamos este capítulo sugerindo que o lugar da educação pública na trajetória de Leonel Brizola tem sido insuficientemente analisado. Conforme assinalamos na parte introdutória, as referências à centralidade que a educação pública ocupou em sua trajetória política têm sido tratadas, via de regra, como retórica discursiva ou estratégia eleitoral. No entanto, a observação desses dois tempos de governo de Leonel Brizola nos permite tecer algumas considerações, que passamos a enumerar.

Em primeiro lugar, a trajetória de Brizola comprova que, em seu percurso político, ele adotou uma postura convicta a respeito da centralidade da educação em seu projeto de construção de uma sociedade democrática entre nós. A essa convicção – que destaca o reconhecimento da escolarização como direito e, nesse sentido, materializa a sua opção pelo Governo Democrático e pela inclusão/

participação popular – somaram-se ações efetivas em prol da universalização do ensino, expandindo o acesso à educação pública por meio da construção de prédios escolares e pela recuperação e ampliação dos já existentes. Tanto no Rio Grande do Sul quanto no Rio de Janeiro, o esforço de expansão do acesso veio acompanhado de campanhas de propaganda e esclarecimento a respeito do papel da educação pública estatal em uma sociedade democrática. A preocupação com o esclarecimento da população a respeito das políticas educacionais adotadas em seus governos – por meio da Secretaria de Imprensa e de seu do setor de fotografia ou da inclusão desta temática na imprensa nacional e estrangeira – desencadeou repercussões paradoxais, variando de sentido, de acordo com o contexto em que foram acionadas, bem como dos usos que foram feitos da memória dessas políticas.

As fontes utilizadas neste capítulo demonstraram que, para além de inserir o seu projeto educacional no plano dos princípios democráticos e da retórica que os sustentam, Brizola se preocupou em materializar suas metas, mobilizando ações administrativas e buscando todo tipo de apoio disponível. Nesse empenho, promoveu ações com vistas a carrear recursos e baratear custos, ao mesmo tempo que marcava sua presença, acompanhando as obras de construção das escolas e participando dos eventos de inauguração.

O lugar da educação pública nesses dois tempos da trajetória de Leonel Brizola apresenta, ainda, outra peculiaridade. Trata-se da efetivação de um projeto educacional factível e pedagogicamente adequado à população excluída da escola e de outros direitos de cidadania. Atinge, portanto, crianças vitimadas por uma dupla exclusão escolar: a primeira, causada pela insuficiência de vagas; a segunda, é ocasionada pela frustração de, estando inserida na escola, não se perceberem como parte dela, não conseguindo, por isso, progredir em sua jornada escolar.

Se a ampliação das vagas pode resolver o problema do acesso, é certo que a garantia de permanência e de conclusão dos estudos, galgando níveis mais altos de escolarização, depende de um Projeto Pedagógico adequado, coerente e consistente. Para que este projeto leve à democratização do ensino, é necessário promover mudanças e adaptações no currículo, nos métodos educacionais, nas atividades didáticas e na avaliação dos alunos, de modo a proporcionar o desenvolvimento cognitivo de crianças que chegam à escola com déficits alimentares, culturais e afetivos. Nesse caso, podemos afirmar que, em ambos os governos, a promoção da expansão de vagas veio acompanhada de uma proposta pedagógica coerente com as linhas gerais da política implementada na área da Educação. E é esta peculiaridade do projeto educacional de Leonel Brizola que, a nosso ver, lhe garantiu popularidade. Tal percepção contribuiu para que outras lideranças políticas avaliassem se é producente se apropriar da retórica da educação integral em suas estratégias de campanha. É sabido, no entanto, que a retórica desprovida da ação política e da prática social não garante, por si só, apoio popular e ganhos eleitorais.

Cabe acrescentar que nem tudo se resume ao jogo político eleitoral e a meta de promover a democratização do acesso à educação escolar associado à melhoria da qualidade do ensino, bem como a ambição de alfabetizar jovens e adultos destituídos dos direitos mais básicos de cidadania – tal como a capacidade de decifrar os *signos* de sua própria cultura –, não são tarefa secundária. Por isso mesmo, tais experiências merecem ser conhecidas e estudadas, seja no que tange aos princípios que as fundamentam, seja no que se refere às estratégias políticas e administrativas que as viabilizaram, seja, por fim, em seus impactos e ressonâncias posteriores.

Consideramos que a centralidade atribuída à educação pública ao longo da trajetória de Leonel Brizola merece ser analisada como eixo catalisador de um conjunto articulado de políticas de intervenção cultural, cognitiva e socializadora. Tal perspectiva integradora não excluiu a expectativa de obter a ressonância econômica – em termos de formação de quadros profissionais e de qualificação da mão de obra –, visando promover uma modernização que dependia da expansão dos processos de escolarização para se efetivar. Estas observações nos permitem ter uma visão mais aproximada do projeto de sociedade que Leonel

Brizola desenhou em sua trajetória, transitando por tradições políticas que já se faziam presentes nos anos 1930-1940, durante a Era Vargas, estimulada pelos princípios difundidos pelo trabalhismo e pelos nacionalismos em voga no período; vicejaram nos anos 1950-1960, em que se verifica o auge do projeto desenvolvimentista e modernizador, e retornaram, não sem modificações, no rescaldo da redemocratização dos anos 1980-1990.

Concluímos chamando a atenção para a pertinência de se analisar, crítica e desinteressadamente, a contribuição de Leonel Brizola à educação pública brasileira. Na nossa opinião, esta reflexão é crucial para a compreensão do papel das políticas educacionais no processo de construção democrática, entre nós. Para tanto, há que se buscar superar a passionalidade, quando se trata de analisar o legado brizolista. Concordamos com João Trajano Sento-Sé[39] quanto ao fato de essa passionalidade mascarar o que se faz realmente relevante quando se discutem as representações sobre Brizola e o brizolismo, pois, para além de sua personalidade polêmica e controvertida, o que emerge em sua trajetória, assim como de sua forte crença na educação como fator de desenvolvimento e base para a democracia, são *imagens do Brasil, representações da ordem, fantasias de futuro*.[40] A nosso ver, é nesse quadro que o estudo do legado de Leonel Brizola pode contribuir positivamente para a compreensão de certos sujeitos e processos educacionais que marcam a história da educação brasileira.

Notas

1. Leonel Brizola faleceu em 21 de junho de 2004.
2. QUADROS, Claudemir. *As Brizoletas cobrindo o Rio Grande: A educação pública no Rio Grande do Sul durante o governo de Leonel Brizola (1959-1963)*. Santa Maria: UFSM, 2003; BEMFICA, Flávia Cristina Maggi. "Governo Leonel Brizola no Rio Grande do Sul: Desconstruindo mito." Porto Alegre: Dissertação de mestrado, PUC-RS, 2007; REIS, Daniela G. dos. *Imagens do poder: As fotografias da legalidade pelas lentes da assessoria de imprensa do governo do es-*

tado do Rio Grande do Sul (1961). Porto Alegre: Dissertação de mestrado, PUC-RS, 2012; CEMIM, Viviana. "Não só de pão vive o homem: A construção de escolas no governo Brizola a partir das fotografias da assessoria de imprensa do Palácio Piratini (1959-1963)". Porto Alegre: Monografia de licenciatura, UFRGS, 2010.
3. LEITE Filho, F.C. (2008). *El Caudilho Leonel Brizola: um perfil biográfico*. São Paulo: Aquariana, *Dicionário Histórico-Biográfico* do Centro de Pesquisa e Documentação em História Contemporânea da Fundação Getulio Vargas. Rio de Janeiro: FGV-Cpdoc, 2001.
4. XAVIER, Libânia Nacif. Inovações e descontinuidades na política educacional fluminense (1975-1995). *In*: FREIRE, Américo; SARMENTO, Carlos Eduardo; MOTTA, Marly Silva da. *Um estado em questão: Os 25 anos do Rio de Janeiro*. Rio de Janeiro: FGV/ALERJ, 2002.
5. LEITE FILHO, L. C. *El Caudillo: Leonel Brizola, um perfil biográfico*. São Paulo: Aquariana, 2008.
6. Em sua dissertação de mestrado, Flávia Bemfica contesta esta expansão, confrontando com dados do IBGE e concluindo que o aumento do número de vagas escolares já vinha crescendo no governo anterior, além de ter um crescimento menos significativo nas estatísticas deste órgão. *Op. cit.* pp. 61-64.
7. A estrutura do ensino técnico vigente à época seguia dois modelos: o padrão federal, consoante as Leis Orgânicas do Ensino Agrícola, e o padrão estadual, adaptado à realidade local e, no caso em questão, com cursos de grau primário complementar e de grau médio articulados entre si, mas não com os demais ramos. Expandindo o padrão estadual, o referido plano previa dois tipos de escola: o tipo A, com cursos avulsos ou regulares, e o tipo B, com cursos técnicos cujo ingresso se dava mediante concursos seletivos. Governo do estado do Rio Grande do Sul. Mensagem à Assembleia Legislativa (1960). Porto Alegre: Imprensa Oficial, 1961.
8. O documento menciona a construção de pequenos pavilhões para oficinas, alojamentos, aquisição de novos equipamentos e materiais escolares, além da contratação de pessoal docente e funcionários administrativos para as escolas técnicas já existentes. Governo do estado do Rio Grande do Sul. *Op. cit.*, p. 51.
9. Governo do estado do Rio Grande do Sul. *Op. cit.*, p. 51.
10. As letras do Tesouro, que também ficaram conhecidas como brizoletas, foram emitidas com autorização da Lei 3.785, de 30/7/1959, sendo utilizadas para pagamento de dívidas, inclusive salários atrasados dos servidores e captação de recursos no mercado financeiro e, também, no plano de construção de escolas.

11. Era a seguinte a designação dos Planos: Prédio-Piloto; Plano A; Plano B; Projeto ou Plano Especial; Retomadas; Plano F; Plano FM; Ampliações. Para mais detalhes, ver Claudemir Quadros. *Op. cit.*, pp. 56-68.
12. De acordo com Claudemir Quadros, a opção pela utilização da madeira na construção das escolas se deveu à facilidade de encontrar esse material, bem como mão de obra qualificada para trabalhar com madeira nas regiões interioranas do estado, o que reduzia o custo total. Somem-se a isso as dificuldades com o transporte de materiais para a construção de prédios de alvenaria e seu elevado custo. *Op. cit.*, p. 57.
13. REIS, Daniela G. dos. *Op. cit.*
14. A tabela apresentada na dissertação de Daniela Reis mostrando o número de negativos encontrados no acervo fotográfico do Palácio Piratini dá o tom da ambição que Brizola acalentava em relação ao registro e divulgação das ações de seu governo, ultrapassando a soma de negativos de três de seus antecessores: Walter Jobim (1947-1951): 2.624 negativos; Ernesto Dornelles (1951-1955): 5.048 negativos; Ildo Meneghetti (1955-1959): 5.560 negativos; Leonel Brizola (1955-1963): 18.757 negativos. *Apud* REIS, Daniela. *Op. cit.*, p. 36.
15. Disponível em: <http://www.museudacomunicacao.rs.gov.br/site/acervos/fotografia>. Acesso em 5/1/2014.
16. A obra reúne um conjunto de fotografias que compunham o Relatório da Comissão Estadual de Prédios Escolares e foram salvas do descarte em uma das reorganizações da Secretaria de Obras Públicas, ao término da administração Brizola, tendo sido cedidas pelo engenheiro Nilton de Castro Reis. Conta também com fotografias do Acervo do Museu Genealógico de Nova Palma – RS. Cf.: QUADROS, Claudemir de. *Op. cit. Marcas do tempo: Imagens e memórias das Brizoletas*. Santa Maria: Unifra, 2005. Disponível em: <http://docslide.com.br/documents/marcas-do-tempo-imagens-e-memorias-das-brizoletas.html>. Acesso em 13/9/2016.
17. CEMIM, Viviana. *Op. cit.*
18. No referido governo, exerceram a pasta da Educação os secretários José Mariano Becker, Justino Quintana e Raul Cauduro, enquanto na Secretaria de Obras ocuparam a pasta os secretários Mário José Maestri, João Caruso e Nilton de Castro Reis.
19. CEMIM, Viviana. *Op. cit.*, p. 37.
20. *O Nacional.* 11/4/1961; 24/11/1961 e 17/8/1962. *Apud* QUADROS, Claudemir. *Op. cit.*, pp. 178-80.
21. Brizola procurou organizar a resistência e defender o Governo Constitucional, buscando apoio de contingentes do Exército que não haviam aderido ao golpe

de imediato e desempenhando ações intempestivas, tais como a ocupação dos estúdios da Rádio Farroupilha e sua aparição na sacada da Prefeitura de Porto Alegre, concitando a população a pegar em armas e resistir ao golpe. Cf.: *Dicionário Histórico-Biográfico pós-1930*. Cpdoc-FGV.

22. A reforma partidária iniciada em fins de 1979 resultou na criação de novos partidos de oposição, como, por exemplo, o PDT, em torno da figura de Leonel Brizola, e o PT, organizado em torno das novas lideranças sindicais surgidas com as greves de 1978-1979, em particular da figura do metalúrgico Luís Inácio Lula da Silva. O antigo MDB, agora Partido do Movimento Democrático Brasileiro (PMDB), manteve-se como uma ampla frente de oposição.

23. No pleito de 1982, o PMDB ocupou o governo de Minas Gerais com Tancredo Neves, e o de São Paulo com Franco Montoro; e o PDT elegeu Leonel Brizola governador do estado do Rio de Janeiro, cargo que exerceu em duas legislaturas.

24. Estado do Rio de Janeiro. Governo Leonel Brizola. Plano de Desenvolvimento Econômico e Social (1984-1987).

25. O Programa Especial de Educação previa a construção das escolas de tempo integral e incluía uma série de subprogramas que compunham o universo pedagógico no qual se daria a socialização e a instrução promovida por meio da valorização da cultura do aluno e da aquisição dos códigos socialmente legítimos de expressão oral, escrita e comportamental. Nessa perspectiva pedagógica que também visava compensar as carências sociais e nutricionais dos alunos justificava-se a implementação de programas complementares, tais como as salas de leitura, a animação cultural, o projeto aluno-residente, os programas de estudo dirigidos, de atendimento médico e odontológico, as refeições e os banhos diários.

26. Apesar de a educação ter contado com especial atenção na administração de Brizola no Rio Grande do Sul, bem como de haver registros de outras experiências de educação integral efetivadas na rede de escolas públicas brasileiras – tais como as Escolas Experimentais implantadas por Anísio Teixeira, no Rio de Janeiro, nas décadas de 1930 e 1950, assim como na Bahia –, não havia ocorrido no país, até então, uma política tão abrangente, com a construção de uma rede de escolas projetadas e equipadas especialmente para adotar um modelo pedagógico consubstanciado na proposta de educação integral. Sobre as reformas empreendidas por Anísio Teixeira, *in*: Xavier, Libânia N. "A Reforma Anísio Teixeira no Distrito Federal: Experimentalismo e liberalismo em Anísio Teixeira." *In*: *Cadernos de História da Educação*, n. 6, 2007, pp. 145-59.

27. Entre as matérias publicadas no exterior, identificamos as seguintes: "Brazil Mass-Produces Schools." *Washington Post*, monday/august, 1985; "Brazilen-

-Das Kalkutta Synchon; *Der Spiegel.*" 35, Alemanha, 25/98/2985, republicado no *Jornal do Brasil,* 13/8/1985; "Brazil's New School, The First Class Is the Breakfast." *The New York Times,* 14/7/1985, republicado em *O Globo,* 23/7/1986.

28. *O Globo,* 23/7/1986. "Na nova escola brasileira a primeira lição é o café da manhã."
29. RODRIGUES, Mônica. "Imprensa: Uma relação de amor e ódio." *In*: FERREIRA, Marieta de Moraes. *A força do povo: Brizola e o Rio de Janeiro.* Rio de Janeiro: FGV/ALERJ, 2008.
30. Os tijolões de Brizola foram utilizados para combater os seus inimigos, esclarecer suas propostas e ideias políticas, bem como para prestar contas de seu governo. Também veicularam suas críticas à linha editorial dos próprios jornais que as estampavam mediante pagamento, como foi o caso de suas relações com o jornal *O Globo.* Cf.: FREIRE, Américo; Azevedo, Flávia. "Intervenção política, imprensa e democracia: os tijolaços de Leonel Brizola." *In*: *Anos 90: Revista do Programa de Pós-Graduação em História da Universidade Federal do Rio Grande do Sul.* Porto Alegre. 18 (33), 2011, pp. 15-40.
31. *O Globo,* 12/8/1985. "Contestada em oito bairros escolha de área de Cieps"; *O Globo,* 26/8/1985. "Localização dos Cieps: A nova polêmica"; *Jornal do Brasil,* 24/8/1985. "Moradores da Tijuca não querem *Brizolão* na área para lazer."
32. Sobre a questão, ver: EMERIQUE. Raquel Balmant. "Do salvacionismo à segregação: A experiência dos Centros Integrados de Educação Pública no Rio de Janeiro." Rio de Janeiro: Dissertação de mestrado, Uerj, 1997.
33. Trata-se da série de reportagens publicadas por *O Globo* durante uma semana – de 28/5/2006 a 4/6/2006 – assinadas por Paulo Marqueteiro, Ruben Berta, Selma Schmidt e Mônica Tavares. *O Globo,* 21/5/2006: "21 anos depois as lições dos Cieps"; 28/5/2006: "O destino da turma 101"; 29/5/2006: "Desempenho semelhante, custo maior"; 2/6/2006: "Um programa que foi por água abaixo"; 3/6/2006: "Cieps: só um sonho"; 4/6/2006: "A história a ser escrita pela nova turma 101".
34. Em depoimento publicado na *Revista do Rio de Janeiro* (Uerj), Darcy Ribeiro analisou os obstáculos postos à democratização do ensino (e da sociedade brasileira), afirmando o seguinte: "Então, há um condicionante aí que leva uma classe dominante como a nossa (...) a olhar o povo como o senhor de escravo olhava, como um carvão para gastar. (...) E que desenvolveu um desprezo pela educação que é a extensão do desprezo que ela tem pelo povo." Cf.: RIBEIRO, Darcy. "Clientelismo e educação em questão" (depoimento concedido a Maria Cristina Leal). *Revista do Rio de Janeiro,* nº 3, 1984, p. 48.

35. A disputa pela primazia na destinação dos investimentos públicos tem marcado a história da educação brasileira, alcançando forte ressonância nos processos de reformulação da legislação educacional, em particular nos processos de tramitação das Leis de Diretrizes e Bases da educação nacional. Tanto no caso da Lei 4.024/1961 quanto da Lei 9.394/1996 ocorreram acirradas disputas em torno da distribuição de recursos públicos para a educação, mobilizando amplo debate sobre o papel do Estado na garantia do direito à educação pública e gratuita, assim como desnudando os jogos de pressão e de poderes das e sobre as instâncias responsáveis pela aprovação dos respectivos projetos de lei de diretrizes e bases da educação nacional. O processo de tramitação da Lei 9.024/1961 teve início em 1948 e se estendeu até 1961. No caso da Lei 9.394/1996, o processo de tramitação teve início logo após a promulgação da Constituição de 1988, levando cerca de oito anos até a data de sua promulgação. Sobre o assunto, ver: BRZEZINSKI, Iria (org.). *LDB reinterpretada: Diversos olhares se entrecruzam*. 2. ed. São Paulo: Cortez, 1998; e SAVIANI, Dermeval. *Educação brasileira: Estrutura e sistema*. 9. ed. São Paulo: Autores Associados, 2005.
36. "Foi circulando pelas estradas da região que a jornalista Francis Maia deparou-se com uma Brizoleta num trecho da BR-116. Espantou-se com o estado de abandono e parou o carro para fotografar. (...) Segundo Francis, ainda é comum avistar as escolas pelas bandas rurais do estado. Ela diz que já viu casos ainda piores. 'Tem algumas já desmontadas, completamente abandonadas. Parecem um amontoado de madeira', denuncia. Mas em alguns municípios há escolas que se salvam. Certas prefeituras tocam projetos para aproveitarem pelo menos a estrutura das Brizoletas. 'Ainda que elas sejam pequenas e modestas, em alguns municípios existem projetos de transformá-las em museu ou espaço cultural', diz Francis, reivindicando mais atenção a esses patrimônios." Trecho extraído de: *Revista de História*, 1/2/2010. Disponível em: <http://www.revistadehistoria.com.br/secao/reportagem/brizoletas>. Acesso em 15/1/2014.
37. Em 1991, portaria do Governo Federal (2.134 de 13/11/1991 – administração Collor de Mello) lançou as diretrizes gerais e recomendações para a formulação de projetos pedagógicos dos Centros Integrados de Apoio à Criança (Ciacs), programa que incorporava alguns dos aspectos centrais da proposta presente no PEE. No ano seguinte, após o impeachment de Collor e a posse de Itamar Franco na Presidência da República, as escolas de tempo integral a serem implantadas em diferentes estados do país receberam a denominação de Centros de Atenção Integral à Criança (Caics).
38. O Programa Mais Educação, instituído pela Portaria Interministerial 17/2007 e regulamentado pelo Decreto 7.083/2010, constitui-se como estratégia do Mi-

nistério da Educação para induzir a ampliação da jornada escolar e a organização curricular na perspectiva da Educação Integral. Para mais detalhes, ver: http://portal.mec.gov.br/index.php?option=com_content&view=article&id=16690&Itemid=1113.
39. SENTO-SÉ, João Trajano. *Brizolismo*. Rio de Janeiro: Espaço e Tempo/FGV, 1999.
40. *Ibidem*, p. 18.

CAPÍTULO 10 Brizola e o trabalhismo*

Angela de Castro Gomes

Partindo de considerações feitas sobre o funeral de Leonel Brizola, ocorrido em 21 de junho de 2004, este capítulo tem como objetivo apresentar uma reflexão sobre o trabalhismo como uma ideologia e uma tradição, que compõe uma cultura política republicana, compartilhada no país a partir de 1945. Assim, visa a demonstrar como o trabalhismo, que tem sua gênese no pós-1930, foi relido e apropriado por trabalhadores e lideranças políticas e sindicais, ao longo do período 1945-1964, discutindo as transformações que sofreu em decorrência do suicídio de Vargas, em 1954. Também pontua os impactos ocorridos no trabalhismo, após 1964, quer devido à dissolução do Partido Trabalhista Brasileiro, o PTB, e de todo o sistema partidário, em 1965, quer em função da remontagem do pluripartidarismo, em 1979, quando se fundou o Partido Democrático Trabalhista, o PDT, liderado por Leonel Brizola. Foi então que o trabalhismo se encarnou no brizolismo.

O capítulo, na verdade, procura mostrar apenas alguns comentários, começando pelo político Leonel Brizola. Foi, sem dúvida, o falecimento de Brizola, ocorrido numa segunda-feira do inverno de 2004, que deu o

---

*Este texto foi apresentado na mesa-redonda Brizola e o trabalhismo, que a autora coordenou no encontro regional da Anpuh-RJ em 2004. Ele foi publicado na revista Anos 90, v. 11, n. 19/20, jan./dez. 2004, e está sendo retomado, mais de dez anos depois, apenas com ajustes de forma.

mote para estas reflexões. Mas não porque Brizola precisasse morrer para ser objeto de estudo de historiadores e cientistas sociais, e receber a atenção de ampla parcela da população brasileira. Afinal, ele era e continua sendo reconhecido como uma das grandes figuras da política brasileira do século XX, mais precisamente daquela que tem como marco simbólico a chamada Revolução de 1930. Essa foi uma revolução de elites ou uma revolução "pelo alto", como foi e ainda é considerada. Justamente por isso, produziu uma renovação, inclusive geracional, nos integrantes da classe dirigente do país, na qual passou a se incluir o gaúcho Leonel Brizola.

Com longa trajetória política, que atravessou várias repúblicas do Brasil, Brizola foi um personagem que deixou a marca de sua presença, para o bem ou para o mal, em mais de um momento estratégico da história recente do país. Ele agiu e falou muito, mas morreu sem conceder uma entrevista de história de vida, apesar de tê-la prometido muitas vezes, a mim e a meu colega Jorge Ferreira, nos últimos cinco anos. Estou convencida de que Brizola morreu "antes da hora". Ao menos segundo sua própria perspectiva. Ele mesmo nos garantiu, em várias oportunidades, que viveria ainda muitos anos e que não faltariam oportunidades para dar a tal entrevista "de historiador", como gostava de dizer para nos fazer sorrir e aguardar.[1]

De qualquer modo, quando Brizola morreu, o que se viu, em seu funeral, foi uma grande e espontânea manifestação popular de apreço tanto pelo político como pelo passado político que ele representava. No Rio de Janeiro, em Porto Alegre e, não casualmente, em São Borja – onde Brizola foi enterrado ao lado de Getúlio Vargas e João Goulart –, o povo (aquele povo miúdo), participou do último ritual cívico em que seu corpo físico esteve presente. E esse é o primeiro ponto que quero destacar.

Funerais, como sabemos, são rituais estratégicos, plenos de significados culturais, religiosos, em especial, para famílias e comunidades. Porém alguns são acontecimentos políticos da maior importância para uma sociedade nacional. No caso da morte de figuras políticas, os funerais costumam tornar-se um momento de consagração pública de suas vidas. Trata-se da ocasião em que, morto o corpo, a alma torna-se imortal, como imortais tornam-se alguns de seus "feitos", selecionados e ressignificados pela memória coletiva, poderosa força que permite "que se saia da vida para entrar na história".

Nessa chave, os funerais de Brizola se inserem em uma tradição de rituais desse tipo que, no Brasil, data pelo menos da Primeira República.[2] Diversas personalidades do mundo político, da ciência e das artes, por exemplo, foram consagradas por rituais cívicos de enterramento, nesse período. Dessa forma, tornou-se claro o investimento das elites do período em uma estratégia para se produzir uma galeria de heróis nacionais ou, pelo menos, de figuras exemplares que mereceriam ser lembradas pela população do país. Tais figuras, monumentalizadas pelos rituais fúnebres, apesar de terem atuado na história recente do Brasil, deveriam se situar ao lado de outras, que vinham sendo consagradas pela narrativa histórica há muito mais tempo. Aliás, vale lembrar, e o regime republicano precisou reinventar a narrativa histórica do país, integrando novos nomes, alterando a hierarquia já consagrada entre algumas figuras, enfim, reescrevendo a história do Brasil, a partir de 1889, uma república. Exatamente por isso, a escrita da história nacional tornou-se um campo de disputas simbólicas acirradas, evidenciando as reavaliações de personagens e eventos.

Rituais, também como se sabe, são encenações sofisticadas, plenas de significados simbólicos, em que uma linguagem é mobilizada, para que um conjunto de valores seja exposto e confirmado. Porém tudo isso não elimina a possibilidade de os rituais comportarem espontaneidade e participação de parcelas da população, até certo ponto, imprevistas. Os rituais políticos, como tudo na política, guardam certo grau de incerteza e imprevisibilidade. Como fenômenos de delicada construção e aprendizado político-cultural, eles também conservam as inúmeras e, muitas vezes, insuspeitas leituras e apropriações de seus públicos, que são sempre muito diversos.

Os funerais de Brizola, nesse sentido, têm um longo passado. Na Primeira República, pode-se lembrar os de Machado de Assis (1908), de Euclides da Cunha (1909), de Joaquim Nabuco (1910), do barão do Rio Branco (1912), de Pinheiro Machado (1915), de Osvaldo Cruz (1917), de Rui Barbosa (1923) e de João Pessoa (1930), entre outros.[3] Esse foi um período crucial para a proposição e encenação desse tipo de cerimônias, particularmente, para sua significação e uso na construção de uma cultura política republicana. Para que a lista não se alongue demais e não se restrinja às décadas iniciais do século XX, é bom lembrar a grandiosidade dos funerais de Getúlio Vargas (1954), Juscelino Kubistchek (1976) e Tancredo Neves (1985), para não falar no funeral de um novo tipo de herói nacional, cujo exemplo emblemático é o esportista Ayrton Senna (1994).

Portanto, funerais, como rituais cívicos, são momentos em que os mortos ilustres são identificados como figuras que se situam em plano distinto e, muitas vezes, com características sagradas. Ou seja, que esses mortos ilustres se tornem santos ou, ao menos, entidades com poderes sobrenaturais, a quem se pode fazer pedidos em orações, por meio de cartas ou bilhetes depositados em seus túmulos etc.

De toda forma, os mortos ilustres são encarados como figuras cuja ausência é uma inequívoca perda para a nação e para o povo pelo que eles significaram em suas vidas. Nesse momento liminar, quando a morte física conduz à imortalidade, realiza-se uma operação memorial extremamente sofisticada, que deve ser reforçada e consolidada com o passar do tempo. Mas, como todo "trabalho da memória", esse também não é arbitrário, embora seja evidentemente seletivo, pois nele ocorre uma escolha que tem como campo de explicação o presente e não, necessariamente, "toda" a trajetória do morto, em suas complexidades, ambiguidades e até contradições. Em palavras mais simples, trata-se exatamente de dizer/escolher, sob a ótica do presente, o que tornará o morto uma figura exemplar; o símbolo de algo que pode e deve ser amplamente admirado e lembrado, daquela data em diante. Por isso, a proposta de Gonçalves de se trabalhar com a ideia de "alegoria às avessas" é muito atraente e frutífera, e a retomo aqui para pensar os funerais de Leonel Brizola.

Como mencionei, os funerais são cerimônias que podem se transformar em rituais cívicos, nos quais o que se cultua, por excelência, é a pátria, ali representada pela pessoa do morto ilustre. Nessa dinâmica simbólica, o que geralmente ocorre é que cada uma dessas figuras encarna certo aspecto, dimensão, ou melhor, qualidade da pátria. É isso que permite e mesmo exige sua celebração como imortal. Logo, esses indivíduos materializam, para a sociedade como um todo, um atributo muito especial que possuíam em vida, e que fica a eles ligado, de maneira definitiva, após sua morte. É a essa delicada operação cultural que se está chamando de "alegoria às avessas". Ou seja, ao invés de uma ideia ou sentimento serem dotados de um corpo para representá-los, um corpo real e morto passa a simbolizar uma ideia e a ser com ela identificado: Osvaldo Cruz, a ciência; Rui Barbosa, o Direito etc.

Refletindo sobre os funerais de Brizola, bem como assistindo a reportagens na TV e lendo, com cuidado, parte do material da imprensa produzido, proponho uma hipótese.[4] Leonel Brizola, no momento de sua morte, para além de sua longa trajetória como político, foi alçado à categoria de um nome-síntese, representativo das lutas que se travaram pela democracia no Brasil. A meu ver, portanto, a imagem mais recorrente e forte de sua presença política, aquela que se escolheu para ser especialmente lembrada e fixada na história do Brasil, foi a do defensor da legalidade institucional e da democracia. O episódio que "comprovaria" esse atributo, de maneira inquestionável e mesmo heroica, foi a luta pela posse do presidente João Goulart, em 1961. Naquele momento, Brizola emergiu como uma figura de líder nacional inconteste: corajoso e guardião dos valores democráticos. Nesse caso, não importa que ele não tenha tido tais posições ao longo de toda sua vida política. E ele, de fato, não as teve, como mencionam alguns dos jornais que reconhecem sua bravura em 1961. O fato de Brizola ter pendores autoritários, assumindo posturas políticas muito discutíveis e até criticadas, em termos de valores democráticos, não diminui sua marca e contribuições políticas para o país, quando de sua morte. O funeral, como uma data comemorativa que faz lembrar, não encontra sua justificativa e razão de ser no passado, mas no presente. No presente em que o acontecimento está sendo lembrado, é preciso considerar as circunstâncias daqueles que estão lembrando. Por conseguinte, os funerais e todo e qualquer ritual cívico operam com os valores que se querem guardar em determinado momento do tempo e do espaço. Se, em 2004, Brizola nos permitiu reforçar o culto aos valores democráticos, tanto melhor para ele e para nós, arrisco também a dizer.

Com tais observações, começo a tecer considerações sobre o trabalhismo, ou melhor, os trabalhismos. Minha ideia é deixar claro que estou entendendo o trabalhismo tanto como uma ideologia política, quanto como uma tradição política, pertencente ao universo de fenômenos que integram o que se pode considerar uma cultura política, bastante compartilhada no país, desde 1945, após a queda do Estado Novo. A categoria trabalhismo, portanto, desde então, passou a ser utilizada e identificada quer em textos da academia, quer em textos da grande imprensa, quer no vocabulário político comum, com razoável abundância e facilidade. Ideologias e tradições fazem parte das culturas políticas de uma sociedade e devem ser pensadas como construções intelectuais possuidoras de uma dinâmica e de uma história próprias.

Quero dizer, com isso, que o trabalhismo, como ideologia, foi "inventado" em momento e circunstância bem precisos, não tendo origens remotas, nem imemoriais; pelo contrário. Envolvendo um conjunto de valores, crenças, vocabulário e também práticas festivas (como certo tipo de comemoração do Dia do Trabalho), o trabalhismo, como ideologia, foi um produto do Estado Novo em seu segundo movimento. Isso significa que tal ideologia foi elaborada e difundida através de uma série de modernos e sofisticados procedimentos e atos comunicativos, a partir do ano de 1942, possuindo como principal base operacional o Ministério do Trabalho, Indústria e Comércio, então comandado por Alexandre Marcondes Filho.[5]

Desde essa época, passou a ser propagada e fortemente vinculada à figura pessoal do então chefe de Estado, Getúlio Vargas, além, obviamente, de traduzir a ideia capital de responder aos interesses dos trabalhadores, por meio do acesso a uma legislação trabalhista, previdenciária e sindical. Portanto, a ideologia trabalhista nasceu vinculada ao getulismo, ao nacionalismo e ao intervencionismo de um Estado autoritário e protetivo, que Vargas então encarnava. Do mesmo modo, a ideologia trabalhista nasceu vinculada a um modelo de organização sindical de extração corporativista, o que, naquele contexto político, significava uma forma de representação de interesses profissionais e não de ideias políticas, religiosas etc. A ideologia trabalhista e o sindicalismo corporativista compunham o que se designava como a "democracia autoritária" brasileira. Vale dizer, uma forma de democracia que consagrava os direitos sociais e criticava e desprezava a democracia política e, por conseguinte, o voto, os partidos, as eleições, o parlamento, os políticos profissionais etc.

Como ideologia política (e não uso a categoria como significando deformação de ideias ou manipulação etc.), o trabalhismo caracterizou-se por um projeto que se vinculou ao nacionalismo e à promessa de justiça social, centrada nos direitos do trabalho. Antes de 1945, utilizou-se dos direitos sociais, desvinculando-os dos políticos e, por isso, pouco contribuiu para o estabelecimento de uma sociedade democrática. No pós-1945, isso se alterou, havendo outra relação entre os direitos políticos e sociais de cidadania, que passam a integrar a ideia de justiça social, embora esta ainda permanecesse afiançada e garantida pelo Estado.

Já demonstrei que, como ideologia e projeto políticos, o trabalhismo lançou raízes na "experiência" do movimento operário e sindical da Primeira República, no sentido thompsoniano da categoria. Logo, se essa ideologia foi inventada no pós-1930, não o foi de modo fortuito, arbitrário e a partir do nada. Seu poder de significação e mobilização (a "comunidade de sentidos" que logrou estabelecer) veio justamente da releitura que as elites políticas do pós-1930 realizaram daquilo que ocorreu no terreno das lutas dos trabalhadores, antes de 1930. Dizer isso, que fique bem claro, não é admitir que houve trabalhismo ou trabalhistas no pré-1930. Por conseguinte, quando, em 1945, iniciou-se, ainda sob o Estado Novo, um movimento de organização de partidos políticos, os ideólogos do trabalhismo realizaram um esforço para criar um partido capaz de abrigar tal ideologia, que conviveria com eleições, voto etc. Contudo, é bom remarcar, isso não foi extremamente difícil, sobretudo com a bênção de Vargas e o suporte do aparelho sindical, razoavelmente estruturado. Foi assim que nasceu o PTB ou o trabalhismo em seu primeiro tempo, constituindo-se numa desejada e clara alternativa aos apelos "esquerdistas" do Partido Comunista junto aos trabalhadores.

Esse primeiro tempo foi o da República de 1945-64, quando, por meio dos sindicatos e do PTB, o trabalhismo seria relido e apropriado por trabalhadores e por lideranças políticas e sindicais, ganhando novos sentidos, forças e possibilidades. Foi então, a meu juízo e no de outros analistas, que o trabalhismo transformou-se, efetivamente, em um instrumento de inclusão social e de alargamento da participação política eleitoral, mesmo que se considere a existência de limites e constrangimentos a tal operação, bem como sua vinculação com práticas assistencialistas. Como escreve Renato Lessa, "(...) o trabalhismo enquanto fenômeno político e social só pode ser entendido se o associarmos à experiência da República de 1946 e a seus traços básicos: democracia política, legislação social progressiva, nacionalismo, presença marcante do Estado, modernização social e crescimento econômico".[6] Isso significa que o trabalhismo foi um dos principais legados da chamada Era Vargas, ainda que só possa ser bem entendido a partir das apropriações decorrentes do regime liberal-democrático estabelecido em 1946.

Desde 1946, portanto, o trabalhismo começou a ser compartilhado, em novas bases, em um circuito que comunicava setores das elites com setores populares, ganhando sentidos específicos em cada um deles, o que se alterava em diferentes conjunturas políticas. Assim, é possível dizer, correndo alguns riscos, que é justamente durante essa experiência que o trabalhismo começou a se constituir em uma tradição da política brasileira, capaz de mobilizar eleitores e de ser mobilizada por políticos. Sobretudo após a morte de Vargas, em 1954, o primeiro e maior nome do trabalhismo, abriu-se uma temporada de disputas iniciadas pela redefinição dos conteúdos do trabalhismo. A ela se associou uma luta, até antropofágica, pela herança do carisma de Vargas e pela força da legenda trabalhista (dentro e fora do PTB). Assim, de 1954 a 1964, foram vários os partidos que se chamaram de trabalhistas, e foram várias as lideranças que, no interior do PTB, disputaram o poder de redefinir os conteúdos programáticos do partido e suas bases de atuação. Esse foi um segundo tempo do trabalhismo: de um trabalhismo sem Vargas, dominado pelas figuras de João Goulart, Fernando Ferrari, Lúcio Bittencourt, Leonel Brizola e San Tiago Dantas, entre outros.[7]

Nesse segundo tempo, a ideologia e a tradição trabalhistas continuaram marcadas pela defesa dos direitos do trabalhador, pelo nacionalismo e pela proposta de um Estado intervencionista e protetivo, mas vincularam-se a novos temas e interpelações, entre os quais o da luta pelas reformas de base. A tradição trabalhista transformava-se para sobreviver à perda de Vargas e para acompanhar o próprio crescimento do PTB, que se interiorizava, tornando-se um partido de âmbito nacional presente nas cidades e no interior do país.

Esse movimento do PTB e do trabalhismo para a "esquerda" teve episódios de grande disputa e radicalização, sendo interrompido pelo golpe civil e militar de 1964. E pode-se constatar que foi sobre o PTB e sobre as lideranças sindicais trabalhistas que a repressão mais rápida e duramente se abateu. Somente na década de 1980, após a anistia, em 1979, e com a volta de Leonel Brizola, anunciou-se um terceiro tempo da tradição trabalhista. Dessa feita, o trabalhismo encarnou-se no brizolismo, e a tradição, mais uma vez, transformou-se para se fortalecer e sobreviver. Nessa conjuntura, os temas da defesa dos direitos do trabalhador e do nacionalismo permaneceram com força, patrimônio indiscutível que eram dessa tradição. Mas, ao lado deles, cresceram em importância, tanto a questão da defesa da democracia, até porque minimizada em 1963-64, como a busca de uma definição para um socialismo brasileiro. Isso, de certa forma, pode ser entendido como uma nova tentativa de se realizarem as reformas de base, dessa feita na lei, e não mais na marra.

Ao longo do tempo, de 1942 a 2004, quando Brizola morreu, foram vários os trabalhismos que existiram no Brasil. O que considero interessante enfatizar, para concluir, é que o trabalhismo pode ser considerado uma das tradições a integrar o que seria uma cultura política republicana do pós-1945. Estou entendendo, portanto, como muitos historiadores e antropólogos, que uma cultura política é um conjunto de referências, mais ou menos formalizadas em instituições (no caso, partidos e sindicatos) e mais ou menos difundidas na sociedade. Ela não é homogênea e sofre transformações temporais e espaciais. É uma categoria polêmica, mas sua utilidade vem sendo testada em pesquisas que procuram entender, de forma menos abstrata, o comportamento e os valores políticos de atores individuais e coletivos. O trabalhismo é, nesse caso, uma boa oportunidade. Se ele vai conseguir se transformar e se renovar para sobreviver, é muito difícil saber. Mas que o trabalhismo pode ser reconhecido como uma das ideologias e tradições mais importantes da cultura política do Brasil republicano, não há dúvida.

Notas

1. Nos últimos cinco anos, o professor Jorge Ferreira e eu insistimos muito para realizar uma entrevista de história de vida com Leonel Brizola. Telefonamos, escrevemos cartas, conversamos. Ele concordava com a importância do depoimento, mas jamais aceitava marcar o início das gravações. Ficava evidente que para ele outras ações mais urgentes impunham-se, sendo a entrevista uma tarefa para o futuro. Infelizmente, esse futuro não chegou e, a despeito de existirem muitos depoimentos de Brizola, não há nenhuma entrevista de história de vida como a que gostaríamos de ter feito.
2. GONÇALVES, João Felipe. "Enterrando Rui Barbosa: Um estudo de caso da construção fúnebre de heróis nacionais na Primeira República". In: *Estudos Históricos*, v. 14. Rio de Janeiro. 2000, n. 25, pp. 135-162.
3. Seria possível realizar outras inclusões, verificando os funerais realizados nos estados com as mesmas características. O funeral de João Pinheiro, em Minas Gerais, é um bom exemplo. Sobre esse episódio, ver GOMES, Angela de Castro (org.). "Memória, política e tradição familiar: Os Pinheiro de Minas Gerais". In: *Minas e os fundamentos do Brasil moderno*. Belo Horizonte: UFMG, 2005.
4. Foram consultados apenas alguns jornais para a elaboração dessas reflexões. Na cidade do Rio de Janeiro, o *Jornal do Brasil* de 22/6/2004 e 23/6/2004, e *O Globo* de 23/6/2004, que dedicou um caderno especial à morte de Brizola: *O fim de uma era*. Em Porto Alegre, consultou-se *Zero Hora* de 26/6/2004.
5. Essas ideias, embora sob outro formato e redação, estão em trabalhos de minha autoria, entre eles cito: GOMES, Angela de Castro (org.). "Trabalhismo e democracia: o PTB sem Vargas." In: *Vargas e a crise dos anos 50*. Rio de Janeiro: Relume Dumará, 1994, pp. 133-60; "Reflexões em torno de populismo e trabalhismo". In: *Varia História*, n. 28. Belo Horizonte. dez. 2002, pp. 39-54, e *A invenção do trabalhismo*. Rio de Janeiro: FGV, 2005.

6. LESSA, Renato. "Dois legados que mudaram o país". *O Globo*, Rio de Janeiro. 22/8/2004. Caderno Especial Getúlio Vargas, p. 12.
7. GOMES, Angela de Castro. "Trabalhismo e democracia: O PTB sem Vargas". *Op. cit.*; "Reflexões em torno de populismo e trabalhismo". *Op. cit.*

Anexo

Leonel Brizola e o tempo do nacionalismo-revolucionário (1961-1964)

Durante a crise política que resultou da renúncia do presidente Jânio Quadros, Leonel Brizola liderou a resistência pela manutenção da ordem legal. No dia 28 de agosto, os técnicos em comunicação do Palácio Piratini interceptaram comunicação entre o ministro da Guerra Odílio Denys, na Guanabara, e o comandante do III Exército Machado Lopez. A ordem do ministro era depor Brizola do cargo de governador e, se preciso fosse, bombardear o Palácio Piratini. Acuado, Brizola fez emocionado discurso, enfrentando e desafiando a Junta Militar.

Pronunciamento do governador Leonel Brizola em 28 de agosto de 1961, no Palácio Piratini, em Porto Alegre

Peço a vossa atenção para as comunicações que vou fazer. Muita atenção. Atenção, povo de Porto Alegre! Atenção Rio Grande do Sul! Atenção Brasil! Atenção meus patrícios, democratas e independentes, atenção para essas minhas palavras!
 Em primeiro lugar, nenhuma escola deve funcionar em Porto Alegre. Fechem todas as escolas. Se alguma estiver aberta, fechem e mandem as

crianças para junto de seus pais. Tudo em ordem. Tudo em calma. Tudo com serenidade e frieza. Mas mandem as crianças para casa.

Quanto ao trabalho, é uma iniciativa que cada um deve tomar, de acordo com o que julgar conveniente. Quanto às repartições públicas estaduais, nada há de anormal. Os serviços públicos terão o seu início normal e os funcionários devem comparecer como habitualmente, muito embora o estado tolerará qualquer falta que, porventura, se verificar no dia de hoje.

Hoje, nesta minha alocução, tenho os fatos mais graves a revelar. O Palácio Piratini, meus patrícios, está aqui transformado em uma cidadela que há de ser heroica, uma cidadela da liberdade, dos direitos humanos, uma cidadela de civilização, da ordem jurídica, uma cidadela contra a violência, contra o absolutismo, contra os atos dos senhores, dos prepotentes. No Palácio Piratini, além da minha família e de alguns servidores civis e militares do meu Gabinete, há um número bastante apreciável, mas apenas daqueles que nós julgamos indispensáveis ao funcionamento dos serviços da sede do governo. Mas todos os que aqui se encontram estão de livre e espontânea vontade, como também grande número de amigos que aqui passou a noite conosco e retirou-se hoje, por nossa imposição.

Aqui se encontram os contingentes que julgamos necessários, da gloriosa Brigada Militar – o Regimento Bento Gonçalves e outras forças. Reunimos aqui o armamento de que dispúnhamos. Não é muito, mas também não é pouco para aqui ficarmos preocupados frente aos acontecimentos. Queria que os meus patrícios do Rio Grande e toda a população de Porto Alegre, todos os meus conterrâneos do Brasil e todos os soldados da minha terra querida pudessem ver com seus olhos o espetáculo que se oferece. Aqui nos encontramos e falamos por esta estação de rádio que foi requisitada para o serviço de comunicação a fim de manter a população informada e, com isso, auxiliar à paz e à manutenção da ordem. Falamos aqui do Serviço de Imprensa. Estamos rodeados por jornalistas que teimam, também, em não se retirar, pedindo armas e elementos necessários para que cada um tenha oportunidade de ser também um voluntário, em defesa da Legalidade.

ANEXO

Esta é a situação! Fatos os mais sérios quero levar ao conhecimento dos meus patrícios de todo o país, da América Latina e de todo o mundo. Primeiro: ao me sentar aqui, vindo diretamente da residência, onde me encontrava com minha família, acabava de receber a comunicação de que o ilustre general Machado Lopes, soldado do qual tenho a melhor impressão, me solicitou audiência para um entendimento. Já transmiti, aqui mesmo, antes de iniciar minha palestra que logo a seguir receberei S. Exa. com muito prazer, porque a discussão e o exame dos problemas é o meio que os homens civilizados utilizam para solucionar os problemas e as crises. Mas pode ser que esta palestra não signifique uma simples visita de amigo. Que esta palestra não seja uma aliança entre poder militar e o poder civil, para a defesa da ordem constitucional, do direito e da paz como se impõe neste momento, como defesa do povo, dos que trabalham e dos que produzem, dos estudantes e dos professores, dos juízes e dos agricultores, da família. Todos, até as nossas crianças, desejam que o poder militar e o poder civil se identifiquem nesta hora para vivermos na Legalidade. Pode significar, também, uma comunicação ao governo do estado da sua deposição. Quero vos dizer que será possível que eu não tenha oportunidade de falar-vos mais, que eu, nem deste Serviço, possa me dirigir mais, comunicando esclarecimentos à população. Porque é natural que, se ocorrer a eventualidade do ultimato, ocorrerão, também, consequências muito sérias. Porque nós não nos submeteremos a nenhum golpe. A nenhuma resolução arbitrária. Não pretendemos nos submeter. Que nos esmaguem! Que nos destruam! Que nos chacinem, neste Palácio! Chacinado estará o Brasil com a imposição de uma ditadura contra a vontade de seu povo. Esta rádio será silenciada tanto aqui como nos transmissores. O certo porém é que não será silenciada sem balas. Tanto aqui como nos transmissores estamos guardados por fortes contingentes da Brigada Militar.

Assim, meus amigos, meus conterrâneos e patrícios ficarão sabendo por que esta rádio silenciou. Foi porque ela foi atingida pela destruição e porque isso ocorreu contra a nossa vontade. E quero vos dizer porque penso que chegamos a viver horas decisivas. Muita atenção, meus conterrâneos, para essa comunicação. Ontem à noite o sr. ministro da

Guerra, marechal Odílio Denys, soldado no fim de sua carreira, com mais de 70 anos de idade e que está adotando decisões das mais graves, as mais desatinadas, declarou através do *Repórter Esso* que não concorda com a posse do sr. João Goulart, que não concorda com que o Presidente Constitucional do Brasil exerça suas funções legais! Porque, diz ele numa argumentação pueril e inaceitável, isso significa uma opção entre comunismo ou não. Isto é pueril, meus conterrâneos! Isso é pueril, meus patrícios! Não nos encontramos neste dilema. Que vão essas ou aquelas doutrinas para onde quiserem. Não nos encontramos entre uma submissão à União Soviética ou aos Estados Unidos. Tenho uma posição inequívoca sobre isto. Mas tenho aquilo que falta a muitos anticomunistas exaltados deste país, que é a coragem de dizer que os Estados Unidos da América, protegendo seus monopólios e trusts, vão espoliando e explorando esta Nação sofrida e miserabilizada. Penso com independência. Não penso ao lado dos russos ou dos americanos. Penso pelo Brasil e pela República. Queremos um Brasil forte e independente. Não um Brasil escravo dos militaristas e dos trusts e monopólios norte-americanos. Nada temos com os russos. Mas nada temos também com os americanos, que espoliam e mantêm nossa pátria na pobreza, no analfabetismo e na miséria.

    Estes que muito elogiam a estratégia norte-americana querem submeter nosso povo a esse processo de esmagamento. Mas isso foi dito pelo ministro da Guerra. Isso quer dizer que S. Exa. tomará todas as medidas contra o Rio Grande. Estou informado que todos os aeroportos do Brasil, onde pousam aviões internacionais de grande porte, estão guarnecidos e com ordem de prender o sr. João Goulart, no momento da descida. Há pouco falei, pelo telefone, com o sr. João Goulart, em Paris, e disse a ele que todas as nossas palestras de ontem foram censuradas. Tenho provas. Censuradas não nos seus efeitos, mas a rigor. A companhia norte-americana dos telefones deve ter gravado e transmitido os termos de nossas conversas para essas forças de segurança. Hoje eu disse ao sr. João Goulart: decide de acordo com o que julgares conveniente. Ou deves voar, como eu aconselho, para Brasília, ou para um ponto qualquer da América Latina. A decisão é tua! Deves vir diretamente a Brasília, correr o risco e pagar para ver. Vem. Toma um dos teus filhos nos braços. Desce sem revólver na cintura, como um homem civilizado. Vem como para um país culto e politizado como é o Brasil e não como se viesse para uma republiqueta, onde dominem os caudilhos, as oligarquias que se consideram todo-poderosas. Voa para o Uruguai, então, esta cidadela da liberdade, aqui pertinho de nós, e aqui traça os teus planos, como julgares conveniente.

Vejam, meus conterrâneos, se não é loucura a decisão do ministro da Guerra. Vejam, soldados do Brasil, soldados do III Exército! Comandante, general Machado Lopes! Oficiais, sargentos e praças do III Exército, guardiões da ordem da nossa pátria. Vejam se não é loucura. Este homem está doente! Este homem está sofrendo de arteriosclerose, ou outra coisa. A atitude do marechal Odílio Denys é uma atitude contra o sentimento da Nação. Contra os estudantes e intelectuais, contra o povo, contra os trabalhadores, contra os professores, juízes, contra a Igreja. Ainda há pouco, conversando com S. Exa. Revdma., arcebispo dom Vicente Scherer, recebi a comunicação de que todos os cardeais do Brasil haviam decidido lançar proclamação pela paz, pela ordem legal, pela posse a quem constitucionalmente cabe governar o Brasil, pelo voto legítimo de seu povo. Essa proclamação está em curso pelo país. As igrejas protestantes, todas as seitas religiosas clamam por paz, pela ordem legal. Não é a ordem do cemitério ou a ordem dos bandidos. Queremos ordem civilizada, ordem jurídica, a ordem do respeito humano. É isso.

Vejam se não é desatino. Vejam se não é loucura o que vão fazer. Podem nos esmagar, num dado momento. Jogarão o país no caos. Ninguém os respeitará. Ninguém terá confiança nessa autoridade que será imposta, delegada de uma ditadura. Ninguém impedirá que este país, por todos os seus meios, se levante lutando pelo poder. Nas cidades do interior surgirão as guerrilhas para defesa da honra e da dignidade, contra o que um louco e desatinado está querendo impor à família brasileira. Mas, confio, ainda, que um homem como o general Machado Lopes, que é soldado, um homem que vive de seus deveres, como centenas, milhares de oficiais do Exército, como esta sargentada humilde, sabe que isso é uma loucura e um desatino e que cumpre salvar nossa pátria. Tenho motivos para vos falar desta forma, vivendo a emoção deste momento, que talvez seja, para mim, a última oportunidade de me dirigir aos meus conterrâneos. Não aceitarei qualquer imposição. Desde ontem, organizamos um serviço de captação de notícias por todo o território nacional. É uma rede de radioamadores, num serviço organizado. Passamos a contar, aqui, as mensagens trocadas, mesmo em código e por teletipos, entre o III Exército e o Ministério da Guerra. As mais graves revelações quero vos transmitir. Ontem, por exemplo – vou ler rapidamente porque talvez isto provoque a destruição desta rádio –, o ministro da Guerra considerava que a preservação da ordem "só interessa ao governador Brizola". Então, o Exército é agente da desordem, soldados do Brasil?! É outra prova da loucura! Diz o texto: "É necessária a firmeza do III Exército para que não cresça a força do inimigo potencial."

Eu sou inimigo, meus conterrâneos?! Estou sendo considerado inimigo, meus patrícios, quando só o que queremos é ordem e paz. Assim como este, uma série de outros rádios foi captada até no estado do Paraná, e aqui os recebemos por telefone, de toda a parte. Mais de cem pessoas telefonaram e confirmaram. Vejam o que diz o general Orlando Geisel, de ordem do marechal Odílio Denys, ao II Exército: "Deve o comandante do III Exército impedir a ação que vem desenvolvendo o governador Brizola. Deve promover o deslocamento de tropas e outras medidas que tratem de restituir o respeito ao Exército. O III Exército deve agir com a máxima urgência e presteza. Faça convergir contra Porto Alegre toda a tropa do Rio Grande do Sul que julgar conveniente. A Aeronáutica deve realizar o bombardeio, se for necessário. Está a caminho do Rio Grande uma força-tarefa da Marinha de Guerra e mande dizer qual o reforço de que precisa." Diz mais o general Geisel: "Insisto que a gravidade da situação nacional decorre, ainda, da situação do Rio Grande do Sul, por não terem, ainda, sido cumpridas as ordens enviadas para coibir a ação do governador Brizola."

Era isto, meus conterrâneos. Estamos aqui prestes a sofrer a destruição. Devem convergir sobre nós forças militares para nos destruir, segundo determinação do ministro da Guerra. Mas tenho confiança no cumprimento do dever dos soldados, oficiais e sargentos, especialmente do general Machado Lopes, que, esperamos, não decepcionará a opinião gaúcha. Assuma, aqui, o papel histórico que lhe cabe. Imponha ordem neste país. Que não se intimide ante os atos de banditismo e vandalismo, ante este crime contra a população civil, contra as autoridades. É uma loucura.

Povo de Porto Alegre, meus amigos do Rio Grande do Sul! Não desejo sacrificar ninguém, mas venham para a frente deste Palácio, numa demonstração de protesto contra esta loucura e este desatino. Venham, e se eles quiserem cometer esta chacina, retirem-se, mas eu não me retirarei e aqui ficarei até o fim. Poderei ser esmagado. Poderei ser destruído. Poderei ser morto. Eu, a minha esposa e muitos amigos civis e militares do Rio Grande do Sul. Não importa. Ficará o nosso protesto, lavando a honra desta Nação. Aqui resistiremos até o fim. A morte é melhor do que a vida sem honra sem dignidade e sem glória. Aqui ficaremos até o fim. Podem atirar. Que decolem os jatos! Que atirem os armamentos que tiverem comprado à custa da fome e do sacrifício do povo! Joguem estas armas contra este povo. Já fomos dominados pelos trustes e monopólios norte-americanos. Estaremos aqui para morrer, se necessário. Um dia, nossos filhos e irmãos farão a independência do nosso povo!

Um abraço, meu povo querido! Se não puder falar mais, será porque não me foi possível! Todos sabem o que estou fazendo! Adeus, meu Rio Grande querido! Pode ser este, realmente, o nosso adeus! Mas aqui estaremos para cumprir o nosso dever.

Correio do Povo, Porto Alegre, 29 de agosto de 1961.

Em outubro de 1963, Leonel Brizola lançou a proposta de organizar os trabalhadores em grupos de 11 pessoas. Eram os chamados Grupos de Onze Companheiros ou Comandos Nacionalistas. O objetivo era organizar o povo para pressionar o presidente a aprovar as reformas de base e ter condições de resistir a um golpe de Estado. Brizola pretendia, com o tempo, transformar os Grupos de Onze em um partido revolucionário nacionalista sob sua liderança. Os Grupos de Onze não tiveram tempo para crescer, mas a proposta de Brizola deu aos conservadores e às direitas fortes argumentos de que ele estava formando milícias para desencadear a guerra revolucionária.

1 – ORGANIZAÇÃO DOS "GRUPOS DE ONZE COMPANHEIROS" OU "COMANDOS NACIONALISTAS"

(Organização do Povo)

1.1. Passamos a viver momentos decisivos de nossa vida e de nossa história. Aproximamo-nos, rapidamente, de um *desfecho* deste período cruel que se iniciou desde o fim da última guerra. O presidente Getúlio Vargas, em 1954, decidiu morrer dramaticamente, para que nós brasileiros, sob impacto de seu sacrifício, viéssemos compreender a grande mensagem contida em sua carta-testamento. O imortal brasileiro decidiu morrer para que nós despertássemos. Sua mensagem é uma *convocação* dirigida a todos os brasileiros e patriotas para a luta contra a espoliação internacional de nossa pátria, por ser esta causa e origem profundas deste quadro de injustiças, de sofrimentos, de angústias, e de pobreza que vêm tornando a vida humana insuportável em nosso país. Hoje ninguém mais nos ilude, porque sabemos que os preços sobem, que a inflação se acelera, que *não vêm as reformas*, que o nosso povo se marginaliza e tem de lutar desesperadamente para sobreviver e que a nossa própria soberania se degrada, em consequência do monstruoso *processo espoliativo*, do saque internacional que leva para fora de nossas fronteiras os frutos do trabalho e da produção do povo brasileiro. Uma minoria de brasileiros egoístas e vendilhões de sua pátria, minoria poderosa e dominante sobre a vida nacional – desde o latifúndio, a economia e a finança, a grande imprensa, os controles da política até os negócios internacionais –, associou-se ao processo de espoliação do nosso povo. Esta minoria hoje o que podemos chamar de antipovo, de antinação. Não deixa que as reformas se realizem e opõe toda a sorte de obstáculos à defesa dos interesses nacionais, porque as reformas e a libertação de nosso povo representariam o fim de seus privilégios antissociais e antinacionais. Cada dia que passa a situação fica pior para o nosso povo. Quanto maior a espoliação de nosso país, tanto mais injusta e cruel a estrutura econômico-social interna, mais carestia, maior elevação dos preços, mais grave crise econômica. De 1945 até junho deste ano o custo de vida dobrou, acumuladamente, várias vezes. A primeira vez em oito anos, depois em seis, a seguir em três anos e, ultimamente, em um ano e meio, ou seja, em dezoito meses. E a partir de julho último, na marcha que vamos, duplicará em torno de dez meses, depois em cinco meses, a seguir em dois meses etc. É a tendência lógica e trágica com base no ritmo de elevação dos preços nos últimos dezenove anos. Quem afirmar que não estamos caminhando para este quadro está fora da realidade dos fatos ou apenas procura iludir os desprevenidos. Sem dúvida, *aproximamo-nos, rapidamente, de um desfecho.*

1.2. E como será este desfecho? Não é fácil prever, a não ser em suas linhas gerais. O *povo*, cada dia, com mais intensas *manifestações de inconformidades* (protestos, lutas por reajustamentos de salários e vencimentos, greves, choques no campo, alastramento da luta nacionalista). O antipovo, a minoria *privilegiada e dominante em crescente reação* (em defesa de seus privilégios) apertará o cerco contra o povo, procurando manter o controle da situação em suas mãos. Para esta minoria, como ocorre já agora, os que reclamam e lutam contra este estado de coisas, são agitadores, extremistas, radicais, subversivos, fidelistas, comunistas e tudo o mais que se lê e ouve diariamente. E daí caminham para o estado de sítio, para as pressões, para medidas policiais contra o que chamam de agitação, para as restrições das liberdades públicas e individuais, para o chamado governo forte, para o golpe e a ditadura. Dirão sempre que tudo é feito em defesa da ordem, da democracia, do desenvolvimento econômico, da liberdade, da família brasileira e de nossas tradições cristãs. Ordem para esta minoria é a ordem dos cemitérios; democracia é o regime de minorias privilegiadas; desenvolvimento econômico é o enriquecimento dos grupos e empobrecimento do povo; em matéria de liberdade a única que defendem mesmo é a liberdade de lucrar e fazer negócios; família, sim, desde que não se trate da família do povo, degradada pela crise, pela angústia, pela fome e a doença, pela mortalidade e pela injustiça social; e tradições cristãs, como se Cristo tivesse surgido no mundo como um homem de negócios ou com os privilégios do patriciado romano e não de uma família de operários, como se o filho de Deus tivesse vindo à terra para confraternizar em festins e bons negócios com os espoliadores romanos que então dominavam e oprimiam o povo hebreu. Mas que importa, para nós brasileiros e patriotas, mais estas injustiças, perto do que vem sofrendo nosso povo? Nada disso conseguirá nos impedir de defender o nosso chão e os direitos sagrados de nossa gente, a sua libertação social e econômica. Nós sabemos que sem justiça social não há liberdade, nem dignidade e oportunidade para todos, nem desenvolvimento; ao contrário, só pode haver submissão, atraso, marginalismo, fome, incultura, oligarquias privilegiadas e dominantes, exploração do homem pelo homem. Sem emancipação econômica e social não há verdadeiramente soberania. Aproxima-se para todos nós brasileiros a hora da grande opção. Ou estaremos com o povo ou com o antipovo; ou seremos patriotas ou traidores, com nossas atitudes ou nossa indiferença.

1.3. E o que fazer? É a pergunta que formulam, por toda a parte, milhões de brasileiros patriotas e nacionalistas. Até agora, o que se tem feito é um grande esforço pela conscientização e esclarecimento dirigido a cada um dos 70 milhões de brasileiros. Milhões e milhões de brasileiros já despertaram, já adquiriram a necessária compreensão sobre as causas e as verdadeiras origens de nossos males, dos sofrimentos e injustiças que vêm sobre o nosso povo. Esses milhões de homens e mulheres, de todas as gerações, estão por aí espalhados pelas cidades, pelos bairros, vilas, favelas e pelo interior deste país, já conscientes e esclarecidos sobre os deveres que se impõem, neste momento, a todos nós brasileiros. A quase totalidade, porém, pensa, fala ou age, apenas, isoladamente. A si mesmo vive perguntando o que fazer, como e quando deve fazer o que lhe cabe. Milhões de brasileiros aguardam uma orientação, uma palavra de ordem. Ressalvando o grande esforço de organização dos trabalhadores em seus sindicatos, dos estudantes e camponeses, de alguns líderes populares, intelectuais e de muitos de nossos irmãos militares, é este o panorama geral de nosso país. Milhões e milhões de brasileiros esclarecidos e inconformados estão mais do que prontos para agir e fazer alguma coisa, clamando por uma tomada de posição das lideranças e pela distribuição de tarefas, mas todos ou quase todos sem qualquer articulação, imobilizados pela existência da organização que viria justamente dar impulso e canalizar a força invencível que representa o povo brasileiro mobilizado.

1.4. *A organização de nosso povo, eis a tarefa urgente e imprescindível, neste momento.* Povo desunido, *povo desorganizado é povo submetido*, sem condições de defender os seus mais sagrados interesses e de realizar o seu próprio destino. O povo brasileiro precisa urgentemente organizar-se. Onde quer que se encontre, mesmo nos lugares mais longínquos da pátria. Se, em curto espaço de tempo, conseguirmos estruturar uma organização razoável, estarão criadas as condições para o nosso povo, na hora do desfecho que se aproxima, nos momentos em que pretendam garrotear as nossas conquistas democráticas, *venha assumir* uma posição, não apenas de defesa de suas liberdades mas, também, para caminhar por si mesmo em busca de sua própria libertação. O que cabe fazer, portanto, neste momento, a todos nós é, exatamente: *organização, organização e organização*.

1.5. Só uma pequena parte do povo brasileiro está organizada. As imensas multidões, a quase totalidade de nosso povo, embora grande parte consciente de seus legítimos interesses e já tenha se apercebido das injustiças que está sofrendo, ainda permanece sem um mínimo de organização. Portanto, presa fácil da exploração de minorias dominantes e privilegiadas. As tarefas de organização das massas humanas em nosso país são extremamente difíceis. O Brasil é um imenso continente e o nosso povo espalhado pela imensidão territorial. Seria empreitada impossível percorrer todos os estados, cidades, bairros, regiões e localidades do interior e levar a efeito diretamente as tarefas de organização. Ainda mais num espaço reduzidíssimo de tempo como é o que dispõe o nosso povo para organizar-se, antes que desabe sobre ele o cerco das pressões dos grupos e oligarquias dominantes, à medida que a crise brasileira se aproxima do seu desfecho. É indispensável, portanto, *o apelo à iniciativa de cada um, ao gênio criador de nosso povo, à sua própria capacidade de organização.* Exatamente como ocorreu na *crise de agosto* 1961, no Rio Grande do Sul, e em outras áreas do país, quando o *povo organizou-se* por toda a parte de modo espontâneo, por sua própria iniciativa, após o apelo feito à resistência popular contra o golpe que se pretendia desfechar contra os nossos direitos e liberdades. As iniciativas precisam surgir por toda a parte, onde quer que se encontre um brasileiro consciente, um nacionalista, um patriota: nas zonas de moradia, pelas vizinhanças, nos bairros, vilas, cidades, nas fábricas, nos escritórios, no campo, no interior rural, enfim por toda a parte, mesmo nos lugares mais longínquos de nossa pátria.

1.6. "Grupos de Onze Companheiros". Foi dentro deste pensamento que se tomou a iniciativa através da Rádio Mayrink Veiga e demais emissoras da "Rede do Esclarecimento", da organização dos Grupos dos Onze Companheiros, de reunir numa organização simples, ao alcance de todos, mesmo nas áreas ou localidades mais isoladas e distantes. Através da organização de pequenas unidades, teremos como articular e reunir intensos contingentes do povo brasileiro às organizações existentes, como sejam, a FMP (Frente de Mobilização Popular), CGT (Comando Geral dos Trabalhadores), sindicatos, a UNE (União Nacional dos Estudantes) e suas organizações, FPN (Frente Parlamentar Nacionalista), organização dos "sem-terra" e "ligas camponesas" e entre os partidos políticos, o PTB e o PSB e outras organizações populares, locais ou regionais, dentro

ANEXO

do objetivo de consolidar e *cimentar a unidade das forças populares e progressistas, de nacionalistas civis e militares, de todos os getulistas e trabalhistas que consideram convocados pela carta de Vargas, de todos os brasileiros, homens e mulheres que se disponham a lutar em defesa de nossas conquistas* democráticas por uma *democracia autêntica*, pela *realização imediata das reformas de base* e pela *libertação do nosso povo da espoliação internacional*. A ideia da organização dos "Grupos de Onze Companheiros" inspira-se, justamente, numa realidade existente em nosso país e, nessas condições, no empenho em colocar o problema da organização popular ao alcance da compreensão e das possibilidades de nossa gente. Essa realidade e o conhecimento e experiência adquiridos pelo nosso povo, em matéria de organização de equipes humanas para a prática do esporte popular – o futebol – hoje difundido e praticado, sem exceção, em toda a parte do território nacional, mesmo nas mais longínquas aglomerações humanas. Todos sabem que um time de futebol é composto de onze integrantes, cada um com suas funções específicas e dentre eles um é escolhido para capitão ou comandante da equipe: todos sabem que neste caso deve haver uma ação coordenada entre todos e que a equipe pouco significa se cada um de seus integrantes age por si isoladamente, sem comando, sem unidade de conjunto, sem adequada combinação entre todos. A força e expressão da equipe valem muito mais por sua coesão, pelo trabalho de conjunto perfeitamente distribuído entre seus integrantes e, muito menos ou quase nada pela ação individual ou isolada de cada um. É uma demonstração ao alcance de todos sobre o que significa, o que pode e como funciona o trabalho em equipe e ação organizada. Até agora quase todos nós falamos, pensamos ou agimos, individualmente. No máximo, atuamos em reuniões ou movimentos eventuais, sem estrutura e distribuição de tarefas, sem unidade, sem firmeza de objetivos e responsabilidades permanentes. E assim mesmo, em círculos ou pessoas distribuídas pelo imenso território nacional, sem as indispensáveis ligações entre si. Agora passamos a viver uma fase que se compara aos momentos em que uma equipe esportiva tem de entrar em campo para enfrentar o adversário organizado. A ação individual precisa, a partir deste instante, ser substituída pela ação organizada em equipes humanas, articuladas entre si e interligadas adequadamente, para efeito de coordenação e comando tanto local, quanto regional ou nacional. Até agora havia lugar para ação pessoal, isolada. Daqui por diante, indispensavelmente, precisamos agir, pensar e atuar organizados, em equipes, cada um com suas tarefas e atribuições. Um homem só, daqui por diante, é apenas um homem só. Dois, agindo isoladamente, talvez até se anulem, embora se encontrem empenhados nos mesmos objetivos. Porém, duas pessoas articuladas, não há dúvida que valem mais do que três. E se três se organizarem para agirem em equipe permanente, identificados, com tarefas distribuídas, é certo que valem mais do que cinco. E nessas mesmas condições cinco deverão valer muito mais do que dez, em eficiência e capacidade de ação. E assim por diante. Um grupo de onze companheiros pode parecer pequeno dado o grande número, os milhões e milhões de patriotas e nacionalistas e existentes, em nosso país, e dispostos a cumprir as tarefas que a pátria comum está exigindo de nós. Pode parecer pequeno, mas também pequeno é um simples tijolo. E é exatamente com pequenos tijolos reunidos, somados, interligados, cada um com sua função e adequadamente disposto é que se fazem as construções ou se complementam os grandes edifícios de concreto armado (organizações existentes). Assim, qualquer brasileiro que tenha sua consciência de patriota queimando de inconformidade com os sofrimentos e injustiças que aí estão esmagando nosso povo, onde quer que se encontre, pode e deve tomar a iniciativa junto aos seus companheiros e amigos, de sua vizinhança (em primeiro lugar), de fábrica, de escritório, da sua classe, do rincão onde vive, pelas lavouras e pelos campos, para organização de um "Grupo de Onze", reunir-se e fundar a organização.

1.7. Fins e objetivos: Atuação organizada em defesa das conquistas democráticas de nosso povo (luta e resistência contra qualquer tentativa de golpe, venha donde vier), pela instituição de uma democracia autêntica e nacionalista, pela imediata concretização das reformas, em especial das reformas agrária e urbana, e, sagrada determinação da luta pela libertação de nossa pátria da espoliação internacional.

ANEXO

1.8. Denominação: Os companheiros devem mandar sugestões sobre a denominação definitiva dessas unidades de base dessa organização popular brasileira. O maior número de sugestões até agora recebidas indica a denominação de "Comandos Nacionalistas". Aguardamos, com muito empenho, as sugestões dos companheiros.

1.9. Fundação, liderança, sede, primeiras tarefas e articulação: O ponto de partida deve ser o entendimento entre dois ou três companheiros, perfeitamente identificados e entendidos. Depois desse entendimento é que devem partir para novos contatos e para o recrutamento dos demais companheiros. Decidida em reunião a fundação do Grupo ou Comando, deve ser lavrada uma ata assinada por todos e onde constem os objetivos acima estabelecidos. Um compromisso verbal afirmado por todos tem a mesma significação da ata escrita. A seguir, deve ser feita, entre os companheiros, a escolha do líder ou chefe e seu substituto eventual. Uma comunicação imediata por carta ou telegrama (será preferível sempre entregar, quando possível, pessoalmente essa comunicação). Deve ser dirigida ao deputado Leonel Brizola, aos cuidados da Rádio Mayrink Veiga, 15 – Rio de Janeiro – estado da Guanabara. A sede pode ser ora a casa de um companheiro, ora a de outro. Na comunicação precisa constar o endereço para a correspondência. Os companheiros precisam estabelecer, entre si, um sistema de avisos de tal modo que o grupo possa se reunir ou se mobilizar em minutos, para o caso, por exemplo, de ameaça ou iminência de um golpe contra os nossos direitos ou liberdades. Tarefa importante para os companheiros é acompanhar as transmissões da Rádio Mayrink Veiga. Convém que se torne uma tarefa obrigatória ouvir as transmissões da Rádio Mayrink Veiga, às sextas-feiras, a partir das 21:30 horas (ou seja, 22:30 horas da Guanabara, devido à diferença do horário). Logo após a meia-noite de sexta-feira, a partir de zero hora, serão lidas as comunicações enviadas pelos companheiros e difundidos esclarecimentos e instruções para as atividades dos grupos ou comandos integrantes da organização.

1.10. ESCLARECIMENTOS FINAIS: Os coordenadores nacionais da organização tratam de seu registro como entidade civil. Novas instruções serão remetidas oportunamente aos companheiros.

(Ass.) Deputado Leonel Brizola

Rio de Janeiro, 29-11-63
Endereço: Deputado Leonel Brizola
A/C da Rádio Mayrink Veiga, 15
Rio de Janeiro – Guanabara

MODELO DA ATA

Nós, os 11 brasileiros abaixo assinados, constituímos nesta de um "Comando Nacionalista". Rua .... Nº ....
Tel. ....
Escolhemos para líder e comandante o companheiro ....
.... e, nesta data, também comunicamos nossa decisão ao líder nacionalista Leonel Brizola de nossos objetivos: defesa das conquistas democráticas de nosso povo, realização imediata das reformas de base (principalmente a reforma agrária) e a libertação de nossa pátria da espoliação internacional, conforme denúncia que está na carta-testamento do Presidente Getúlio Vargas.

_____, _____ de _____ de _____.
1. ....
2. ....
3. ....
4. ....
5 ....
6 ....
7 ....
8 ....
9 ....
10 ....

Panfleto. *O jornal do homem da rua*. Rio de Janeiro, nº 1, 17 de fevereiro de 1964, pp. 14-15.

***

No comício ocorrido na estação da Central do Brasil, no estado da Guanabara, no dia 13 de março de 1964, o presidente João Goulart anunciou as reformas. O comício selou a aliança do presidente com as esquerdas, particularmente com as organizações que compunham a FMP liderada por Leonel Brizola, com o Partido Comunista Brasileiro liderado por Luís Carlos Prestes, com o governador de Pernambuco Miguel Arraes e seu grupo político e com os sindicalistas do Comando Geral dos Trabalhadores. O comício uniu as esquerdas em torno do governo de João Goulart, mas também foi a senha para que as organizações e grupos de direita partissem para o golpe de Estado. No comício, Leonel Brizola discursou em nome das esquerdas que compunham a Frente de Mobilização Popular.

Discurso de Leonel Brizola no comício da Central do Brasil em 13 de março de 1964

Este é um encontro do povo com o governo, encontro com esta multidão e com os milhões que, através dos seus rádios, desde o seio dos seus lares, estão presentes não para aplaudir, mas para dialogar com o governo. Se fosse apenas para aplaudir, não seríamos um povo independente, mas um rebanho de ovelhas. O povo está aqui para clamar, para exigir e para declarar sua desconformidade com a situação que estamos vivendo.

Felicitamos o governo pelo seu gesto democrático. Porque é realmente democrático que um governante desça para dialogar com o povo. E temos certeza de que esta noite o presidente não veio apenas para falar, mas para ouvir e para atender as reclamações do povo brasileiro. Estas reclamações vêm da fonte de todo o poder e a esta pressão popular todo governante deve submeter-se honrosamente.

Quero citar e aplaudir estes dois atos que devem provocar um processo de transformações em nosso país: o decreto da Supra e o decreto de expropriação das refinarias de petróleo.

ANEXO

Num país como o nosso, povo e governo devem formar uma unidade. Unidade esta que já existiu em agosto de 1961, quando o povo praticamente com o fuzil na mão rechaçou o golpismo que nos ameaçava e garantiu os seus direitos. Unidade esta que também existiu no plebiscito de janeiro de 1963, quando mais de dez milhões de brasileiros exigiram o fim da conciliação do parlamentarismo e a realização imediata das reformas.

Quando uma multidão se reúne como nesta noite, significa um grito do povo que vai a caminho da sua libertação. Na verdade, se hoje conseguimos a restauração daquela unidade, através da manifestação do povo, o presidente poderá retornar às origens do governo. E para isso será suficiente que termine com sua política de conciliação e organize um governo realmente democrático, popular e nacionalista.

Pode ser que neste momento minha palavra esteja sendo impugnada. Podem pensar que minhas credenciais não são suficientes. Mas o meu lutar está do lado do povo, interpretando as suas aspirações, e por isso aqui estou como um dos seus representantes.

Desejo perguntar ao povo: querem que continue a política de conciliação ou preferem um governo nacionalista e popular? Aqueles que desejarem um governo nacionalista e popular levantem a mão!

Chegamos a um impasse na vida do nosso país. O povo brasileiro já não suporta as suas atuais condições de vida. Hoje, até as liberdades democráticas estão ameaçadas. Vimos isso em Belo Horizonte, em São Paulo e no Rio Grande do Sul, onde um governo reacionário está queimando os ranchos dos camponeses. O que acontece no estado da Guanabara é uma prova dessa ameaça, pois a Guanabara está governada por um energúmeno. Outra prova disso é que o próprio presidente da República, para falar em praça pública, precisou mobilizar as valorosas Forças Armadas.

Não podemos continuar nesta situação. O povo está exigindo uma saída. Mas o povo olha para um dos poderes da República, que é o Congresso Nacional, e ele diz não, porque é um poder controlado por uma maioria de latifundiários, reacionários, privilegiados e de "ibadianos". É um Congresso que já não dará nada mais ao povo brasileiro. O atual Congresso já não se identifica com as aspirações do nosso povo. A verdade é que, como está, não poderá continuar. E esta é a palavra de quem só deseja uma saída para o trágico impasse a que chegamos. A palavra de quem só quer ver seu país livre da espoliação internacional, como está escrito na carta-testamento de Getúlio Vargas.

E o Executivo? Este poder da República, até agora, com suas complexidades, sua inoperância e seus antagonismos, não decide. Por que não conferir a decisão ao povo brasileiro? O povo é a fonte de todo poder. Portanto, a única saída pacífica é fazer que a decisão volte ao povo através de uma Constituinte, com a eleição de um Congresso Popular em que participem os trabalhadores, os camponeses, os sargentos e oficiais nacionalistas, os homens públicos autênticos, e do qual sejam eliminadas as velhas raposas da política tradicional.

Dirão que isto é ilegal. Dirão que isto é subversivo. Dirão que isto é inconstitucional. Então, por que não resolvem a dúvida através de um plebiscito?

Verão como o povo votará pela derrogação do atual Congresso. Dirão que isso é continuísmo. Mas já escutei pessoalmente o presidente da República assegurando que, se neste país fosse decidida a realização de eleições para uma Constituinte, sem a participação dos grupos econômicos e da imprensa alienada, mas com o voto dos analfabetos, dos soldados e cabos, e com uma imprensa democratizada, o presidente finalizaria seu mandato.

A partir destes dois atos – assinatura do decreto da Supra e daquele que expropria as refinarias particulares – neste país será desencadeada a violência. Devemos, pois, organizar-nos para defender nossos direitos. Não aceitaremos nenhum golpe, venha de onde vier. O problema é de mais liberdade para o povo, pois quanto mais liberdade tiver o povo, maior supremacia exercerá sobre as minorias reacionárias que se associarem ao processo de espoliação de nosso país. Nosso caminho é pacífico, mas saberemos responder à violência com a violência. Que o presidente se decida a caminhar conosco e terá o povo do seu lado. E quem tem o povo do seu lado não tem o que temer.

Citado em SCHILLING, Paulo. *Como se coloca a direita no poder.* II – Os acontecimentos. São Paulo: Global, 1981, pp. 23-25.

Leonel Brizola e o tempo do trabalhismo democrático (1979-2004)

Leonel Brizola viveu em Lisboa os dois últimos anos do seu exílio (1978-1979). Durante esse tempo, trabalhou continuamente para lançar pontes entre as diversas correntes que compunham o trabalhismo brasileiro, ao mesmo tempo que estabeleceu alianças no plano internacional, em particular com dirigentes da Internacional Socialista (IS). Para melhor posicionar a legenda para os embates futuros, convocou uma ampla reunião com a presença de delegados do Brasil e do exterior com vistas a debater e decidir a respeito das bases e da linha de ação do futuro partido. Ao final de três dias de reunião, 130 militantes trabalhistas foram signatários da Carta de Lisboa, mais tarde considerada o documento fundador do PDT.

Carta de Lisboa, Lisboa, 17 de junho de 1979

"Reconhecendo que é urgente a tarefa de libertação do nosso povo, nós, brasileiros que optamos por uma solução trabalhista, nos encontramos em Lisboa. E se o fizemos fora do país, é porque o exílio arbitrário e desumano impediu este Encontro no lugar mais adequado: a pátria brasileira. A tarefa de organizar com nosso povo um partido verdadeiramente nacional, popular e democrático é cada vez mais premente. Não desconhecemos as permanentes tentativas das forças autoritárias de esmagar os movimentos dos trabalhadores. Mas o repositório de coragem e dignidade dos trabalhadores faz com que eles não se dobrem nem se iludam. E com eles estamos nós, trabalhistas.

Não podemos deixar de salientar, também, que aqueles que defendem uma posição de paciência, assim como a inoportunidade da luta contra a opressão, não são exatamente os que se encontram em condições de sofrimento e perseguição, mas ao contrário, navegam nas águas da abastança e dos privilégios. Invoca-se, por outro lado, que a restauração da vida democrática e o ressurgimento de partidos autênticos dependem do sistema e de suas fórmulas jurídicas e legais. Consideramos, todavia, um ato de incompetência política e de deslealdade para com o nosso povo, aguardar as providências dos juristas do regime, de cujas fórmulas, somente por ingenuidade ou má-fé, pode se esperar algo de diferente da vontade de institucionalizar a espoliação de nossa gente e a manutenção de uma estrutura política e econômica inaceitável para o povo brasileiro.

Fato novo mais importante da conjuntura brasileira não é nem a crise do regime, nem o fracasso de todos os seus projetos e promessas. O novo, importante e fundamental, é a emergência do povo trabalhador na vida política do país. Não de um povo amedrontado depois de 15 anos de opressão, mas de um povo que se organiza sob as mais variadas formas nos sindicatos, nas associações, em comunidades, em movimentos e organizações profissionais com o mesmo objetivo: o de lutar por seus direitos, pela democracia. Como parte desta emergência se deve destacar as conquistas do movimento estudantil, e a luta agora vitoriosa pela reorganização da UNE.

A experiência histórica nos ensina, de um lado, que nenhum partido pode chegar e se manter no governo sem contar com o povo organizado e, de outro lado, que as organizações populares não podem realizar suas aspirações sem partidos que as transformem em realidade através do poder do Estado. A falta de apoio popular organizado pode levar a situações dramáticas como aquela que conduziu o presidente Getúlio Vargas a dar um tiro em seu próprio peito. Partidos e povo organizados constituem, por conseguinte, as duas condições fundamentais para a construção de uma sociedade democrática.

Analisando a conjuntura brasileira, concluímos pela necessidade de assumirmos a responsabilidade que exige o momento histórico e

ANEXO

de convocarmos as forças comprometidas com os interesses dos oprimidos, dos marginalizados, de todos os trabalhadores brasileiros, para que nos somemos na tarefa da construção de um partido popular, nacional e democrático, o nosso PTB. Tarefa que não se improvisa, que não se impõe por decisão de minorias, mas que nasce do encontro do povo organizado com a iniciativa dos líderes identificados com a causa popular.

Nós, trabalhistas, assumimos a responsabilidade desta convocatória, porque acreditamos que só através de um amplo debate, com a participação de todos, poderemos encontrar nosso caminho para a construção no Brasil de uma sociedade socialista, fraterna e solidária, em democracia e em liberdade.

Nós, trabalhistas, queremos representar para o povo brasileiro o espírito da tolerância e da fraternidade. Nós, trabalhistas, participamos ao lado do nosso povo em todas as suas lutas, e porque o nosso projeto é profundamente democrático, procuraremos alianças com as outras forças também democráticas e progressistas do nosso país. Nós, trabalhistas, militaremos ativamente em todas as frentes e, porque o nosso projeto é pluralista, não pretendemos absorver ou manipular os sindicatos ou as organizações populares das mais diversas origens.

Entendemos a necessidade de um intenso debate para o desenvolvimento constante da Democracia e nós, trabalhistas, estaremos sempre empenhados em discutir com todas as forças populares e democráticas do nosso país. É por isso que favorecemos o surgimento de outras organizações, que auspiciamos o aparecimento de outros partidos e que, nas nossas lutas, respeitaremos os seus princípios.

A consecução destes objetivos exige, como requisito prévio e fundamental no campo do pensamento e da cultura, a conquista da plena liberdade de criação intelectual, de expressão e de imprensa. Neste sentido, torna-se imprescindível a revogação de todas as formas de censura. O grande desafio com que nós, trabalhistas, nos defrontamos hoje é o de nos situarmos no quadro político brasileiro para exercer o papel renovador que desempenhávamos antes de 1964 e em razão do qual fomos proscritos. Com efeito, apesar de termos tido numerosas deficiências, não por ela que caímos. Fomos derrubados, isto sim, em virtude das bandeiras que levantamos. A velha classe dominante brasileira e os agentes internos do imperialismo, não nos podendo vencer pelo voto, nos excluíram pelo golpe.

A verdade que afinal se fez evidente (depois copiosamente comprovada) é que o governo do presidente João Goulart foi derrubado por uma ação conjugada. Os latifundiários temiam a lei da reforma agrária que, com a nossa presença no Congresso Nacional, seria inevitável. Por sua vez, o governo norte-americano de então planejou e coordenou o golpe para evitar a aplicação da lei de remessa de lucros que poria termo à espoliação do Brasil pelas empresas multinacionais.

O desafio com que nos defrontamos é, por conseguinte, o de retomar as bandeiras daquela tentativa generosa de empreender legalmente as reformas institucionais indispensáveis para liberar as energias do povo brasileiro. Especialmente uma reforma agrária que dê a terra a quem nela trabalha, em milhões de glebas de vinte a cem hectares, em lugar de entregá-las em províncias de meio, de um e até de mais de dois milhões de hectares na forma de superlatifundiários, subsidiados com recursos públicos. E temos também de levantar a bandeira da luta pela regulamentação do capital estrangeiro, para pôr fim à apropriação das riquezas nacionais e ao domínio das próprias empresas brasileiras pelas organizações internacionais.

O regime militar que sucedeu ao governo constitucional, sendo regressivo no plano histórico, se fez repressivo no plano político e, em consequência, totalmente infecundo e despótico. Apesar de contar com todo o poderio do arbítrio, legislando em nível constitucional da forma mais discriminatória, só fez acumular mais riqueza nas mãos dos mais ricos e mais no colo dos mais privilegiados. O bolo que tão reiteradamente prometeram repartir quando crescesse, agora o sabemos, é o de uma dívida externa gigantesca que montava a 3 bilhões de dólares em 1964 e hoje supera os 50 bilhões.

Nessas circunstâncias, o nosso primeiro compromisso é o de reconduzir o Brasil a uma institucionalidade democrática em que todo o poder emane do povo e seja por ele periodicamente controlado através de eleições livres e diretas, nas quais todos os brasileiros de maior idade sejam eleitores e elegíveis. O Brasil democrático pelo qual lutamos será uma República realmente federativa, com progressiva descentralização do poder, onde o voto terá que ser proporcional, para que havendo a mais ampla representação das diversas forças políticas não seja escamoteada a vontade popular. A República a que aspiramos há de estar defendida contra todo intento de golpismo e contra toda e qualquer manifestação de despotismo e repressão, para assegurar permanentemente ao povo brasileiro o direito elementar de viver sem medo e sem fome.

Nosso segundo compromisso é o de levantar as bandeiras do trabalhismo para reimplantar a liberdade sindical e o direito de greve, como os instrumentos fundamentais de luta de todos os que dependem do salário para viver. É dever também dos trabalhistas lutar contra a brutal concentração da renda que responde inclusive pelo achatamento dos salários, fixados em índices falsificados e sempre inferiores ao aumento das taxas reais do custo de vida. Será também preocupação primordial dos trabalhistas a elaboração de uma nova legislação do trabalho que recupere as conquistas subtraídas pela ditadura e que permita a ampliação constante dos direitos dos trabalhadores.

Nosso terceiro compromisso é de reverter as diretrizes da política econômica, com o objetivo de afirmar, em lugar do primado do lucro, a prioridade de dar satisfação às necessidades vitais do povo, especialmente as de alimentação, saúde, moradia, vestuário e educação. O resultado da orientação economicista até agora vigente é este contraste espantoso entre a superprosperidade das empresas, especialmente as estrangeiras, e o empobrecimento do povo brasileiro. Nos últimos anos, trabalhadores do campo se viram convertidos majoritariamente em boias-frias que perambulam sem trabalho permanente, e trabalhadores nas cidades se viram transformados em massas marginalizadas que se concentram na porta das fábricas. Estas imensas multidões vivem em condições tão extremas de carência elementar que já têm sua sobrevivência biológica e sua saúde mental afetadas.

Por tudo isso é que devemos definir prontamente as forças de ação política e os procedimentos legais mais adequados para mobilizar o nosso povo para uma campanha de salvação nacional. Através dela, nós, trabalhistas, buscaremos dar solução, dentro do prazo o mais breve possível, ao problema máximo de nossa pátria, que é a marginalidade. Com efeito, um dos aspectos mais desumanos da política econômica da ditadura é a conversão da força de trabalho nacional num exército de excedentes. Nem a singela aspiração de um emprego permanente em que se ganha um salário mínimo para a sobrevivência o sistema pode assegurar.

O drama social pungente dessas massas marginalizadas, que humilha e envergonha a Nação brasileira, afeta especialmente a quatro categorias de pessoas cujos problemas estão a exigir a atenção prioritária dos trabalhadores. Primeiro, o de salvar os milhões de crianças abandonadas e famintas, que estão sendo condenadas à delinquência, bem como o meio milhão de jovens que, anualmente, alcançam os dezoito anos de idade analfabetos e descrentes de sua pátria.

Segundo, o de buscar as formas mais eficazes de fazer justiça aos negros e aos índios que, além da exploração geral de classe, sofrem uma discriminação racial e étnica, tanto mais injusta e dolorosa, porque sabemos que foi com suas energias e com seus corpos que se construiu a nacionalidade brasileira.

Terceiro, o de dar a mais séria atenção às reivindicações da mulher brasileira, que jamais viu reconhecidos e equiparados seus direitos de pessoa humana, de cidadã e de trabalhadora; e que, além de ser vítima da exploração representada pela dupla jornada de trabalho, se vê submetida a toda sorte de vexames sempre que procura fazer valer seus direitos.

Quarto, o de fazer com que todos os brasileiros assumamos a causa do povo trabalhador do Norte e do Nordeste, tanto por uma economia local obsoleta, como por um colonialismo interno exercido de forma escorchante pelas unidades mais ricas da federação e pelo próprio Governo Federal, que propicia sua exploração entregando às grandes empresas, na forma de subsídios para aumentar seus lucros,

ANEXO

os recursos que deviam ser destinados àquelas populações extremamente carentes.

No plano da ação política, duas tarefas se impõem com a maior urgência a todos os trabalhistas. Em primeiro lugar, a luta por uma Anistia ampla, geral e irrestrita de todos os patriotas brasileiros perseguidos por sua resistência à ditadura. Este é o requisito indispensável à reunificação da comunidade nacional para a retomada do esforço conjunto para fazer do Brasil uma pátria solidária de cidadãos livres, emancipados do medo, da ignorância e da penúria. Em segundo lugar, a luta pelo retorno à normalidade democrática que só se efetivará no Brasil quando após a reimplantação da liberdade de organização partidária o nosso povo eleger a Assembleia Nacional Constituinte. Reconhecemos as dificuldades para que nosso povo tenha uma participação efetiva. E por participação efetiva entendemos ação crítica e permanente e não atuação eleitoral episódica ou simplesmente a adesão a propostas impostas verticalmente.

A proposta do novo Partido Trabalhista a ser discutida pelo nosso povo e formulada em território brasileiro, despida de soluções importadas, tem que levar em conta a necessidade de criar um partido que expresse os anseios e seja dirigido pelas classes populares. A nova proposta começa com a repulsa àqueles que veem no ressurgimento do PTB uma sigla de fácil curso eleitoral. A nossa proposta tem um sentido claro de opção pelos oprimidos e marginalizados. Neste particular e dentro de um horizonte que não é absolutamente cristão, mas marcado por um capitalismo impiedoso, impõe-se a nossa defesa constante dos pobres contra os ricos, ao lado dos oprimidos contra os poderosos.

Na luta a favor da justiça contra a opressão se insere a questão da atual ideologia de segurança nacional, que tem servido para justificar as violações dos direitos humanos. Tal doutrina gerou no país a mais completa insegurança para os cidadãos comuns, ensejando a expansão da brutalidade, da denúncia e da tortura, tanto contra os presos políticos, como contra as lideranças sindicais e, sobretudo, com incidência cruel sobre as camadas mais pobres da população.

Porque damos importância central ao nosso povo como sujeito e criador do seu próprio futuro, sublinhamos o caráter coletivo, comunitário e não individualista da visão trabalhista. A partir deste momento devemos concentrar todos os nossos esforços na preparação e organização do Congresso Nacional da organização do novo PTB, a realizar-se no Rio de Janeiro, no dia 19 de abril de 1980. No Congresso, recolheremos, através de nossas bases, as grandes aspirações e definições da vontade popular. Com o Congresso, continuaremos firmemente, sob a inspiração da carta-testamento do presidente Getúlio Vargas, a caminhada junto ao povo que nos levará à emancipação da pátria.

Fonte: <http://www.pdt-rj.org.br/paginaindividual.asp?id=9>. Acesso em 26/4/2015.

Em 2004, Brizola foi convidado pela Assembleia Legislativa do Estado do Rio de Janeiro a participar de um evento sobre os quarenta anos do golpe civil-militar de 1964. Em seu pronunciamento, o último proferido no estado natal antes da sua morte, Brizola faz uma análise a respeito do caráter do movimento de 1964 e sobre a maneira pela qual João Goulart lidou com o golpe. Como era do seu estilo, não perdeu a oportunidade para tratar de questões do tempo presente, desferindo críticas ao governo do presidente Lula, a quem atribuía a adoção de uma política de capitulação aos interesses dominantes. Finaliza com uma nota de otimismo ao futuro do trabalhismo.

ANEXO

Último discurso de Brizola no Rio Grande do Sul – Porto Alegre, 31/3/2004

(trechos escolhidos)

Minha saudação aos integrantes da mesa, particularmente ao nosso presidente da Assembleia Legislativa, e às autoridades que representam os poderes do Estado, o sr. governador, o sr. representante do Ministério Público, e uma saudação muito especial a todos quantos nos honram com a sua presença assistindo a este ato. A maior honra é a que cabe a mim, porque me convidaram para iniciar esta programação da Assembleia Legislativa. E não é a primeira, pois a Assembleia Legislativa do Rio Grande do Sul sempre foi um centro de exaltação dessa memória que precisamos cultivar de acontecimentos que nos tocaram muito de perto. Como gaúcho, naqueles anos dei minha contribuição. Agora, tomando distância, podemos fazer uma análise serena, justa, porque, como todos sabemos, a história é sempre escrita pelos vitoriosos, num período maior ou menor, até que a verdade ressurja e se possa discutir e falar sobre os acontecimentos com toda a liberdade e restabelecer aquilo que foi deformado com objetivos que interessavam aos vencedores.

Aqueles fatos que ocorreram aqui em 1961, consequência da insanidade, da incompreensão e – por que não dizer? – da falta de convicções democráticas dos grupos dominantes depois da renúncia do presidente da República, que havia sido eleito pelo povo brasileiro, sr. Jânio Quadros, levaram o Rio Grande do Sul e seu povo a assumir uma atitude.

Agora estamos procurando investigar os acontecimentos de 1964, fazer com que a verdade se sobreponha a toda aquela avalanche de deformações, de mentiras que o poder que passou a dominar espargiu pelo país, influindo inclusive nas novas gerações de uma maneira extremamente dolorosa, porque subverteu a história brasileira.

Estamos com o propósito de fazer com que a verdade ressurja com toda a sua força e com todas as suas virtudes. E isso vai ocorrer pelo

Brasil afora, na medida em que um estado como o Rio Grande do Sul decidiu falar claramente sobre aqueles acontecimentos. Iremos ver que nas universidades – e já estamos sentindo isso –, em todos os ambientes culturais, nos meios artísticos e intelectuais das novas gerações, o interesse será cada dia maior. (...)

Pelo mundo afora nós fomos para o exílio e pudemos ouvir essa observação: mas como é que vocês brasileiros, uma nação como o Brasil, uma população tão grande suporta por tantos anos um regime dessa natureza? Isso provocou um grande mal ao nosso povo, para não falar no mal que fez ao nosso desenvolvimento, a nossa inserção na vida internacional, na convivência com as nações e a nossa economia, sobretudo na preparação do nosso povo para a competição, porque agora estamos vivendo essencialmente esses tempos.

Mas, voltando às minhas considerações iniciais, gostaria de dizer que, como a história sempre é escrita por um tempo maior ou menor, conforme a circunstância da época e dos vencedores, até agora o nosso país, o nosso povo, ainda tem, nas suas convicções, na sua memória, muitos registros, muita influência de toda aquela avassaladora massa de propaganda que jogaram sobre nós. Esse é um ponto importantíssimo. A análise daqueles acontecimentos deve partir daí, principalmente do que resultou de um regime de vinte anos, um subperíodo que nada mais foi do que uma consequência dos vinte anos de ditadura.

Nós, brasileiros, lutamos para nos ver livres daquela situação e não fomos afortunados porque não tivemos sorte com a libertação daquele regime, não conseguimos conduzi-lo de acordo com os interesses do povo brasileiro. Partindo dessa liberdade que as nossas mentes têm o direito de ter e fazendo uma análise livre daqueles acontecimentos, devemos dizer o seguinte: primeiro, não foi uma revolução, rigorosamente não foi uma revolução. A revolução é um movimento pacífico, armado, civil ou militar, que tem outras características. Aquele foi um movimento rigorosamente possível porque contou com o uso dos quartéis, defendendo inclusive a hierarquia com que funcionam as instituições militares, para que pudessem deslocar as forças militares e construir um regime ditatorial. Guardavam aparências, mas a verdade é que não passou aquele movimento de uma grande quartelada, funcionando na base da ordem, dos comandos. Então, não foi uma revolução.

Se foi ou não um golpe de Estado, eu não diria, porque o golpe de Estado é mais violento, mais rápido, muitas vezes se processa da noite para o dia. Aquele teve um conteúdo de evolução. Foi um movimento militar que usou as instituições militares. Lá estavam nossos filhos, nossos netos, todos os filhos e netos dos nossos companheiros, de todos aqueles que pelas ruas apoiavam as reformas, participavam das eleições, com base nos regulamentos militares, obedecendo ordens, cumprindo ordens daqueles que desejavam assumir o poder, assumir o governo. Houve uma tomada do governo.

Então, essa diferença precisa ser feita. Houve um movimento militar. Podemos dizer que registramos, na nossa história, uma quartelada, como foram outros movimentos da história brasileira. Se é um mal ou um bem quando ocorre uma quartelada para uma nação, tudo depende do que vai ocorrer posteriormente.

A República não deixou de ser um golpe. Com a ocorrência de uma quartelada, houve uma grande pregação em favor das ideias republicanas, até que, em 15 de novembro, depuseram – praticamente prenderam – os quadros maiores, a começar pelo imperador, e derrubaram a Monarquia. Não houve a participação popular, a participação consciente do povo brasileiro. Foi um mal ou um bem? Acho que foi um bem, porque permitiu abrir mais o país para uma convivência democrática mais ampla do nosso povo, pelo menos dos seus quadros dirigentes. Ampliaram-se os seus quadros dirigentes com consequências, mas o país tornou-se uma república e, por conseguinte, caminhando para a democracia.

Em 1964, não foi assim. Em vez de abrir, como ocorreu em 15 de novembro, fechou. Impôs um ambiente de perseguições, um clima de retrocesso democrático. O país caiu naquele regime de chumbo, em que os militares superiores passaram a dominar.

No início havia alguns setores civis, mas depois tudo isso foi desaparecendo. Não tem nada a ver com revolução. Uma revolução tende a ir para a abertura das conquistas sociais e democráticas. Mas aquele regime, não; ele fechou. E mais: ao contrário do que apregoaram e incutiram na cabeça das pessoas, o presidente João Goulart, presidente da República, não foi deposto, não foi derrubado. Ele, se analisarmos bem, renunciou, saiu por renúncia. (...)

Não digo que o presidente João Goulart fizesse uma previsão de que os acontecimentos iriam desenvolver-se assim, mas ele tinha uma intuição natural e era um homem de negociação. Eu até mexia com ele: ora, você não pode ver um papel em branco e um lápis que já faz um acordo, uma negociação. Era sua natureza.

Assim foi em 1961 – era um homem de boa-fé – e assim foi em 1964. Ele foi até o fim pretendendo negociar, encontrar uma saída negociável. Aliás, isso também faz parte da nossa tradição, e ele, como discípulo que foi do presidente Vargas, seguia esse rumo. Não era o mesmo o meu sentimento, porque venho de uma formação diferente. Embora não esconda a minha admiração pelo castilhismo, venho de uma formação inteiramente contrária. Trago na memória, desde a minha infância, a dor do fuzilamento do meu pai na Revolução de 1925. Era um rebelde e desejava interromper aquele absurdo de vinte anos do sr. Borges de Medeiros no governo. Ele era um simples camponês, e com seus vizinhos, compadres e amigos, embarcaram naquele movimento. E foram à guerra, foram à luta armada em 1923.

Depois que chegaram ao entendimento de que a revolução devia parar, com o compromisso do sr. Borges de Medeiros de não mais se candidatar e haver a proibição constitucional da reeleição, assinaram o Tratado de Terras Altas, o armistício, e meu pai estava vindo para casa. Mas aqueles grupos que se agregavam ao governo à época aguardavam a desmobilização para vingar-se dos rebeldes.

E a nossa casa, modestíssima, lá no interior, passou meses cercada por grupos que aguardavam o retorno de meu pai e de outros da zona. Quando ele chegou, o prenderam e condenaram sem mais nem menos, logo ali adiante. Foi essa outra fase da vingança criminosa, porque já havia sido assinado o armistício.

Criei-me com isso e também com os ensinamentos de minha mãe, uma camponesa, que incutiu na mente de seus filhos que não deveríamos pensar nunca em vingança; que deveríamos honrar a memória do nosso pai, mas nunca pensar em vingança, para não ocorrer o mesmo que em outras famílias, que praticamente se extinguiram vingando-se uns dos outros.

Quando surgiu a ideia da anistia, fui um de seus pregadores, enfrentando a resistência de muitos companheiros e companheiras, que protestavam contra a ideia de uma anistia que fosse extensiva até aos torturadores. Houve um momento muito difícil. Essa é a lição que trago de berço.

O nosso partido, então PTB, foi o que mais sofreu naqueles tempos. Depois outros sofreram – quem sabe até mais que nós. Mas naqueles momentos nossos companheiros e companheiras eram presos, transportados em caminhões como se fossem animais, humilhados, e desarmados. Eles investiram contra um povo desarmado. Isso demonstrou a má intenção que possuíam, pois na hora em que o governo estava entregando eles tinham de buscar o diálogo e encontrar uma forma de acomodar a situação, fazendo com que se assumissem alguns compromissos de que não ia haver um desenvolvimento de vingança, enfim, de pacificar a situação. Não. Eles fizeram questão de impor um regime que foi se agravando cada dia mais, ao ponto de durar vinte anos.

Se o presidente João Goulart tivesse enfrentado a situação, e perdesse, muito bem, teria sido deposto, vencido. Mas não, ele retirou-se. Ele não quis que ocorresse a luta, nem aquela de 1961. Ele preferiu sair para evitar o derramamento de sangue. Era o seu temperamento, sua mentalidade, e eu respeito. Se procedeu certo ou errado, não sabemos. Eu declaro que respeito essa posição que ele assumiu.

A minha conclusão, com o tempo, analisando essa sua atitude, é a de que merece respeito a posição que ele assumiu, porque, quem sabe, no seu entendimento, ele achava que seria muito difícil uma resistência naquela altura. Eu acho que não, porque na hora em que a luta ameaça se desenvolver, quaisquer dos lados pensam dez vezes se devem ou não ir a ela. E isso bastaria para que lá ocorresse uma reflexão: é melhor nos entendermos, pacificar, porque quando se entra num movimento desses sabe-se como começa, mas não se sabe como termina. (...)

Esse regime foi bom ou foi mau? Eu afirmo que foi mau, primeiro, porque humilhou o povo brasileiro; segundo, porque interrompeu a formação de vários dirigentes da vida civil. As nossas práticas democráticas estão realmente muito distantes de serem aquilo que o Brasil merecia e que o povo brasileiro realmente merece. E vejam o que tem acontecido. Onde estão aqueles princípios de lisura, de correção que representam o mínimo da boa prática democrática?

Agora mesmo estamos aí com um governo que só lamentamos, pois finalmente cooperamos para que ele se instituísse e desejávamos que ele acertasse. E ao que temos assistido? Temos assistido a um conjunto de inconsequências, de impropriedades que estão nos demonstrando que seremos desafortunados novamente, porque, quando um governante representa a esperança da população devido a suas colocações, seus compromissos e o programa que desenvolve, ele tem o dever de, no governo, proceder de acordo com aqueles compromissos e não voltar as costas, como é o caso que vem ocorrendo.

Nós lamentamos profundamente. Tudo que pudéssemos fazer para mudar esta situação nós faríamos. Temos que defender a ordem democrática. Temos que impedir que as águas se turvem. Os pescadores de água turva estão aí mesmo. Precisamos defender nossos direitos. Temos que atuar com inteligência, alcançar o objetivo que procuramos, que seria o de que o governo revisasse a sua posição. Francamente, não tenho esperança de que isso ocorra.

Então vamos fazer com que as coisas evoluam, para que, finalmente, o nosso país, com todos os erros, tenha a chance de aprimorar o exercício dos direitos do nosso povo. É claro que, quando o governo começa a descambar nos erros a que temos assistido, a situação torna-se muito difícil. O nosso partido ocupa uma posição de clara oposição e denúncia da política que vem pondo em prática o atual governo. (...)

Precisamos fazer exatamente o que vocês fizeram. Lá no Rio de Janeiro, em São Paulo e em muitos locais do Nordeste, estão havendo seminários, reuniões, assembleias e fóruns para se discutirem os problemas nacionais. Hoje mesmo, tive de faltar a um evento muito importante que se realiza na Universidade Federal do Estado do Rio de Janeiro. Mas eu havia me

ANEXO

comprometido em vir aqui e pedi que me desculpassem e chamassem outra pessoa para falar naquele seminário, que, aliás, é muito importante, pois se propõe a fazer um balanço do que aconteceu durante aquele...

Não sabemos o que pretendem as forças que influem nas grandes decisões políticas do nosso país nestes tempos. Antes de 1964, era diferente. Tínhamos um pouco mais os pés no chão. Agora temos essa enorme dívida, vivemos um pouco ao sabor desse capital financeiro que aí está. A própria linguagem que eles usam na imprensa comum, ou pela televisão, confunde. E um estado como o nosso é um estado inocente. Talvez um estado como o Acre seja inocente, mas somos também um estado inocente. Estamos pensando que, indo lá, se poderá fazer como se faz aqui, de uma forma transparente, clara. Como são pequenas as decisões aqui, isso pouco influi. Mas as grandes decisões são tomadas lá. (...)

O fim da minha intervenção não é diferente em nada de como o Vieira da Cunha, por exemplo, conclui as suas intervenções. Estamos aqui lutando para quê? Este é um tanto quanto o fim de linha deste país. Posso dizer que o nosso patriotismo conta com o respeito do povo brasileiro. Francamente penso que nosso país irá se voltar para nós, vai aderir em peso às nossas opiniões. E iremos conseguir, com isso, dias melhores para o nosso país. Era isso.

Fonte: <http://jspdtrs.blogspot.com.br/2009/01/ultimo-discurso-de-leonel-brizola-no-rs.html>. Acesso em 24/4/2015.

Sobre os autores

Angela de Castro Gomes – Professora titular aposentada de História do Brasil da Universidade Federal Fluminense (UFF), professora visitante nacional sênior na Universidade Federal do Estado do Rio de Janeiro (Unirio), doutora em Ciência Política pelo Iuperj e pesquisadora do CNPq.

Américo Freire – Professor associado do Cpdoc-FGV, doutor em História pela Universidade Federal do Rio de Janeiro (UFRJ) e pesquisador do CNPq.

Bruno Marques Silva – Professor do Colégio Pedro II e doutorando do Cpdoc-FGV.

Carla Brandalise – Professora associada do Programa de Pós-Graduação em História da Universidade Federal do Rio Grande do Sul (UFRGS), doutora em História pela Fondation Nationale des Sciences Politiques (FNSP) – Paris.

Gabriel da Fonseca Onofre – Mestre em História pelo Cpdoc-FGV e doutorando em História pela Universidade Federal Fluminense (UFF).

Jorge Ferreira – Professor titular de História do Brasil da Universidade Federal Fluminense (UFF), doutor em História Social pela Universidade de São Paulo (USP) e pesquisador do CNPq e da Faperj.

Libânia Xavier – Professora associada do Programa de Pós-graduação em Educação da Universidade Federal do Rio de Janeiro (UFRJ), doutora em Educação pela PUC-Rio e pesquisadora do CNPq.

Marluza Marques Harres – Professora do Programa de Pós-graduação em História da Universidade do Vale do Rio dos Sinos (Unisinos), doutora em História pela Universidade Federal do Rio Grande do Sul (UFRGS).

Michelle Reis de Macedo – Professora adjunta de História do Brasil e História Indígena da Universidade Federal de Alagoas (Ufal) e doutora em História Social pela Universidade Federal Fluminense (UFF).

Soanne Cristino Almeida dos Santos – Mestra em História pela Universidade do Estado da Bahia (Uneb).

Tânia dos Santos Tavares – Mestra em História pelo Programa de Pós-Graduação em História Social da Faculdade de Formação de Professores da Universidade do Estado do Rio de Janeiro (Uerj).

O texto deste livro foi composto em Sabon, desenho tipográfico de Jan Tschichold de 1964, baseado nos estudos de Claude Garamond e Jacques Sabon no século XVI, em corpo 10/13.5. Para títulos e destaques, foi utilizada a tipografia Frutiger, desenhada por Adrian Frutiger em 1975.

A impressão se deu sobre papel off-white pelo Sistema Digital Instant Duplex da Divisão Gráfica da Distribuidora Record.